Stützpunkt WN 62

Normandie 1942-1944

Helmut Konrad von Keusgen

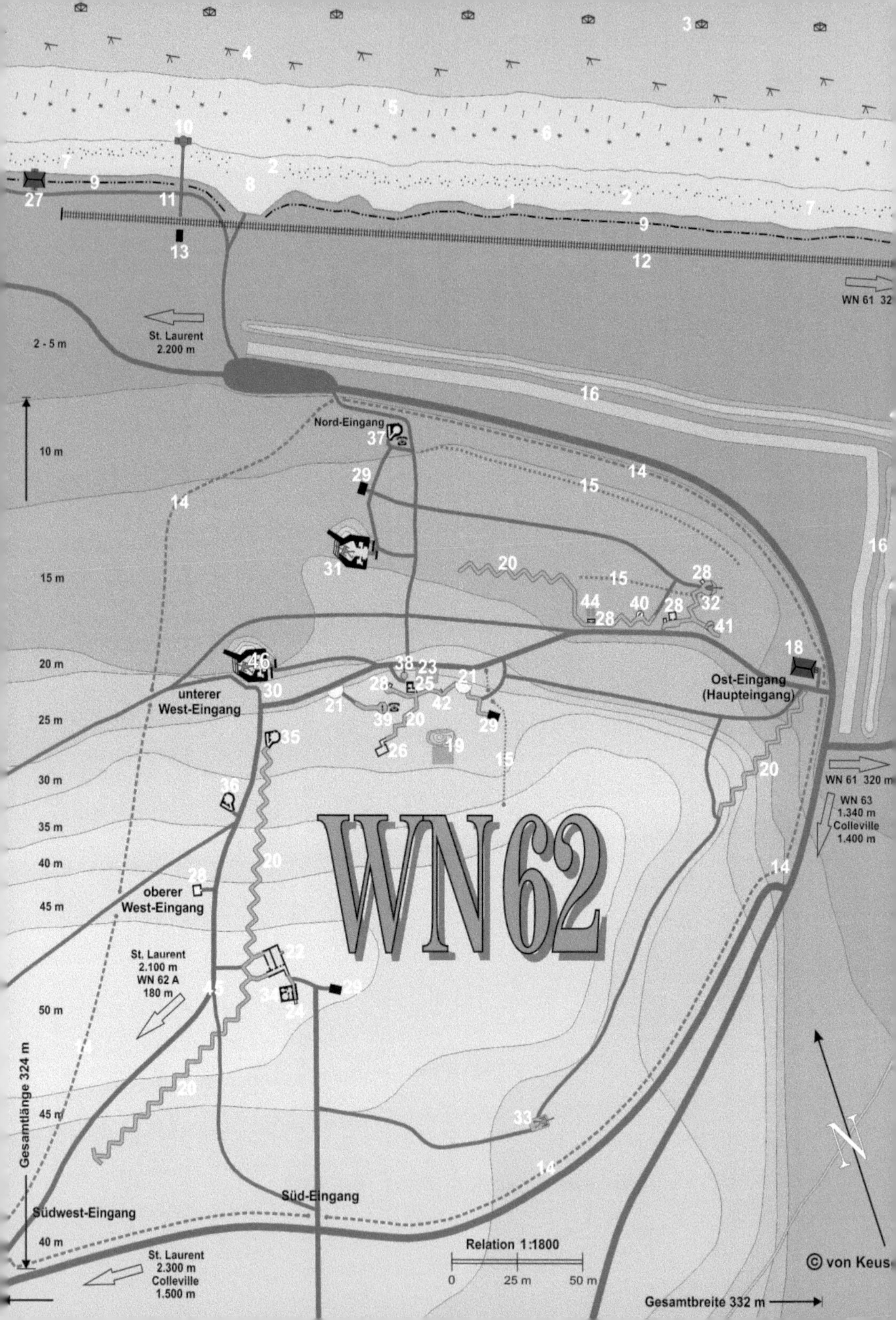

WN 61 32
WN 61 320 m
WN 63
1.340 m
Colleville
1.400 m
St. Laurent
2.200 m
St. Laurent
2.100 m
WN 62 A
180 m
St. Laurent
2.300 m
Colleville
1.500 m
Nord-Eingang
Ost-Eingang
(Haupteingang)
unterer
West-Eingang
oberer
West-Eingang
Süd-Eingang
Südwest-Eingang
WN 62
2 - 5 m
10 m
15 m
20 m
25 m
30 m
35 m
40 m
45 m
50 m
45 m
40 m
Gesamtlänge 324 m
Gesamtbreite 332 m
Relation 1:1800
0   25 m   50 m
© von Keus
N

Stützpunkt WN 62 – 6. Juni 1944

WN 62 war eines von 16 Widerstandsnestern in der 6 Kilometer langen Bucht, die am 6. Juni 1944 zum US-Landeabschnitt *Omaha* gehörte – mit den Sektoren *Dog*, *Easy* und *Fox*. Es war permanent besetzt mit 28 Soldaten der 3. Kompanie des Grenadier-Regiments 726 der 716. Infanterie-Division. Soldaten dieser Kompanie waren auf die Widerstandsnester 59 bis 64 verteilt; der Kompaniegefechtsstand befand sich im 1.340 Meter rückwärtig gelegenen WN 63. Am 6. Juni 1944 befanden sich außerdem noch 13 Soldaten der I. Abteilung des Artillerie-Regiments 352 der 352. Infanterie-Division der 1. Batterie *(die im 4,5 Kilometer entfernten Houtteville im Hinterland lag)* auf der Artillerie-Beobachtungsstelle im WN 62. Die beiden Kasematten *(Geschützbunker)*, der Mannschaftsbunker und zwei weitere Tobruk-Stände waren erst nach Rommels Inspektion *(am 29. Januar 1944)* von der Organisation Todt im Frühjahr des Jahres errichtet worden. Am 6. Juni 1944 waren die Ausbauarbeiten auf dem WN 62 noch nicht abgeschlossen. *(Anmerkung: Obwohl als Stützpunkte bezeichnete Verteidigungsanlagen grundsätzlich in Kompaniestärke besetzt waren, Widerstandsnester jedoch nur mit Teilen einer Kompanie, bezeichneten die Soldaten dennoch alle Verteidigungsanlagen als Stützpunkte – deshalb lautet auch der Titel dieses Buches "Stützpunkt WN 62".)*

Erklärungen zum Plan (links, Seite 2)

Topographische Verhältnisse
1. Durchschnittlich 1,5 Meter hohe, steile Böschung, die den Vorstrand vom Strand trennt.
2. 6 bis 8 Meter breiter Saum aus überwiegend handflächengroßen Kieselsteinen.

Strandhindernisse
3. Elemente C (Belgische Tore")
4. Auflauframpen ("Rollböcke"), jeweils mit einer groben Stahlsäge und einer Mine bestückt.
5. Holzpfähle ("Rommelkerzen"), häufig an der Spitze mit einer Mine versehen.
6. Sternförmige Eisenhindernisse ("Tschechenigel")
7. Minen
8. Minenschneise, um bei Ebbe an den Strand gelangen zu können.
9. Minenzaun mit Stolperdrahtzündung

Technische Anlagen
10. Kieszertrümmerungsanlage zur Zerkleinerung der großen Kiesel für die Betonherstellung.
11. Förderband für den Transport des Kiessplitts von der Anlage zur Feldbahn *(siehe 12)*.
12. Schmalspurgleise für eine Feldbahn, die Sand und Kiessplitt zu den Baustellen auf dem WN 61 transportierte.
13. Deutz-Dieselmotor zum Antrieb *(über lange Keilriemen)* für das Förderband *(siehe 11)*.
14. Äußere Stacheldrahtumzäunung
15. Innere Stacheldrahtzäune
16. Wassergefüllter 2 Meter tiefer und 4 Meter breiter Panzerabwehrgraben mit aufgeschüttetem Erdwall.
17. Zulaufkanal für das Wasser im Panzerabwehrgraben.
18. Ehemalige Strandvilla; wurde als Wachstube, Quartier und Küche genutzt *(Stützpunktkommandant: Leutnant Hermann Claus; Unteroffizier Ludwig Förster; Unteroffizier Ludwig Schulte; Küchenchef: Obergefreiter Fritz Riemann; Koch: Obergefreiter Valentin Lehrmann; Küchengehilfe: Gefreiter Alfred Liermann; Sanitäter: Obergefreiter Bruno Wittber).*

19. Baugrube mit Erdaushub für eine geplante neue Wachstube.
20. 1,70 Meter tiefe Schützen- bzw. Laufgräben.
21. Betonplattformen, auf denen die beiden tschechischen 7,65-cm-Feldkanonen standen, bevor sie in die neuen Kasematten (siehe 30 und 31) verlegt wurden.
22. Unterirdischer Mannschaftsbunker bzw. Quartier für 20 Soldaten.
23. Ehemalige Standplätze einer halb unterirdischen Mannschaftsunterkunft und einer Holzbarakke, die bis zur Fertigstellung des neuen Mannschaftsbunkers (siehe 22) als Quartiere dienten.
24. Bunker für ein Funk- sowie ein Lichtsprechgerät zur Kommunikation mit den Stützpunkten WN 61 und WN 63 *(Obergefreiter Peter Lützen)*.
25. Beobachtungsbunker sowie Feuerleitstelle für den Vorgeschobenen Beobachter des Artillerie-Regiments 352 und für die 4,5 Kilometer im Hinterland bei Houtteville stationierte 1. Batterie *(Feuerleitoffizier: Batteriechef Oberleutnant Bernhard Frerking; stellvertretender Feuerleitoffizier: Leutnant Grass ; Fernmelder: Wachtmeister Ewald Fack)*.
26. Fernmeldebunker für die Feuerleitstelle *(siehe 25)* des Artillerie-Regiments 352 *(Unteroffizier Beermann; Gefreiter Kurt Wernecke; Gefreiter Herbert Schulz sowie zwei namentlich nicht bekannte Funker)*.
27. Ehemalige Strandvilla, die von 6 Marine-Soldaten mit einem Funkgerät als Marinebeobachtungs-stelle für die Strandaufsicht genutzt wurde *(die Soldaten wurden in einer Nacht im April 1944 von einem britischen Spezialkommando samt ihrem Funkgerät entführt)*.
28. Munitionsbunker
29. Latrinen

Verteidigungspositionen und Waffen
30. *Obere Kasematte (für eine tschechische 7,65-cm-Feldkanone Modell 1917; Geschützführer: Obergefreiter Heinrich Brinkmeier; Kanonier: Obergefreiter Theodor Brinkbäumer; Munitionsversorger: Gefreiter Anton Flossmann und Grenadier Paul Häming)*.
31. *Untere Kasematte (für eine tschechische 7,65-cm-Feldkanone Modell 1917; Geschützführer: Obergefreiter Heinrich Krieftewirth; Kanonier: Gefreiter Alois Reckers, lag am 6. Juni im Lazarett; Munitionsversorger: Gefreiter Hans Selbach und Soldat Emil Drews)*.
32. *Offene Feldstellung für eine 5-cm-Kampfwagenkanone (Geschützführer: Obergefreiter Siegfried Kuska; Kanonier: Soldat Franz Heckmann)*.
33. *Offene Feldstellung für eine 5-cm-Panzerabwehrkanone (mit 4 Kanonieren einer Panzerabwehr-Kompanie des Grenadier-Regiments 916 der 352. Infanterie-Division)*.
34. Doppel-Tobruk-Stand für ein Maschinengewehr auf einer Drehlafette *(geplant für den Gefreiten Michael Schnichels)* und einen 5-cm-Granatwerfer *(geplant für den Gefreiten Gustav Bersik, doch beide Waffen waren am 6. Juni 1944 noch nicht installiert.)*
35. Tobruk-Stand für 5-cm-Granatwerfer *(Oberschütze Bruno Plota)*.
36. Tobruk-Stand für 5-cm-Granatwerfer *(Soldat Edmund Ferchau)*.
37. Tobruk-Stand für Maschinengewehr Modell 1942 auf einer Drehlafette *(Gefreiter Ludwig Kwiatkowski und Grenadier Friedrich Faust)*. In diesem Unterstand befand sich auch ein Telefon, das mit der Wachstube in der Villa am Haupteingang verbunden war.
38. Offene Erdstellung für ein Maschinengewehr Modell 1934 *(Gefreiter Theo Kowalski)*.
39. Offene Erdstellung für ein Zwillings-Maschinengewehr Modell 1934 zur Fliegerabwehr *(war abwechselnd lediglich von eingeteilten Posten besetzt, am 6. Juni vom Gefreiten Gustav Bersik)*. In dieser Stellung gab es ein weiteres Telefon, das mit der Wachstube verbunden war.
40. Offene Erdstellung für ein wassergekühltes polnisches Maschinengewehr Modell 1917 auf einer Drehlafette *(Soldat Helmut Kieserling)*.
41. Überdachter Erdbunker für ein wassergekühltes polnisches Maschinengewehr Modell 1917 auf einer Drehlafette und Betätigungshebel für zwei Abwehrflammenwerfer *(Gefreiter Franz Gockel)*.
42. Offene Feldstellung für ein Maschinengewehr Modell 1942 *(Gefreiter Heinrich Severloh)*.
43. Abwehrflammenwerfer *(die vom Gefreiten Franz Gockel – siehe 41 – bedient werden sollten)*.
44. Zwei offene Ein-Mann-Stellungen *(unbesetzt)*.

Deutsche Verteidigungsanlagen im Raum Vierville bis Ste.-Honorine-des-Pertes

(am 6. Juni 1944 US-Landeabschnitt "Omaha Beach")

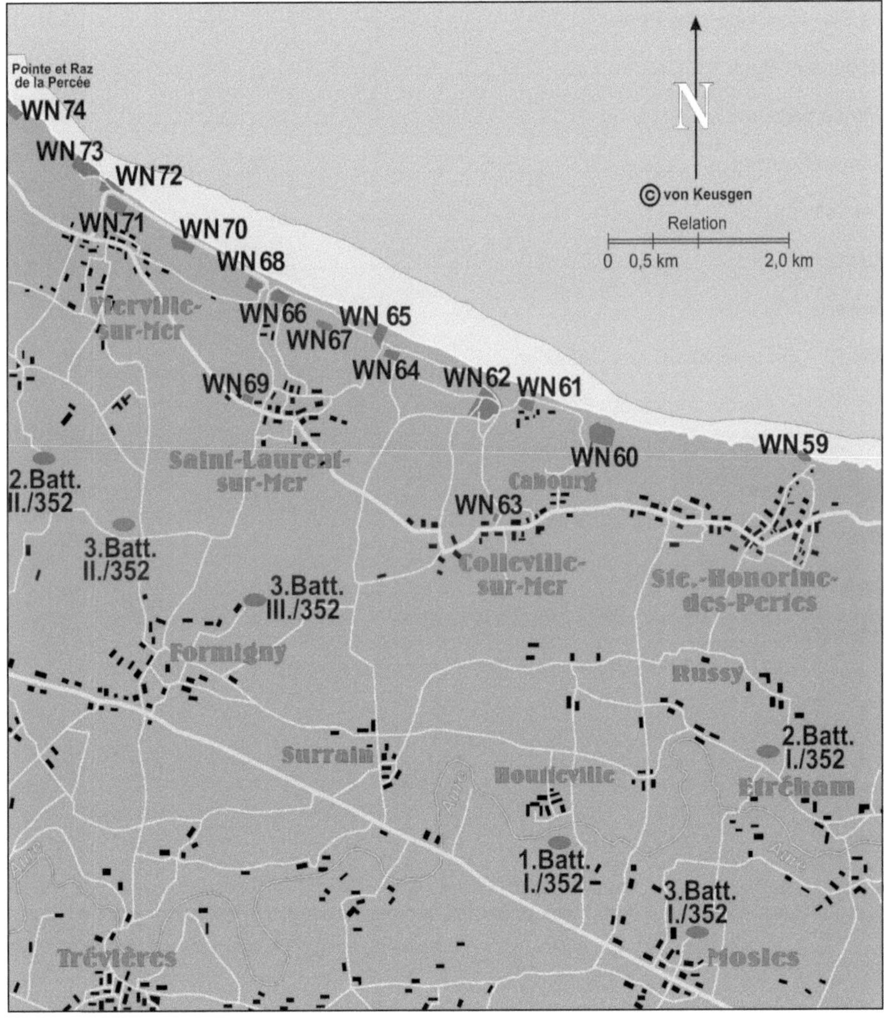

Die 16 deutschen Verteidigungsanlagen (Widerstandsnester = WN) sowie die Standorte der Batterien der I., II. und III. Abteilung des Artillerie-Regiments 352 im Raum des amerikanischen Landeabschnittes Omaha (die Batterien der II. und III. Abteilung befanden sich weiter östlich).

Inhalt

Diese Neuauflage obliegt dem Originaltext mit der alten deutschen Rechtschreibung.

Stützpunkt WN 62

Normandie 1942-1944

Helmut Konrad von Keusgen

Das Terrain des ehemaligen WN 62 aus einer Entfernung von 380 Metern. Diese Strecke mußten am 6. Juni 1944 die von den Landungsbooten abgesetzten Gis an dieser Stelle bis zum vordersten Rand des Strandes im Feuer deutscher Maschinengewehre und Granaten überwinden.

Foto: von Keusgen

Für Elodie

Reste von Strandhindernissen und einem Landungsboot im ehemaligen Landeabschnitt Omaha Beach, Sektor Easy Red. Auf der Anhöhe erstreckt sich heute einer von drei amerikanischen Soldatenfriedhöfen in der Normandie. Direkt links daran anschließend befindet sich das Terrain des ehemaligen WN 62.

Foto: von Keusgen 2014

Sommer 1943: Blick vom Widerstandsnest 60 (unter den Tarnnetzen im Vordergrund), das sich auf der östlichen Seite der Plage-d'Or-Bucht und auf dem 64 Meter über dem Meer gelegenen Plateau der Steilküste befand. Zum Ende des Jahres 1943 waren bereits etliche Häuser auf dem Vorstrand-Terrain von den deutschen Besatzungstruppen gesprengt und beseitigt worden (erkennbar an den hellen Flecken). Die beiden vorderen Häuser wurden im Frühjahr 1944 abgerissen, die umzäunte Villa diente bereits1943 als Wachstube auf dem Areal des WN 62.
Foto: Archiv von Keusgen

Heinz Bongard

Franz Gockel

Bernhard Lehmkuhl
Fotos: von Keusgen 2003, 2001, 2004

Zu diesem Buch

Im Laufe der Jahrzehnte wurde viel über die große Invasion vom 6. Juni 1944 und speziell vom amerikanischen Landeabschnitt *Omaha* geschrieben, auch von den Soldaten beider Seiten der Front, ihrer Bewaffnung, der Widerstandsnester und den vielen Schicksalen – aber meistens nur sehr allgemein gehalten.

Nach meiner ersten Publikation *D-Day 1944 – Die Landung der Alliierten in der Normandie* und der Zusammenarbeit mit Hein Severloh an seiner Autobiographie *WN 62 – Erinnerungen an Omaha Beach* stellte sich das Interesse ein, mehr über die Soldaten der stärksten deutschen Verteidigungsanlage in der sechs Kilometer langen Bucht, dem Widerstandsnest 62, zu erfahren, denn hatte sich doch gerade hier die große Tragödie der Amerikaner während ihrer Landung am 6. Juni 1944 ereignet. Doch wie erging es den *deutschen* Soldaten an diesem Tag und in der Zeit davor? Vieles war mir bereits bekannt, und das ehemalige Widerstandsnest, das ich seit 1973 besuche, ist mir immer vertrauter geworden. Je mehr Informationen ich im Laufe der Zeit erhielt, um so interessanter wurde es, *noch mehr* zu erfahren – die *ganze* Geschichte des WN 62 und seiner Besatzung. Der erste Informant war der ehemalige Kartenzeichner Hans Lükking, der mit höchst interessanten Berichten bereits 1973 mein ernsthaftes Interesse an der Geschichte des D-Day 1944 geweckt hatte.

Die Zeit läßt nichts unvergänglich werden, auch nicht die Leben jener Menschen, die ihre wertvolle Jugend dem Krieg opfern mußten. Von den Überlebenden der Invasion und ihrer Kampfhandlungen sind die meisten längst verstorben. Hans Lücking verstarb bereits 1987, und ich bedaure nun außerordentlich, erst zwischen 1999 und 2004 eine Rekonstruktion des WN 62 und seiner Besatzung erstellt zu haben, um sie und ihr ungewöhnliches Leben in den Widerstandsnestern zu publizieren und für immer in der Weltgeschichte zu verewigen. Die letzten sieben Männer der WN 60, WN 62 und WN 63 halfen mit, nach fast sechzig Jahren akribisch eine Geschichte zu rekonstruieren, die vom ersten bis zum letzten Tag des Widerstandsnestes 62 und seiner Besatzung handelt, die vom Ausheben der Schützengräben, dem Bau der Bunker und besonders vom Leben der Menschen berichtet, die damals als junge Soldaten ihren Dienst taten und im ungeheuren Trommelfeuer des Angriffs der Alliierten um ihr Überleben kämpfen mußten. Der Amerikaner David Silva, der am 6. Juni 1944 als GI am *Omaha Beach* an Land gehen mußte, vermittelte einen zusätzlichen Blickwinkel, der auf dramatische Weise verdeutlicht, welchen traumatisierenden Umständen die Soldaten *beider* Seiten ausgesetzt waren. Manche der Soldaten verhielten sich wie tapfere Helden, andere waren vor Angst irritiert. Wer will den jungen Männern Vorwürfe dafür machen, wie sie sich an dem schrecklichen Tag der Invasion verhielten? Niemand kann gegen seine Veranlagung handeln, die ihm die Natur mitgegeben hat, und Angst ist ein natürlicher Instinkt, ebenso wie die Verteidigung des eigenen Lebens. Nicht selten gehen Angst und Selbstverteidigung konform. Außerdem sollte auch berücksichtigt werden, daß Menschen, die zu Soldaten gemacht wurden, durch erteilte Befehle in Konfliktsituationen gerieten, die ihnen mit derartigen Konsequenzen in ihrem normalen Leben bisher völlig unbekannt waren. Die Tragödie vieler Soldaten bestand darin, daß sie unverschuldet mit Situationen konfrontiert wurden, in denen sie eine Pflicht zu erfüllen hatten, an deren Notwendigkeit sie selbst oft zweifelten...

Ich möchte mich bei diesen letzten acht Männern für ihr Engagement an diesem Buch und ihrer ehrlichen, nicht selten selbstkritischen Berichterstattung ganz nachdrücklich bedanken. Da mir hauptsächlich diese Zeitzeugen als Informanten für meine nachfolgende Berichterstattung über das Widerstandsnest 62 zur Verfügung standen, ist es selbstverständlich, daß sie im Vordergrund dieser Geschichte stehen.

Seit 1973 beschäftige ich mich mit dem Thema *D-Day 1944* und habe im Laufe mehrerer Jahrzehnte auch sehr viel Zeit auf dem Gelände des ehemaligen WN 62 verbracht. Aber nur weil Heinz Bongard, Franz Gockel, Bernhard Lehmkuhl, Peter Lützen, Bruno Plota, Hans Selbach, Heinrich Severloh und David Silva in vielen persönlichen und ausführlichen Gesprächen *(auch vor Ort und während meines Arbeitsprozesses noch in diversen langen Telefonaten)* ihr umfangreiches Wissen betreffs des WN 62 und einer Menge komplexer Randinformationen liefern konnten, war ich in der Lage, hier eine annähernd präzise Rekonstruktion der tatsächlichen Ereignisse sowie die Reflexion der menschlichen Seite und des Lebens der Soldaten in dieser Verteidigungsanlage zu erstellen. Auch gaben mir diese Männer durch eine sehr intensive Zusammenarbeit, die sich über mehr als fünf Jahre erstreckte, die Möglichkeit, die ursprüngliche Anatomie des WN 62, seine technischen Anlagen und insbesondere die Ereignisse, die sich am 6. Juni 1944 auf ihm und um ihn herum zugetragen hatten, realistisch zu rekonstruieren. Viele bisher in anderen Geschichtsbüchern dargelegte Fakten und Umstände konnten durch den Vergleich der Aussagen dieser Zeugen

Hans Lücking

Peter Lützen

Bruno Plota
Fotos: von Keusgen 1974, 2003, 2003

Hans Selbach

Heinrich Severloh
Fotos: von Keusgen 2003, 2002

Fotos unten: Recherchen auf dem WN 62 mit Franz Gockel (links) und Heinrich Severloh (rechts). **Fotos: Elodie 2001**

ergänzt, konkretisiert und manches sogar widerlegt werden. Auch bisher falsch dargestellte militärische und menschliche Begebenheiten wurden durch diese Aussagen korrigiert.

Für ihre freundliche Unterstützung anläßlich meiner Recherchen an diesem Buch danke ich auch noch weiteren folgenden Personen: Frau Agnes Götsch, der Witwe des erst im Juni 2003 verstorbenen Herrn Hermann Götsch *(er verstarb drei Wochen vor meinem Interview, nachdem er von einem Besuch in der Normandie und dem Stützpunkt WN 62 im Mai zurückgekehrt war)*; Frau Ilse Lücking, der Witwe des ehemaligen Obergefreiten Hans Lücking, sowie ihrer Enkelin, Diana Hebeler; Frau Johanna Stollenwerk, Tochter des ehemaligen Unteroffiziers Ludwig Förster, der 1991 verstarb; Herrn Reinhard Frerking, dem Sohn des ehemaligen Oberleutnants Bernhard Frerking, der am 6. Juni 1944 auf dem WN 62 gefallen war; Herrn Bernhard Lehmkuhl jr., dem Sohn des im Jahr meiner Recherchen 95-jährigen Veteranen; Herrn Hermann-Josef Schnichels, dem Sohn des 1995 verstorbenen ehemaligen Gefreiten Michael Schnichels; Monsieur Jean-Noël Lenoury, dem stellvertretenden Bürgermeister von Colleville; Herrn Heinz Ernst Ottemeier, Neffe des ehemaligen Hauptmanns Ernst Ottemeier, der 1977 verstarb; Monsieur Lucien Tisserand, Verwalter des Friedensparks und der Kriegsgräberstätte des *Volksbundes Deutsche Kriegsgräberfürsorge e.V.* bei La Cambe in der Normandie; Herrn Stephan Kühmayer von der *Deutschen Dienststelle für die Benachrichtigung der nächsten Angehörigen von Gefallenen der ehemaligen deutschen Wehrmacht*; Herrn Dr. Rolf Wirtgen und Herrn Lothar Simon vom *Bundesamt für Wehrtechnik und Beschaffung.*

Ganz besonders möchte ich das im Zuge meiner Recherchen mit dem im 96. Lebensjahr befindlichen Veteranen Bernhard Lehmkuhl geführte Interview hervorheben, das mir wirklich mehr bedeutete, als die Vermittlung von Informationen. Der sympathische und betagte Senior konnte sich noch selbst an kleinste Details jener dramatischen Zeit und den verwirrenden Ereignissen überraschend gut erinnern. Wichtig erscheint es mir auch, festzustellen, daß ausnahmslos alle Männer einen sehr sympathischen und äußerst menschlichen Eindruck auf mich machten und sich offenbar ohne Ressentiments zu den *(häufig längeren)* Interviews bereit erklärten.

Der Autor mit David Silva, einem amerikanischen Veteranen der 29. Division (links), im Morgengrauen des 6. Juni 2003 vor dem WN 62. Exakt auf die Stunde genau war David Silva mit seiner Kompanie 59 Jahre zuvor am "Omaha Beach" von einem Landungsboot abgesetzt worden – im Feuer deutscher Granaten und Maschinengewehre... **Foto: Elodie 2003**

Daß zwei ehemalige Soldaten vom Widerstandsnest 61 *(die in diesem Buch namentlich nicht aufgeführt wurden)* mit der Begründung nichts mehr mit der damaligen Zeit zu tun haben zu wollen, jede Aussage zu den Kriegsereignissen verweigerten, bedaure ich außerordentlich, habe aber dennoch Verständnis für ihre Haltung, denn eines haben alle Überlebenden von damals mitgenommen – ein lebenslanges Trauma, und jeder mußte auf seine Weise damit fertig werden.

Wie es begann

Nach Ausbruch des Zweiten Weltkriegs, am 1. September 1939, und der Besetzung Frankreichs durch deutsche Truppen, ab Juni 1940, ließ Hitler ab Anfang 1942 den sogenannten Atlantikwall errichten, um einer Landung der verbündeten Westmächte auf dem Kontinent von vornherein entgegenzuwirken. Er sollte ein waffenstrotzendes Küsten-Bollwerk werden, mit gewaltigen Bunkerburgen, schweren und schwersten Geschützen, gespickt mit Millionen Minen und tödlichen Hindernissen.

Zu jener Zeit, da Reichspropagandaminister Goebbels seine Parolen von einer uneinnehmbaren Küstenbefestigung in die Welt schmetterte, wurde, wie an Tausenden anderen Orten von Norwegen über Dänemark bis an die Pyrenäen, ein kleines Stück Land an der normannischen Küste und inmitten einer üppigen Vegetation im Departement Calvados

Der Ortskern von Colleville-sur-Mer (Blickrichtung nach Westen).
Von der Hauptund Nationalstraße (heute die D 514) führt nach rechts ins Vallée du Ruisseau des Moulins (Mühlenbachtal) die einspurige Route de la Mer bis zum Strand hinunter und zur ehemaligen Verteidigungsanlage WN 62. Links im Bild: Das heutige Rathaus von Colleville, das zur Zeit des Krieges noch als Schule genutzt wurde. Im Hintergrund die Kirche des Ortes. **Foto: von Keusgen 2004**

Foto: von Keusgen 2004
(Blick vom ehemaligen WN 60)

provisorisch eingezäunt und eine kleine Holzbaracke darauf errichtet, die als Unterkunft für nur zwei Soldaten diente. So war auf dem in einem Winkel von 20 Grad und einer Höhe von 53 Metern schräg zum Meer abfallenden Hang zwischen Massen mannshoher und herrlich blühender Ginsterbüsche eine vorerst provisorische Verteidigungsanlage entstanden, ein sogenanntes Widerstandsnest mit der Nummer 62 – kurz **WN 62**.

Für jeden Strategen leicht erkennbar, war der schmale Taleinschnitt zwischen den teilweise bis zu 64 Meter hohen normannischen Küstenabhängen vor dem kleinen Ort Colleville-sur-Mer für landende feindliche Truppen in diesem Abschnitt von größter Bedeutung. Zum Strand hinab führte bereits 1942 eine schmale, leicht gewundene und befestigte Straße vom nur 1.260 Meter im Hinterland gelegenen 286-Seelen-Ort, der an der Nationalstraße 814 liegt, die sich im nahen Hinterland entlang der Küste von Osten nach Westen zieht.

In jenem Küstenbereich, in dem sich die sonst steilen Gestade und bis zu 62 Meter hohen, fast senkrechten Kliffs auf einer Strecke von 6 Kilometern zu einer langen und leicht sichelförmig geschwungenen Bucht herabsenken, erstreckt sich ein herrlicher, flacher Sandstrand, den die Franzosen wegen seiner wunderbaren rotgoldenen Färbung als *Plage d'Or (Goldstrand)* bezeichnen und den das Meer je nach Tide-Koeffizienten sogar bis zu einer Breite von fast 500 Metern freigibt. Hinter dieser Bucht und den sanft ins Hinterland abfallenden Küstenabhängen befinden sich drei kleine, typisch normannische Ortschaften:

An der östlichen Flanke Colleville-sur-Mer mit seiner kleinen Nachbarsiedlung Cabourg, an der westlichen Flanke Vierville-sur-Mer und dazwischen Saint-Laurent-sur-Mer. Alle drei Orte liegen an der kurvenreichen Küstenstraße *(D 514)*, nur wenig mehr als einen Kilometer vom Strand entfernt *(daher der Namenszusatz „sur Mer" = „am Meer", auf den in der weiteren Berichterstattung der Einfachheit halber verzichtet wird)*, und von allen Orten senken sich flache Täler mit schmalen Straßen bis zum Meer hinab. Durch eine den Strand vom

Die Promenade vor Vierville vor 1940. **Foto: Archiv von Keusgen**

Vorstrand trennende, breite und zwei Kilometer lange Promenadenstraße werden Saint Laurent und Vierville auch am Meer miteinander verbunden. Vor den Abhängen der Gestade standen zu dieser Zeit etliche, sogar mehr-etagige, attraktive Villen wohlhabender Franzosen, bei Vierville sogar ein großes Hotel und ein Spielcasino in direkter Strandnähe. Da diese ganze Region besonders wegen des herrlichen breiten, rotgoldenen Strandes schon seit dem 19. Jahrhundert alljährlich von vielen Touristen besucht wurde, führte eine Kleinbahn vom romantischen Bahnhof Le Molay-Littry, nahe westlich der historischen Normannen-Stadt Bayeux gelegen, über St. Laurent und Vierville bis Osmanville, nahe Isigny. Sie wurde 1930 stillgelegt. Ab 1942, seit der Planung des Atlantikwalls und der Befestigung der Küstengebiete, wurde von den deutschen Kommandanturen jeder Tourismus am Meer untersagt und somit ein erheblicher Schaden am wirtschaftlichen Gefüge dieser Region angerichtet.

Blick vom 53 Meter hoch gelegenen Areal des WN 62 in südliche Richtung, ins Tal vor Colleville. Am Horizont der Kirchturm der Ortschaft. Ins Tal hinab fließt, neben dem schmalen Hohlweg (Route de la Mer), der Mühlenbach. Im Vordergrund das untere Mühlenanwesen – 395 Meter vom Meer entfernt.

Foto: H. Severloh 1961

Auch in Meeresnähe, vor dem von vielen hohen Brombeersträuchern bewachsenen Tal von Colleville, befanden sich auf der östlichen Seite dieses über dreihundert Meter breiten Taleinschnittes einige kleine Ferienhäuser, die als Siedlung St. Clair Belvédère bezeichnet wurden *(heute Village de Vacance = Feriendorf)*. Durch das bei Colleville beginnende und 1.260 Meter lange Tal fließen zwei schmale Rinnsale, die sich in ihrem Verlauf auf halber Länge des Tals vereinen und auch die großen Holzräder von zwei Wassermühlen antrieben, nach denen dieser Landschaftseinschnitt seinen Namen erhalten hatte: Vallée *(Tal)* du Ruisseau *(des Baches)* des Moulins *(der Mühlen = Mühlenbachtal)*.

Auf der westlichen Seite des Tals, rund achtzig Meter vom Strand entfernt, stand parallel zum schrägen Abhang und mit dem Giebel zum Tal, umgeben von hohen, dichten Ginsterbüschen, eine hübsche, zwei-etagige große Villa mit einer

Blick vom Terrain des 1942 noch improvisierten WN 62: Etwas Stacheldraht und eine kleine Holzhütte für nur zwei Wachsoldaten.

Foto: Archiv von Keusgen

Eine Landschaft voller Ginstersträucher: Das Terrain nahe des Strandes (Blick nach Westen) vor der Errichtung der weitläufigen Verteidigungsanlage WN 62. In der großen Villa wurden zuerst die Wachstube, die Küche und Quartiere für Unteroffiziere und einige Soldaten eingerichtet. Die kleineren Villen, Ferienhäuser und ein großes Kinderheim (im Hintergrund rechts) ließ die deutsche Kommandantur abreißen, um somit in diesem Areal ein noch freieres Schußfeld zu erhalten. **Foto: Archiv von Keusgen**

Grundfläche von 7 x 10 Metern, die, wie die meisten strandnahen Häuser dieser Gegend, zu Beginn des 20. Jahrhunderts erbaut worden war. Der weiße Holzzaun, der das weiträumige Villengrundstück umgab, wurde abgerissen, und um das Gelände zog man nun auch den Stacheldraht, der die neue Verteidigungsanlage WN 62 einzäunte – und somit gehörte sie dazu. Drei andere große, nur wenig entfernte Villen am unteren Teil dieses Abhangs wurden gesprengt und vollständig beseitigt. Eine ganze Villen-Zeile am westlich des WN 62 gelegenen Strandes, mitsamt einem Kinderheim, wurde ebenfalls dem Erdboden gleichgemacht. Die Besitzer erhielten finanzielle Entschädigungen und mußten mit ihren Familien das Terrain verlassen. Von nun an waren hier die ersten deutschen Soldaten stationiert.

320 Meter von diesem Gebäude in westlicher Richtung entfernt, direkt am Ende des Vorstrand-Terrains und nur 1,5 Meter über dem Strand, befand sich eine weitere 2-etagige Villa. Als dann auf halber Höhe der Verteidigungsanlage zwei halbrunde Betonplattformen gegossen und auf ihnen je eine erbeutete tschechische 7,65-cm-Feldkanone in Stellung gebracht wurde, mußten das Dach und die obere Etage abgerissen werden, um freies

Die Strandvilla "La Rabelliére" um 1920, nahe westlich des späteren WN 62 (Blick nach Osten). In dieser Villa wurden bereits ab 1942 sechs Marine-Infanteristen zur Bewachung des Strandes stationiert, und im Frühjahr 1943 ihr Dach demontiert – für ein freies Schußfeld der beiden 7,65-cm-Kanonen des WN 62.

Foto: Archiv von Keusgen

Schußfeld auf den Strand zu bekommen. Im Parterre der Villa stationierte man zur Bewachung des Strandes bald sechs Marine-Soldaten. Diese Soldaten standen in direkter telefonischer Verbindung mit dem ebenfalls neu eingerichteten deutschen Marine-Artillerie-Stützpunkt in der nur rund sieben Kilometer in östlicher Richtung entfernten kleinen Hafenstadt Port-en-Bessin.

Die große Villa auf dem Widerstandsnest 62, die sich nun am unteren und östlichen Eingang der Verteidigungsanlage befand, diente ab sofort als interner Stützpunktgefechtsstand. Da das Gebäude mit einem halb in den Erdboden gebauten Keller ausgestattet war, führte eine mehrstufige Steintreppe in der Mitte des Hauses in das Hochparterre. Auf der rechten Seite der unteren Etage befanden sich zwei Räume, von denen der vordere als Wachstube genutzt wurde, der hintere zum Waffen reinigen. Der große Raum auf der linken Seite sowie die Räume in der ersten Etage wurden vorerst als Schlafräumen für Unteroffiziere und einige Mannschaften eingerichtet.

Der von Colleville durch das Mühlenbachtal führende, 1.260 Meter lange Hohlweg, die Route de la Mer, in den 40er Jahren.
Foto: Kollektion J.-N. Lenoury

Auf der anderen, der östlichen Talseite und unterhalb der Küstenabhänge, an denen sich die kleine Feriensiedlung St. Clair Belvédère befand, begann man in diesem für einen Angreifer strategisch so wichtigen Areal, gleichzeitig zu WN 62, eine weitere Verteidigungsanlage anzulegen – das Widerstandsnest 61. So entstand im Lauf der Zeit eine durchgehende Kette von mehr oder weniger großflächigen Verteidigungsanlagen, die an diesem Küstenabschnitt einen Teil des *Atlantikwalls* bilden sollten, und die der Einfachheit halber je nach Bezirk durchnumeriert wurden. Die Widerstandsnester lagen unterschiedlich weit auseinander, ihre Positionen entsprechend der strategischen Bedeutung des jeweiligen Umfeldes. Im nur 2,1 Kilometer vom WN 62 entfernten St. Laurent wurde dann *(vorübergehend)* in einem der alten Häuser des Ortes eine mit WN 63 deklarierte Kompanie-Niederlassung eingerichtet, jedoch hatte diese keinerlei strategische Bedeutung, vielmehr wurden dort ausschließlich administrative Tätigkeiten verrichtet. Die Soldaten bezeichneten die Kompanie-Niederlassungen allgemein lapidar als Schreibstuben.

Die deutschen Soldaten fühlten sich wohl in der reizvollen, von dichten Hecken durchzogenen Landschaft mit ihren schier endlosen bemoosten Natursteinmauern, den geheimnisvoll anmutenden dunklen Hohlwegen, die von dichtem Efeu umrankte markante Bäume bilden und den Jahrhunderte alten rustikalen Anwesen mit den fruchtbaren Gärten und Äckern. Die Viehwirtschaft und die damit verbundenen Butter- und Käse-Erzeugnisse stellten den Haupterwerb der Landbevölkerung dar. Die für die üppige Normandie typische gute Butter, den Camembert, die Apfeltorten, den Cidre und Calvados wußten die Soldaten schnell zu schätzen und versorgten sich gern damit. Das vom Golfstrom so stark beeinflußte milde Klima und die lauen, meistens schneelosen Winter machen einen Aufenthalt in diesem größten aller Departements Frankreichs äußerst angenehm, und vom Krieg, der irgendwo tobte, war man weit entfernt – noch....

Die normannische Landbevölkerung bestand aus „knorrigen", bodenständigen Typen, zurückhaltend, doch hilfsbereit und freundlich, Menschen, die ihre Besinnlichkeit und Ruhe

Ein normannischer Bauer auf seinem landestypischen Charrette. *Foto: H. Severloh 1961*

pflegten. Die deutschen Soldaten wurden extra angewiesen, sich diesem Volk gegenüber äußerst korrekt zu benehmen und nicht als überhebliche Sieger aufzutreten. Diebstahl, handgreifliche Auseinandersetzungen und Nötigung, insbesondere gegenüber den weiblichen Einwohnern, waren streng verboten und wurden hart bestraft. Von Ausnahmen abgesehen, gab es insgesamt auf beiden Seiten eine respektvolle Koexistenz.

Im Frühjahr 1943 wurde die bis dahin noch kleine Verteidigungsanlage WN 62 erweitert und personell aufgestockt. Zu dieser Zeit versorgte noch eine 30-jährige Französin namens Louise Hamel die Soldaten der Kompanie mit Essen. Sie erschien täglich mit einem der landestypischen, zweirädrigen Pferdefuhrwerke *(Charrette = Karre)* im Tal vor dem WN 62 und direkt vor seinem östlichen Eingang. Eines Tages kam es zu einem kleinen Zwischenfall:

Auf dem Karren stand, wie so oft, ein großer Kessel mit dampfender Suppe. Aber noch bevor die Soldaten den Suppenkessel abladen konnten, brach das unruhige Pferd mit dem rechten Vorderbein in einen kleinen Hohlraum unter dem Erdboden ein und versank etwa dreißig Zentimeter tief darin. Die Französin vermochte nun aber nicht, das Pferd dazu zu bewegen, seinen Fuß wieder aus dem Loch zu ziehen und versperrte mit dem hochrädrigen Karren den Haupteingang des Widerstandsnestes. Zwei Soldaten luden den schweren Suppenkessel ab und forderten die Französin auf, nun endlich das Gespann aus dem Eingang zu fahren. Doch das Pferd blieb in dem Loch stehen. Da immer wieder gelegentliche Sabotageakte seitens der französischen Widerstandsbewegung, der Résistance, stattfanden, waren die deutschen Soldaten häufig verunsichert und reagierten schon empfindlich auf nur kleine Zwischenfälle.

Unteroffizier Ludwig Schulte erschien und sagte verärgert: „Ich gebe Ihnen noch eine Minute Zeit, Ihr Pferd dazu zu bewegen, seinen Fuß aus dem Loch zu ziehen und endlich den Eingang freizugeben, andernfalls werde ich es erschießen."

Einer der Soldaten fügte sarkastisch hinzu: „Außerdem hätten wir dann noch mehr zu essen..."

Louise Hamel erwiderte schlagfertig: „Ich habe nur das eine Pferd, Messieurs, und wenn Sie es erschießen, kann ich Ihnen und Ihren Leuten in Zukunft kein Essen mehr bringen..."

Daraufhin ließ der Unteroffizier das Pferd von drei beherzten Soldaten vorn etwas anheben. Es zog sofort den Fuß aus dem Loch und die Französin rollte mit ihrem Karren davon.

Zum Ende des Monats März 1943 kam der Obergefreite Peter Lützen in die Normandie. Der 22-jährige Bauernsohn aus Leck in Nordfriesland, nahe der dänischen Grenze, war bereits am 5. Februar 1941 zum Militär eingezogen und mit der 86. Infanterie-Division in den Mittelabschnitt der russischen Front geschickt worden. In Rußland, zuerst am Dnjepr, dann 80 Kilometer vor Moskau, erlebte er den harten Winter 1941/42. Als am 6. Dezember 1941 die Russen mit einer Großoffensive angriffen, mußte seine Division den Rückmarsch antreten, der acht Wochen dauerte und mehrere hundert Kilometer weit zurück führte. Lützen hatte die furchtbare Aktion *Verbrannte Erde* miterlebt, war versprengt und wäre fast in Gefangenschaft geraten. Dreimal war er verwundet worden und nach leichten Erfrierungen an den Füßen

Peter Lützen (noch als Gefreiter im Juli 1942), wurde am 7.1.1943 zum Obergefreiten befördert (Vergleich siehe Seite 13). **Foto: Kollektion P. Lützen**

Ernst Ottemeier nach Eintritt in die Wehrmacht und Beförderung zum Leutnant 1933. Im Ersten Weltkrieg als Feldwebel mit dem EK I sowie dem Pour-le-Mérite für Unteroffiziere ausgezeichnet, war er inzwischen auch Träger des bronzenen Reichssportabzeichens und bronzenen SA-Wehrabzeichens.
Foto: Kollektion H. E. Ottemeier

hatte eine Erkrankung zu einem längeren Lazarettaufenthalt geführt. Nach einem Genesungsurlaub war der Scharfschütze erst zur Ersatztruppe nach Herford, dann auf eigenen Wunsch in die Normandie geschickt worden. Peter Lützen war ausgezeichnet mit der Medaille zur Teilnahme an der Winterschlacht im Osten, dem silbernen Verwundetenabzeichen und dem silbernen Infanterie-Sturmabzeichen.

Zuerst kam Peter Lützen, der kurz zuvor geheiratet hatte, zur bei St. Lô stationierten 3. Kompanie des Grenadier-Regiments 726 der 716. Infanterie-Division. Dort wurde er mit noch einigen anderen Kameraden vom Kompaniechef, Hauptmann Ernst Ottemeier, empfangen, einem 47-jährigen, hochdekorierten Veteran aus dem Ersten Weltkrieg. Ottemeier stammte aus Lage an der Lippe in Westfalen, war im Ersten Weltkrieg Feldwebel und unter anderen Auszeichnungen auch mit dem Pour-le-Mérite für Unteroffiziere ausgezeichnet. Er hatte in Polen den Winter 1940/41 erlebt, war gegenüber seinen Untergebenen freundlich und erklärte zur Begrüßung der Neuzugänge von der Ost-Front: „Ihr habt als Soldaten im Osten schon genug Wache gestanden, darum seid *Ihr* hier in der Normandie davon befreit..."

Zwei Wochen später wurde das Regiment in den Raum um Bayeux, 10 Kilometer hinter der Küste, verlegt; ein Teil der bisher in Frankreich stationierten Soldaten war zuvor nach Rußland geschickt worden. Die 3. und einige andere Kompanien kamen in ein Truppenlager, das nur zwei Kilometer von Bayeux entfernt war. Der Obergefreite Lützen begegnete in dem Lager vielen ebenfalls neu angekommenen sogenannten „volksdeutschen" Soldaten aus früher polnischen Gebieten, die den Regimentern in diesem Teil der Küsten-Verteidigungsanlagen zugeteilt waren. In diesem Lager wurde Lützen mit den anderen Neuzugängen fast vier Wochen lang speziell ausgebildet. Einer der Zugführer jener Kompanie, der Lützen nun angehörte, war der 31-jährige Oberfeldwebel Ludwig Pie. Er war groß, blond, mit leicht gewelltem Haar, nach Meinung der Soldaten auffallend gut aussehend, und stammte aus Oberschlesien. Peter Lützen wurde in einer vier Mann starken Gruppe am Maschinengewehr ausgebildet. Zwei Soldaten dieser MG-Mannschaft waren die 19-jährigen Gefreiten Ludwig Kwiatkowski und Christian Faust. Sie stammten aus Gelsenkirchen und waren unzertrennlich.

In der letzten Aprilwoche standen vormittags mehrere Soldaten in einer Baracke des Truppenlagers beim Waffenreinigen an einem langen Tisch. Peter Lützen war als Aufsichtsperson eingesetzt worden. Die Soldaten nahmen ihre Waffen auseinander und begannen sie zu reinigen. Der 21-jährige Gefreite Dahlmann aus Oberschlesien stand dem 34-jährigen Obergefreiten Bernhard Lehmkuhl am Tisch gegenüber. Lehmkuhl, geboren 1908 in Handorf bei Münster, war seit 1928 Briefträger und bereits 1942 eingezogen, nach einer nur 14-tägigen Ausbildung in der Lützow-Kaserne in Aachen direkt in die Normandie geschickt worden und in diesem Lager in der Schuhmeisterei tätig. Er hatte bis zu diesem Augenblick mit dem Rücken zum offenen Fenster gestanden und drehte sich gerade leicht nach links, um die dünne Kette mit dem Putzzeug durch seinen Gewehrlauf gleiten zu lassen, als Dahlmann gleichzeitig den Griff von seiner Null-Acht-Pistole montierte; doch der Schloßmechanismus mit dem Lauf war noch nicht auseinandergenommen. Peter Lützen fiel gerade noch auf, daß auf dem Tisch vor Dahlmann eine Patrone lag, dann gab es einen Knall. Bernhard Lehmkuhl schrie auf, griff sich an die rechte Unterleibseite und fiel zu Boden – in Dahlmanns Pistole hatte sich noch eine Patrone im Patronenlager befunden. Das Geschoß hatte Lehmkuhls Unterleib schräg durchschlagen, war dann durchs offene Fenster geflogen und verfehlte die beiden gerade vorbeigehenden Zugführer und Oberfeldwebel Pie und Schnüll knapp. Zwei Soldaten liefen sofort hinaus und holten einen Sanitäter. Bernhard Lehmkuhl wand sich vor Schmerz stöhnend am Boden. Schon bald fuhr ein Sanka *(Sanitätskraftwagen)* vor, und Lehmkuhl wurde rasch ins nahe Lazarett transportiert. Inzwischen stellte Pie den Obergefreiten Lützen zur Rede, machte ihn für den Zwischenfall verantwortlich, der, wie er behauptete, durch mehr Umsicht zu vermeiden gewesen wäre. Pie warf Lützen sogar vor, Dahlmann wegen seines fahrlässigen Verhaltens nicht sofort erschossen zu haben.

Einige Stunden nach diesem Zwischenfall kam vom Lazarett die Meldung, daß dem Obergefreiten Lehmkuhl bei dem seitlichen Bauchdurchschuß lediglich die Milz angeritzt worden war. Der Oberstabsarzt erklärte, daß von einer Million derartiger Verwundungen nur einer so glimpflich verlaufen würde, wie in diesem Fall. *(Bernhard Lehmkuhl blieb dennoch, mit zeitweisen Lähmungserscheinungen, neun Monate im Lazarett, dann bekam er noch einen Monat Genesungsurlaub. Der Gefreite Dahlmann wurde an die russische Front strafversetzt.)*

Während der Spezialausbildung im Truppenlager sollte eine abschließende Übung abgehalten werden. Kurz bevor zum Abmarsch angetreten werden sollte, fragte Peter Lützen Oberfeldwebel Pie, ob seine MG-Mannschaft auch die Lafette mitnehmen müßte. Pie verneinte dieses, und so wurde nur mit dem Maschinengewehr angetreten. Oberfeldwebel Pie meldete nun Hauptmann Ottemeier, daß die gesamte Truppe zum Abmarsch bereit sei. Dann tadelte er Lützen vor der versammelten Mannschaft, weil er die Lafette nicht mitgenommen hatte. Daraufhin rückte die Truppe ohne den Obergefreiten und seine MG-Besatzung ab. Als alle fort waren, ließ Oberfeldwebel Pie die vier Soldaten auf brutale Weise in hohem, nassen Gras Strafexerzieren.

Nach der Spezialausbildung im Truppenlager bei Bayeux wurde die 3. Kompanie Anfang Mai an die Küste verlegt. Der ehemalige Rußland-Kämpfer Peter Lützen wurde zuerst auf dem in der Nähe von Vierville und auf dem hohen Küstenplateau gelegenen

Bernhard Lehmkuhl 1942 – nach seiner Einberufung zur Wehrmacht (Vergleich siehe Seite 12).
Foto: Kollektion B. Lehmkuhl jr.

Das Eiserne Kreuz 1. Klasse des Hauptmanns Ernst Ottemeier. Es wurde ihm bereits im Ersten Weltkrieg verliehen (siehe Stiftungs-Datum, Kaiserkrone und W = Kaiser Wilhelm).

Das Eiserne Kreuz, das im Zweiten Weltkrieg verliehen wurde, trug das Datum 1939 und das Hakenkreuz. Verliehen wurde das EK I für besondere Tapferkeit vor dem Feind und für hervorragende Verdienste in der Truppenführung.
Abbildung: Archiv von Keusgen

Das Verwundetenabzeichen wurde nach dem Vorbild jenes des Ersten Weltkriegs am 1. September 1939 (dem Tag des Kriegsausbruchs) gestiftet und an von feindlicher Waffeneinwirkung verwundete Personen verliehen. Die 1. Stufe (schwarz) wurde bei ein- oder zweimaliger Verwundung verliehen, die 2. Stufe (silbern) bei drei- oder viermaliger Verwundung, und die 3. Stufe (golden) bei mehr als viermaliger Verwundung.
Abbildung: Archiv von Keusgen

Bild rechts: Die Verlegung der 3. Kompanie vom Truppenlager an die nahe Küste. Die Marschkolonne wurde von Hauptmann Ottemeier (zu Pferd) angeführt.
Foto: Kollektion H. E. Ottemeier

Theodor Brinkbäumer.
Foto: Kollektion B. Lehmkuhl jr.

Widerstandsnest 70 stationiert, das lediglich aus einer Holzbaracke für ein paar Soldaten, drei Maschinengewehren und einem Granatwerfer bestand. Geschütze gab es dort keine. Ende des Monats Mai wurde die Kompanie auf die Nachbarortschaften St. Laurent und Colleville verlegt und Peter Lützen mit einigen anderen Soldaten auf dem WN 62 stationiert. Dort sah der Obergefreite zum erstenmal an der Küste der Normandie Geschütze – zwei alte tschechische 7,65-cm-Feldkanonen von 1917, an denen dann alle 80 Mann, mit denen er in die Normandie gekommen war, nun als Kanoniere ausgebildet wurden. Doch für den couragierten Obergefreiten kam dann einiges anders. Obwohl er Scharfschütze war, mußte er nun eine Ausbildung als Fernmelder absolvieren. Danach wurde ihm ein Platz für den Telefondienst in der Wachstube zugewiesen, die sich in dem Hochparterre der

Villa am östlichen Eingang *(dem Haupteingang)* des WN 62 befand. Seine Aufgabe bestand ab sofort darin, permanent telefonischen Kontakt mit dem Kompaniegefechtsstand in St. Laurent zu halten und dahin auch die Informationen vom benachbarten WN 61 zu übermitteln. Diesen Telefondienst verrichtete Peter Lützen vorerst zusammen mit dem 33-jährigen Obergefreiten Theodor Brinkbäumer.

In der Villa am Haupteingang des WN 62 befanden sich in der ersten Etage zwei Räume, die *(links)* als Schlafraum für zehn Soldaten und *(rechts)* als Unterkunft für die Unteroffiziere Bauer, Förster und Schulte dienten. Die beiden Kellerräume wurden als Kompanie-Küche und Munitionslager genutzt.

Nach Peter Lützens Meinung „hatte Unteroffizier Ludwig Schulte von rein gar nichts eine Ahnung". Als der Unteroffizier erfuhr, daß der Obergefreite am Maschinengewehr ausgebildet worden war, bat er ihn, er möge auch ihn darin unterweisen. Lützen, der sich mit dem Unterrichten des Unteroffiziers alle Mühe gab, resümierte schließlich: „Bei dem war alle Liebesmüh' vergeblich."

Gemäß einer Anordnung Adolf Hitlers, daß keine jungen Soldaten mehr nach Rußland geschickt werden sollten, kamen nun viele neue Soldaten des Jahrgangs 1925 in die Normandie. Im Juli 1943 kam Hans Selbach aus Kürten ins Widerstandsnest 62. Erst hatte er den Reichsarbeitsdienst absolviert, danach seine militärische Grundausbildung in der Gelben Kaserne in Aachen, dann kam er in die Normandie.

Bruno Plota (Vergleich siehe Seite 13). **Foto: Kollektion B. Plota**

Auch Bruno Plota und Hermann Götsch wurden im Februar 1943 zum RAD *(Reichsarbeitsdienst)* eingezogen und kamen drei Monate später, am 21. Mai, zur militärischen Grundausbildung ebenfalls in die Gelbe Kaserne nach Aachen. Bruno Plotas Einberufung war so früh gekommen, daß er noch nicht einmal seine Lehre regulär beenden konnte, doch war es ihm möglich, seine Gesellenprüfung als Schreiner ein halbes Jahr vorzuziehen. Ende August kamen sie nach einer sechswöchigen Spezialausbildung im belgischen Elsenborn in der Normandie an. Hermann Götsch, ein gelernter Schlosser, wurde dem WN 61 zugestellt, Bruno Plota in einem Privathaus in St. Laurent einquartiert. Von dort aus mußte er mit etlichen anderen Kameraden täglich zum Vorstrand hinunter, um in Strandnähe auf dem im Ausbau befindlichen WN 68 Schützengräben auszuheben. Nur vier Wochen später wurde er zum WN 62 versetzt und mußte, zusammen mit dem Gefreiten Gustav Bersik, in die alte Zwei-Mann-Baracke unweit einer inzwischen erbauten, halb unterirdischen Mannschaftsunterkunft einziehen.

Am 4. September 1943 kamen die beiden Soldaten Heinz Bongard aus Hürth und Franz Gockel aus Rhynern bei Hamm in die Normandie. Die Siebzehnjährigen waren nach der obligatorischen vierteljährigen Ableistung des Reichsarbeitsdienstes und einer sieben Wochen dauernden Rekrutenausbildung im niederländischen Groesbeek, acht Kilometer südlich von Nijmegen, mit einem Truppentransport vieler frisch ausgebildeter Soldaten per Zug angekommen und erlebten

In der Ausbildungskaserne in Groesbeck bei Nijmegen: Heinz Bongard (rechts und Bild oben, Vergleich siehe Seite 12) und Franz Gockel (hinten rechts). Einer ihrer Ausbilder war ein Obergefreiter von der Ost-Front (sitzend).

Fotos: Kollektion H. Bongard

bereits kurz vor Caen ihre „Feuertaufe". Der Wehrmachtzug wurde bei einem Zwischenstopp von zwei britischen Tieffliegern angegriffen. Zwei Vierlings-Flaks, die fest auf einen Eisenbahnwagen montiert waren, nahmen die Jagdflieger sofort unter Feuer, und sie drehten wieder ab. Die jungen Soldaten hatten, noch bevor sie an der Küste angekommen waren, einen ersten Eindruck davon bekommen, wie gering die Distanz zwischen Großbritannien und der Normandie ist...

Die Neuen trafen in der Normandie auf Soldaten älterer Stammeinheiten, die zum Teil schon an der Ost-Front den Rückmarsch im Winter 1941/42, den Vormarsch im Sommer 1942, oder sogar den Frankreichfeldzug 1940 miterlebt hatten. An der Ost-Front waren Verwundungen, Krankheiten und besonders Erfrierungen für eine Versetzung nach Italien oder Frankreich begünstigend gewesen. Franz Gockel wurde zuerst in einem Privathaus in St. Laurent und nahe beim dort befindlichen Kompaniegefechtsstand der 3. Kompanie einquartiert.

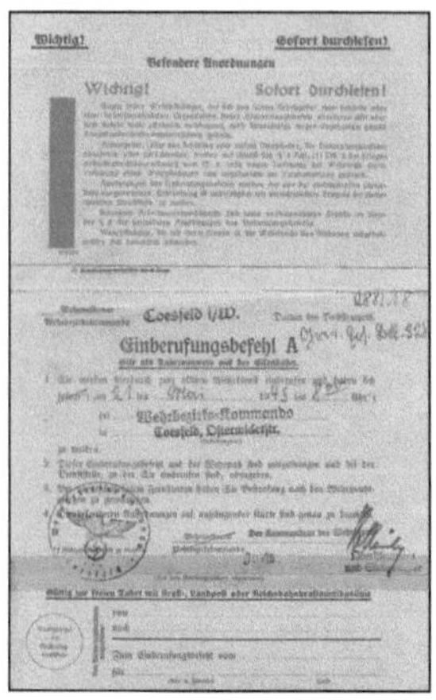

Bruno Plotas Einberufungsbefehl. **Abbildung: Kollektion B. Plota**

Ende Oktober wurde der Gefechtsstand der 3. Kompanie des Grenadier-Regiments 726 nach Colleville und näher an die beiden Widerstandsnester 61 und 62 verlegt. Das WN 63 mit seinem Kompaniegefechtsstand war nun auf einem großen und Jahrhunderte alten Gutshof im Zentrum von Colleville untergebracht. Es gab nur einen Eingang zu diesem Anwesen, den man mit einem großen, zweiflügligen Holztor verschließen konnte und der direkt an die Durchgangsstraße des Ortes grenzte. Auch befanden sich zu dieser Zeit die Geschäftsstelle, die Waffenkammer, die Schirrmeisterei, der Rechnungsführer, die Poststelle mit der Telefonvermittlung und die Kantine dort. Die Soldaten, die in den Heimaturlaub fuhren, konnten in dieser Kantine einige Pfund Butter und bis zu 30 Pfund Fleisch kaufen. In Deutschland, wo es Lebensmittel nur noch rationiert und gegen Abgabe spezieller Karten gab, freute man sich über derartige Butter- und Fleischportionen sehr.

Das alte, an der Ortsdurchfahrt D 514 gelegene Anwesen Ferme du Chemineau in Colleville heute (Vergleich siehe. Seite 27). **Foto: von Keusgen 2004**

Der junge Gockel, der nun ebenfalls auf diesem Hof in Colleville einquartiert wurde, mußte nun einen Dienst als Melder und Wachtposten sowie am Telefon verrichten, aber er war froh, wie alle seine Kameraden auch, in der Normandie und nicht in Rußland stationiert zu sein.

Auf dem großen Anwesen in Colleville waren noch andere Soldaten untergebracht, inzwischen auch Hauptmann Ernst Ottemeier als Kompaniechef und Leutnant Claus aus Bremen, der als ehemaliger Rußlandkämpfer ein Vorbild für die jungen Männer war. Der 23-jährige, blonde Offizier liebte das Leben und die jungen Schönheiten der Umgebung, von denen er nicht selten in seiner Wohnung auf dem Gutshof besucht wurde. Mit der sittlichen Moral ging er locker um und mißbrauchte sein Dienstmotorrad nicht selten für seine Damenbesuche.

Franz Gockel (Vergleich siehe Seite 12) **Foto: Kollektion F. Gockel**

Der Jahrhunderte alte Gutshof Ferme du Chemineau in den 30er Jahren, der 1943 und 1944 der 3. Kompanie als Standort-Niederlassung diente. **Foto: Archiv von Keusgen**

Auf dem Gutshof war vorerst auch Unteroffizier Ludwig Förster einquartiert. Er war noch als Obergefreiter bis vor kurzer Zeit „Bursche" bei Leutnant Claus gewesen. Als Förster, der bereits seit 1940 in Frankreich war, nun an die Ost-Front hätte versetzt werden sollen, hatte Claus ihn zum Unteroffizier befördert, zum WN 62 geschickt und somit „unabkömmlich" gemacht. Der in Eischerscheidt im Dreiländereck *(Belgien, Deutschland, Niederlande)* geborene 34-jährige Ludwig Förster war gelernter Sattler und Familienvater einer Tochter und zweier Söhne. 1939 hatte er bis zu seiner Einberufung zum Militär am Westwall gearbeitet. Obwohl sein Vater 1915 an der West-Front bei Sedan gefallen war, hatte man ihn und

seine drei Brüder zur Wehrmacht eingezogen *(alle seine Brüder fielen 1944/45)*. Wie er es als „Bursche" seines Leutnants schon getan hatte, machte Förster allmorgendlich die Betten für seine Unteroffizierskameraden und ließ sich dafür von ihnen bezahlen. Er brachte anläßlich jeder seiner drei Jahresurlaube seiner Ehefrau Maria Schmuck und kleine Luxusartikel aus Frankreich mit – und jedes Mal ließ er sie wieder schwanger zurück.

Heinz Bongard wurde zuerst in einer romantischen, aus Natursteinen erbauten Villa nahe der kleinen Ortschaft St. Laurent und auf deren Gemeindegebiet einquartiert, direkt an der zwei Kilometer langen Promenade, die nach Vierville führt. Da sich zu dieser Zeit die Widerstandsnester an der Küste noch im Ausbau befanden und vieles noch nicht fertig war *(teilweise nicht einmal geplant)*, mußte in manchen

Ludwig Förster kurz vor seiner Beförderung zum Unteroffizier. **Foto: Kollektion J. Stollenwerk**

Michael Schnichels
Foto: Kollektion H.-J. Schnichels

Die kleine Villa an der Promenade bildete vorübergehend die "Niederlassung St. Laurent" (2. Haus von links). Um auch hier freies Schußfeld zu haben, waren alle Häuser für den Abriß vorgesehen (als nächstes die Villa am linken Bildrand)...
Foto: Kollektion H. Bongard

Bereichen improvisiert werden. So wurde die kleine Villa nahe des Strandes vorläufig als "Niederlassung St. Laurent" bezeichnet. Dort traf Heinz Bongard außer einiger anderer Soldaten *(die später alle auf verschiedene Widerstandsnester verlegt wurden)* den 18-jährigen Gefreiten Michael Schnichels. Dieser kleinste von Bongards Kameraden war ein starker robuster Mann und von Beruf Hufschmied. Mit ihm und den anderen seiner Gruppe wurde Bongard dann zum MG-Schützen ausgebildet.

Zu Beginn des Oktobers kamen mit einem neuen Truppentransport aus Deutschland etliche junge Soldaten auf die rund dreihundert Verteidigungsanlagen zwischen Le Havre und Cherbourg. Anläßlich einer in diesem Zuge stattfindenden Neuverteilung der Soldaten auf andere Anlagen, wurde Michael Schnichels auf das bisher personell völlig unterbesetzte Widerstandsnest 62 verlegt. Michel, wie er sich selbst und alle Kameraden ihn nannten, war am 11. August 1943 nach Ableistung des Reichsarbeitsdienstes zu einer Grundausbildung in jener Kaserne im niederländischen Groesbeek eingezogen worden, in der auch Heinz Bongard und Franz Gockel nur einen Monat vorher als Rekruten ausgebildet worden waren.

Heinz Bongard vor der "Niederlassung St. Laurent".
Foto: Kollektion H. Bongard

Mit den immer umfangreicheren Ausbauarbeiten der neuen Verteidigungsanlagen begann man nun auch damit, viele der Villen, die in Strandnähe oder am Fuß der Küstenabhänge in der sechs Kilometer langen Bucht zwischen Vierville und Colleville standen, abzureißen, damit bei einem Angriff der landende Gegner keine Deckung finden konnte, außerdem um das eigene Schußfeld zu „bereinigen". So bekamen die Soldaten, die in der Villa an der Strandpromenade zwischen St. Laurent und Vierville stationiert waren, im Oktober den Auftrag, die benachbarte Villa abzureißen. Heinz Bongard, Michel Schnichels und noch sechs Kameraden begannen daraufhin mit Pickhacken und Schaufeln die schwierige Arbeit. Kaum hatten sie angefangen, erschien Unteroffizier Ludwig Förster, der die Soldaten bisher an zwei

Maschinengewehren ausgebildet hatte, und lachte über ihre anstrengenden Bemühungen. Obwohl es nur den Pionieren zustand, die gefährlichen Sprengarbeiten zu verrichten, besorgte der Unteroffizier kurzerhand Sprengstoff und freute sich darauf, die Villa auf diese Weise abzureißen und den jungen Soldaten somit auch die schwere Arbeit abzunehmen.

Nachdem sich der Staub der Explosion gelegt hatte und Unteroffizier Förster gegangen war, kam nach einiger Zeit Hauptmann Ottemeier angeritten.

Hermann Götsch
Foto: Kollektion A. Götsch

Nach dem Abriß der kleinen Strandvilla (am Bildrand links; Vergleich Seite 27). Danach wurden auch die benachbarten Häuser abgerissen und die üppigen Apfelplantagen abgeholzt.
Foto: Kollektion H. Bongard

Ottemeier war aus moralischen Gründen grundsätzlich gegen die Haussprengungen und fragte die Soldaten, die nun mit dem Aufräumen der Trümmer beschäftigt waren: „Was macht Ihr denn hier?"

Die Soldaten, die ein gutes Verhältnis zu Unteroffizier Förster hatten und ihn nicht verraten wollten, schaufelten schweigend weiter, nur Heinz Bongard sagte: „Wir räumen nur den Schutt weg…"

Der Kompaniechef war skeptisch: „Hat es hier nicht eben geknallt?"

„Nö…"

Ausbildung an einem wassergekühlten Maschinengewehr vor der "Niederlassung St. Laurent". Bei der Gruppe Auszubildender sind auch Hans Selbach (2. von links), Michael Schnichels (4. von links) und Hermann Götsch (rechts). Bei dem Maschinengewehr handelt es sich um den amerikanischen Typ sMG CKM wz.30
Kaliber: 7,92 x 57 mm
Speisung durch 300-Schuß-Gurt
Lauflänge: 71,5 cm
Gesamtlänge 111 cm
MG-Gewicht: 17 kg
Dreibein-Gewicht: 23,5 kg
Vo: 760 m/sec.
Feuerfolge: 700 Schuß /min.
Hersteller: Colts Patent Firearms, Hardford/ Conn. USA
Foto: Kollektion H. Bongard

Eine der beiden alten tschechischen 7,65-cm-Feldkanonen auf ihrer Betonplattform im westlichen Mittelbereich des WN 62. Von links: Die Soldaten Alois Reckers, Bruno Plota und Hans Selbach.
Die offizielle deutsche Bezeichnung des Geschützes lautete:
Feldkanone Modell 1917 oder (Originalbezeichnung FK 303, 80 mm M 17)
Kaliber: 76,5 mm
Rohrlänge: 207,8 cm
Züge: 191,5 cm
Gesamtlänge: 229,7 cm
Gefechtsgewicht: 1.319 kg
Marschgewicht: 2.089 kg
Seitenrichtbereich: 8°
Höhenrichtbereich -10°/+45°
Vo: 554 m/sec.
Geschoßgewicht: (Sprenggranate) 8 kg
Reichweite: 11.400 m
Feuerfolge:10-12 Schuß/min.
Hersteller: Skoda, Pilsen.
Foto: Kollektion B. Plota

Tobruk-Stand mit einem Maschinengewehr.
Technische Daten des MGs:
Modell 1934
Kaliber/Patrone:7,92x57 mm
Speisung durch 250-Schuß-Metallzerfallgurt
Lauflänge: 62,7 cm
Gesamtlänge: 121,9 cm
MG-Gewicht: 11 kg
Vo: 755 m/sec.
Feuerleistung: 900 S/min.
Hersteller: Mauserwerke, Berlin; Gustloff-Werke, Suhl; Maget, Berlin; Steyr-Daimler-Puch AG, Steyr; Waffenwerke Brünn.
Foto: Archiv Gerstenberg

Ottemeier ließ nicht locker: „Aber wer hat denn dann gesprengt?"

Seit einigen Wochen baute oben, auf dem Küstenplateau, die eigenständige Organisation Todt Bunker und Verteidigungsanlagen für die Widerstandsnester 70 sowie 71, und so sagte Heinz Bongard: „Vielleicht haben die von der Organisation Todt da oben gesprengt."

Ende November 1943 wurde den Soldaten auf dem Gutshof in Colleville erklärt, daß einige von ihnen auf das inzwischen vergrößerte Widerstandsnest 62 verlegt würden. So wurden sie einige Tage mit ihren neuen Aufgaben vertraut gemacht und erhielten auf dem alten Anwesen entsprechende Einweisungen. Auf dem Dienstplan standen Ausbildungen

am Maschinengewehr, Granatwerfer und an einer Panzerabwehrkanone, Schulung in der Unterscheidung von Erkennungssignalzeichen, dem Umgang mit Parolen sowie der Silhouetten-Erkennung unterschiedlicher Kriegsschiffe und Flugzeugtypen der Alliierten.

Als die Soldaten dann im Widerstandsnest ankamen, waren sie enttäuscht. Es sah dort so ganz anders aus, als es in den Wochenschauberichten über den Atlantikwall im Kino immer gezeigt wurde. Nichts war zu sehen von den riesigen Bunkern, aus denen drohend die Rohre größter Geschütze ragten, und die Strände verbarrikadiert mit gewaltigen Hindernissen. Im WN 62 befand sich nichts annähernd Vergleichbares. Es gab in der gesamten

Verteidigungsanlage noch keinen einzigen Geschützbunker (auch noch nicht in den anderen benachbarten Anlagen), lediglich zwei alte tschechische Beutekanonen des Typs FK 17 mit 7,65-cm-Kaliber standen im Mittelbereich des WN 62 auf halbmondförmigen Betonplattformen in offenen Stellungen unter stakligen Holzgestellen, die nur einfach von lose darüber gezogenen Tarnnetzen und zur weiteren Tarnung mit Ästen und Zweigen bedeckt waren.

Im unteren Bereich der Verteidigungsanlage stand auf einer Sockellafette eine 5-cm-Kampfwagenkanone in einer offenen, achteckigen Betonbettung mit Schußrichtung zum Taleingang. Auch sie war nur mit einem Tarnnetz überspannt. Lediglich zwei als Tobruk-Stände bezeichnete Stellungen für ein Maschinengewehr und einen Granatwerfer waren inzwischen fertig. *(Diese bunkerähnlichen Unterstände für einen oder zwei Männer waren nach einer Idee Rommels während des Nordafrika-Feldzugs entstanden. Sie wurden, mit der Erdoberfläche bündig, aus Beton in den Boden gegossen und boten einen vergleichsweise sicheren Standort für einen Soldaten, der lediglich mit dem Kopf aus einer einen Meter breiten, einem Brunnenring ähnlichen, unverschließbaren Öffnung heraussehen konnte, um seine Waffe zu bedienen – für Maschinengewehre – oder in achteckigen Öffnungen für Granatwerfer.)*

Die neu auf dem WN 62 eingetroffenen Soldaten wurden zum Schlafen in einer erst im Frühjahr 1943 im mittleren Bereich des Widerstandsnestes erbauten und halb unterirdischen Mannschaftsbaracke untergebracht, die zur Sicherheit lediglich mit einem Tarnnetz gegen Fliegereinsicht überspannt war. Diese Baracke bot nur zehn Personen Platz, die in ihr auf engstem Raum und unter primitiven Bedingungen hausen mußten. Hinter den Holzwänden krabbelten Tag und Nacht große Ratten herum, und nicht selten liefen einige sogar in den Innenraum. Die Soldaten erschlugen dann mit ihren Stiefeln die quietschenden Tiere. Nahe des halb unterirdischen Mannschaftsquartiers stand noch immer jene erste im Widerstandsnest errichtete Holzbaracke, um die ebenfalls die Ratten liefen. Sie diente als Unterkunft für Plota und Bersik.

Am östlich gelegenen Haupteingang des Widerstandsnests 62 befand sich die große Villa mit zwei weiteren Schlafräumen für Soldaten, die Wachstube und den beiden nicht ganz im Erdreich gelegenen Kellerräumen, die ein Lager für Granaten und die Kompanieküche bildeten.

Küchenchef Fritz Riemann
Fotos: Kollektion B. Plota

Die Anwesenheit der Soldaten, noch dazu auf engem Raum, hatte in den vergangenen Monaten viele große Ratten auf das Gelände gelockt, ganz besonders deshalb, da in der Nähe der Villa auch Lebensmittelabfälle gelagert wurden. An einem Tag im Herbst hatte Peter Lützen an diesem Abfallhaufen mehr als dreißig Tiere gezählt, seine Pistole gezogen und mehrmals dazwischen geschossen. Aber das Resultat hatte nur die Unsinnigkeit einer solchen Maßnahme zur Dezimierung der Ratten ergeben.

Küchenchef in der Villa war ein aus Ostpreußen stammender 34-jähriger Schlachter – der Obergefreite Fritz Riemann. In der Kellerküche arbeiteten auch der 18-jährige Gefreite Alfred Liermann und der Obergefreite Valentin Lehrmann. Der in Gelsenkirchen gebürtige, sehr religiöse Lehrmann war 34 Jahre alt und verrichtete als Koch seinen Dienst auf dem WN 62. 1934 hatte er seine Meisterprüfung als Bäcker abgelegt, drei Monate später geheiratet und noch im selben Jahr eine eigene Bäckerei eröffnet. 1939 war er Vater einer Tochter geworden, doch bereits 1940 wurde er zum Militär eingezogen. Kurze Zeit später hatte seine Frau ihm noch einen Sohn geboren.

In der Küche war auch noch eine 43-jährige Französin tätig, die allen Soldaten des Widerstandsnests nur als Simone bekannt war. Die Mutter von zwei Kindern wurde zwar *(wie alle für die deutsche Wehrmacht tätigen Franzosen)* für ihre Arbeit entsprechend bezahlt, lebte aber offenbar in sozial schwierigen Verhältnissen. Als sie einmal wieder beobachtete, daß einige Soldaten des Widerstandsnests üppige Lebensmittelpakete einpackten, um sie ihren Familien in der Heimat zu schicken, sagte sie mit Tränen in den Augen zu Bruno Plota: „Meine Kinder haben Hunger, und Ihr schickt die Lebensmittel nach Deutschland..."

Bruno Plota konnte die Haltung der Französin nicht verstehen, denn es stand auch ihr frei, täglich aus der Küche etwas von den großen Portionen mit nach Hause zu nehmen. Üppig waren besonders die Fleischportionen deswegen, da die vom Kompaniechef Ottemeier von den Franzosen gekauften und geschlachteten Rinder ohne entsprechende Kühlvorrichtung schnell verarbeitet und verzehrt werden mußten. So konnten sich auch die Soldaten häufig für den Privatbedarf damit versorgen. Sie rollten das rohe Fleisch in Kohlblätter oder Ähnliches ein und schickten es in die Heimat, in der das Fleisch nach nur zwei Tagen des Postweges immer noch gut erhalten ankam. Da es den Angehörigen der Soldaten erlaubt war, zu dem monatlichen Sold von 35,- Reichsmark noch ebensoviel zu schicken, konnten diese in Frankreich viele Dinge wie Nähgarn, Kämme, seidene Strümpfe und andere kleine Luxusartikel kaufen, die es in Deutschland nicht mehr gab oder nur noch schwer zu erwerben waren, um sie in die Heimat zu schicken. Manche Soldaten fertigten sich extra große Holzkoffer an, um in ihrem nächsten Urlaub größere Kontingente mit nach Hause nehmen zu können.

In dieser sonderbaren Beziehung, in der die französische Bevölkerung zu ihren Besatzern lebte, entstanden immer wieder kuriose Situationen, die das ungewöhnliche Miteinander innerhalb einer dennoch gespannten Atmosphäre beiden Seiten einigermaßen erträglich machten. So war es den einheimischen Fischern noch bis zum Ende des Jahres 1943 möglich, den Strand vor den Verteidigungsanlagen mit seinen *(noch wenigen)* Hindernissen zu betreten und sogar das Meer mit kleinen Booten zu befahren. Den Fischern waren durch ihre häufigen Aufenthalte am Strand die Minenschneisen vor den

Widerstandsnestern bekannt, und bei Ebbe konnten sie sich weiter vorn sowieso ohne Risiko bewegen, da dort ohnehin keine Minen lagen. So legten sie ihre Netze an speziellen, von ihnen selbst gesetzten kleinen Bojen aus, um sie bei der nächsten Ebbe wieder einzuholen.

An einem milden Abend, an dem Bruno Plota mit seinem Karabiner nahe des Strandes Wache stand, blickte er hinaus auf den breiten Strand, den das Meer mit seiner Ebbe freigelegt hatte. Plötzlich vernahm er in der angebrochenen Dunkelheit leise Schritte hinter sich, die sich ihm näherten. Plota faßte seinen Karabiner fester und rief: „Parole?"

„Monsieur Fisch!" rief eine Männerstimme zurück. Dann winkte der Schatten, der ein Bündel Netze zum Strand schleppte, freundlich dem deutschen Wachtposten zu: „Bonsoir, Soldate! *(Guten Abend, Soldat!)*"

Bruno Plota winkte zurück.

Bruno Plotas Erkennungsmarke), die er nach seiner Einberufung und während der Grundausbildung in der Gelben Kaserne in Aachen bekommen hatte, mit den Daten seiner ursprünglichen Einheit: Stammkompanie Grenadier-Regiment Ersatz-Ausbildungsbataillon 328 **Abbildung: Kollektion B. Plota**

Die Villa am Haupteingang des WN 62 war zwar am Stromnetz des Ortes Colleville angeschlossen, jedoch nicht an der Wasserversorgung. So mußten sich die Soldaten an einer großen, gußeisernen Schwengelpumpe, die hinter dem Haus stand, waschen. An kühlen Tagen trugen sie das Wasser in Eimern zu ihrem halb unterirdischen Quartier.

Als eines Tages Bruno Plota den Weg aus dem Zentrum des Widerstandsnests den Hang herunter kam, sich dann nahe der Rückseite der Villa und ihrer Pumpe befand, hielt plötzlich ein über das Meer heranheulender britischer Jagdbomber auf das Gebäude zu. Noch bevor Plota Deckung suchen konnte, hämmerten die Bord-MGs los, und zwei der großkalibrigen Geschosse trafen laut klirrend die hohe, an einem dicken, vierkantigen Holzpfosten befestigte eiserne Pumpe, richteten jedoch keinen Schaden an und flogen als jaulende Querschläger dicht an Plota vorbei. Unmittelbar darauf war der Jabo wieder verschwunden.

Im unteren Bereich des WN 62, nahe des vordersten Tobruk-Standes, floß aus einiger Höhe und in einem leichten Bogen ein starker Strahl glasklaren Grundwassers aus dem hellen Kalksteinboden. Gern nutzten die Soldaten dieses frische Wasser als Dusche. Bruno Plota liebte diese Quelle besonders, duschte sogar in der kühlen Jahreszeit unter dem permanent nur 7 Grad kalten Wasserstrahl.

Noch etwas anderes tat Plota – und das heimlich: Er legte Kaninchen-Schlingen aus. Sowie er bemerkte, daß sich eines

Bruno Plota

Foto: Kollektion B. Plota

der auf dem Gelände ebenso häufig wie die Ratten vorkommenden Tiere in einer seiner Schlingen verfangen hatte, lief er hin und tötete es. Kaninchenbraten war für die Soldaten eine willkommene Abwechslung auf dem sonst eher tristen Speiseplan.

Am 20. Dezember 1939 wurde das silberne Infanterie-Sturmabzeichen gestiftet und in der Folge bewährten Infanteristen verliehen, die an mindestens drei Sturmangriffen in vorderster Linie und an drei verschiedenen Kampftagen teilgenommen hatten.

Abbildung: Archiv von Keusgen

Verleihungsurkunde zum Infanterie-Sturmabzeichen.

Abbildung: Éditions Hirlé

Am Nachmittag des 5. Dezember 1943 beobachteten die Soldaten auf dem WN 62, daß sich vom Meer her mehrere amerikanische Bomber des Typs Fortress II der Küste und ihnen näherten. Sofort wurde der Pulk von den Widerstandsnestern dieses Küstenabschnitts heftig mit Maschinengewehrfeuer belegt. Als die Bomber nur noch knapp eintausend Meter vom Land entfernt waren, ging plötzlich einer von ihnen schlagartig in Flammen auf. Der Fliegerposten auf dem WN 60 hatte die Maschine mit seinem Zwillings-MG getroffen. Kurz darauf konnten die Soldaten der Widerstandsnester erkennen, daß zwei Besatzungsmitglieder des brennenden Bombers mit Fallschirmen über dem Meer absprangen. Das Flugzeug, das eine lange schwarze Rauchfahne hinter sich her zog, kam immer tiefer, und als es über das WN 62 raste, sprangen zwei weitere Männer heraus, deren Fallschirme sich gerade noch öffnen konnten. Dann schlug der Bomber nur 1,6 Kilometer weiter im Hinterland und direkt hinter dem Ortsrand von Colleville auf den Boden. Die Detonation konnten die Soldaten noch bis zum WN 62 hören. Unmittelbar darauf erfolgte eine zweite Explosion – als die Munition der Bordwaffen und ein Teil der Bombenlast der Fortress explodierte. Als dann nach den beiden Männern Ausschau gehalten wurde, die über dem Meer abgesprungen waren, konnte man von ihnen nichts mehr sehen – sie waren bereits in den wogenden Fluten versunken…

Zur Bewachung des Bomberwracks wurde Franz Gockel zur Absturzstelle geschickt. Als er zu den noch qualmenden Trümmern kam, war er entsetzt. Das Flugzeug war völlig auseinandergerissen, doch in seiner Anatomie noch deutlich erkennbar. Offenbar hatte die Besatzung des Bombers noch mit einem Absturz über dem Meer gerechnet, denn nur wenige Meter vom Wrack entfernt lag ein aufgeblasenes Schlauchboot – völlig unversehrt. Nahe der Ausstiegluke des Bombers lagen sechs bis zur Unkenntlichkeit verbrannte Besatzungsmitglieder in skurrilen Haltungen. Franz Gockel berichtete: „Es roch süßlich nach verbranntem Menschenfleisch…"

Am rußgeschwärzten Flugzeugrumpf konnte er noch die Typenbezeichnung und die Herstellungsdaten des Bombers erkennen. Diese Maschine war erst Ende November fertiggestellt worden – es war an diesem Tag ihr erster Einsatz gewesen…

Am nächsten Morgen erklärte Kompaniechef Ernst Ottemeier, daß die beiden Bomberinsassen, denen es gelungen war, mit Fallschirmen über dem Land abzuspringen, noch immer nicht gefunden seien und man nun intensiv nach ihnen suchen sollte. Auch von anderen Widerstandsnestern wurden noch Suchtrupps zusammengestellt.

Die Normandie ist ein sehr unübersichtliches Land, durchzogen von Hecken, hohen Natursteinmauern, schmalen Hohlwegen, efeuumrankten Bäumen und dunklem Dickicht – *Bocage*

genannt. Dennoch wurde schon bald einer der beiden Amerikaner gefunden. Er hatte sich ein Bein gebrochen und lag in einer dichten Hecke. Nun wurde das Gelände, in dem man den Luftwaffensoldaten gefunden hatte, noch genauer untersucht, jedoch ergebnislos. Als ein Franzose aus einem schmalen Hohlweg kam, rief man ihn an, um ihn zu fragen, ob er vielleicht einen amerikanischen Soldaten gesehen hätte. Doch zur Verwunderung des Suchtrupps hob der Zivilist sofort die Arme – er war der zweite Gesuchte.

"Die Braut des Soldaten": Der Karabiner 98k.
Kaliber/Patrone: 7,92x57 mm
Lauflänge: 73,9 cm
Gesamtlänge: 110,75 cm
Gewicht: 3,9 kg
Vo: 755 m/sec.
Original-Hersteller: Mauserwerke AG Oberndorf/Neckar
Foto: Archiv von Keusgen

Da der Amerikaner Zivilkleidung trug, wurde ihm nun damit gedroht, ihn als Spion zu erschießen, sollte er nicht den Ort preisgeben, an dem sich seine Uniform befand und wo er die französische Kleidung erhalten hatte. Derart unter Druck geraten, führte der Amerikaner den Suchtrupp zu einem kleinen Anwesen und verriet das Versteck, in dem seine Luftwaffenuniform noch lag. Der Bauer wurde wegen Begünstigung des Feindes verhaftet – er hatte das Todesurteil zu erwarten…

Am nächsten Tag fand man die beiden im Meer ertrunkenen Fliegeroffiziere – von der Flut angeschwemmt am Strand zwischen dem WN 61 und dem WN 62. Sie waren mit ihren schweren Lederkombinationen und dicken, pelzgefütterten Stiefeln gleich nach ihrer Landung auf dem Wasser im Meer versunken. Lediglich einer der beiden Männer hatte es noch geschafft, den Reißverschluß an einem seiner Stiefel zu öffnen. Als ihnen die Erkennungsmarken abgenommen wurden, stellten die deutschen Soldaten mit großem Interesse fest, daß die Amerikaner diese kleinen, geprägten Aluminiumschilder mit dünnen Metallketten am Hals trugen und nicht an Wollfäden, wie es bei der Wehrmacht üblich war. Auffallend waren auch die Spezial-Armbanduhren der Offiziere…

Viele Soldaten der beiden benachbarten Widerstandsnester kamen im Verlauf des Tages, um sich die beiden toten Amerikaner anzusehen. Als die Leichen dann am Nachmittag abtransportiert werden sollten, waren die Armbanduhren von ihren Handgelenken verschwunden…

Außer der periodisch in den Verteidigungsanlagen abgehaltenen Feldgottesdienste wurde am 22. Dezember in der Kirche von Colleville für die Soldaten der umliegenden Widerstandsnester die Weihnachtsmesse abgehalten. Zwei Tage später, am Nachmittag des Heiligen Abends 1943, ging Bruno Plota im mittleren Bereich des WN 62 durch die Laufgräben und am Fliegerposten *(der offenen Stellung des Zwillings-MGs)* vorüber und sah die beiden „Volksdeutschen", Edmund Ferchau und Emil Drews, hinter dem Maschinengewehr sitzen. Dann ging er in die unweit davon entfernte Zweimann-Baracke. In diesem Moment näherte sich ein einzelnes britisches Flugzeug, von Port-en-Bessin und entlang der Küste kommend – direkt auf das Widerstandsnest zu. Plötzlich hörte Plota einen kurzen Feuerstoß aus dem Zwillings-MG. Schnell lief er zum Fliegerposten zurück, um zu sehen, warum dort

Generalfeldmarschall Erwin Rommel, Oberbefehlshaber der Heeresgruppe B, somit Chef über den nordfranzösischen Teil des Atlantikwalls.
Foto: Kollektion M. Rommel

Als Beobachter und Kartenzeichner für Rommels Stab tätig: Hans Lücking, Obergefreiter in der 716. Infanterie-Division.
Foto: Kollektion I. Lücking

geschossen wurde. Zu seiner größten Verwunderung war der MG-Stand nun jedoch verlassen. Gleichzeitig bemerkte Plota das feindliche Flugzeug, das dem WN 62 bereits sehr nahe gekommen war. Geistesgegenwärtig gab er mehrere kurze Feuerstöße auf die Maschine ab, das Flugzeug legte sich auf die Seite und stürzte ins Meer. Der Oberschütze war selbst verblüfft über seine Leistung und beobachtete, wie die beiden Besatzungsmitglieder, an ihren Fallschirmen hängend, ebenfalls ins Wasser fielen.

Kurz darauf klingelte im Fliegerposten das Feldtelefon. Plota meldete sich und Leutnant Claus fragte ihn, ob er auf das Flugzeug gefeuert hätte, was Plota bestätigte. Dann wollte der Stützpunktführer wissen, wie viele Schuß Plota abgegeben habe. Als er das erfuhr, sagte er: „Plota, dann haben Sie die Maschine abgeschossen", und er erklärte, daß eine Fliegerabwehrstellung nahe des kleinen Hafens in Port-en-Bessin bereits einen Anspruch auf den Abschuß angemeldet hatte.

„Dafür bekommen Sie Sonderurlaub, Plota."
Dann legte der Leutnant auf.

Als das Flugzeugwrack später von der Flut angeschwemmt worden war, stellte sich jedoch anhand der Einschußstellen heraus, daß es tatsächlich der Posten in Port-en-Bessin gewesen war, der das Flugzeug abgeschossen hatte.

Rommel kommt

Am 5. November 1943 wurde Generalfeldmarschall Erwin Rommel von Hitler zum Befehlshaber der Heeresgruppe B und somit zum Chef über den nordfranzösischen Teil des Atlantikwalls ernannt.

„Als Rommel dann Anfang Februar 1944 unsere Verteidigungsanlagen inspizierte, wurde er über deren tatsächliche Stärke zunächst massiv getäuscht", erinnerte sich der damalige Obergefreite Hans Lücking, der als Angehöriger des II. Bataillons des Grenadier-Regiments 726 der 716. Infanterie-Division und ortskundiger Kartenzeichner bei einigen dieser Inspektionsfahrten dabei war. „Tatsächlich waren alle Anlagen viel zu schwach besetzt und nur mangelhaft mit Waffen bestückt."

Rommel war sehr ungehalten über die völlig unzureichend und viel zu primitiv ausgebauten Verteidigungsanlagen und erhob gegen die Verantwortlichen dieses Küstenabschnittes schwere Vorwürfe.

Auch auf dem WN 62 gab es außer zweier Tobruk-Stände nur offene Feldstellungen und simple Erdbunker, die

Abbildung links: Die Medaille für die Teilnahme an der Winterschlacht im Osten 1941/42 wurde am 26. Mai 1942 gestiftet. Verliehen wurde sie an alle Soldaten, die vom 15. November 1941 bis zum 15. April 1942 an Gefechten bzw. 30 Feindflügen teilgenommen, Erfrierungen oder Verwundungen erlitten oder sich mindestens 60 Tage durchgehend im Einsatz bewährt hatten. Allgemein wurde die Winterschlacht-Medaille ironisch als "Gefrierfleisch-Orden" bezeichnet. **Abbildung: Archiv von Keusgen**

Abbildung rechts: Das Eiserne Kreuz II. Klasse wurde (ebenso wie jenes der I. Klasse) für Tapferkeit und besondere Leistungen verliehen, jedoch nur am Tage der Verleihung getragen. Danach trug man lediglich das Band im Knopfloch der Uniformjacke. Um ein EK I zu erhalten, mußte man sich zuerst das EK II verdienen.

Foto: Archiv von Keusgen

Verleihungsurkunde zum Eisernen Kreuz I. Klasse.

Abbildung: Éditons Hirlé

inzwischen nur vereinzelt mit Laufgräben verbunden waren. Die Mannschaftsunterkunft bestand immer noch aus der nur halb im Erdboden stehenden Holzbaracke mit einfacher Sichttarnung. Das gesamte Widerstandsnest war *(wie alle anderen an der Küste auch)*, in keiner Weise gegen Bomben und Schiffsartillerie geschützt. Selbst die jungen Soldaten betrachteten ihre Widerstandsnester nicht als ernst zu nehmende militärische Anlagen.

Da Rommel bei einer Invasion der West-Alliierten mit einer Offensive größten Ausmaßes rechnete und für ihn der Strand die HKL *(Hauptkampflinie)* darstellte, wollte er unbedingt vermeiden, daß der Gegner überhaupt erst landen und Fuß fassen könnte. Folglich bedurfte es eines soliden Abwehrgürtels direkt an der Küste. Von nun an betrieb er energisch den Ausbau dieses „Propagandawalls", wie der Oberbefehlshaber West, Generalfeldmarschall von Rundstedt, den von Propagandaminister Goebbels so vielgerühmten Atlantikwall nannte. Gewaltige Bunkeranlagen mit schweren Waffen sollten schnellstens entstehen.

Zur Verstärkung der deutschen Truppen waren auch die als „Volksdeutsche" bezeichneten Soldaten aus früher polnischen Gebieten der 716. sowie der 352. Infanterie-Division zugeteilt worden. Sie waren meistens der deutschen Sprache nicht mächtig, und folglich kam es nicht selten zu erheblichen Verständigungsproblemen der deutschen mit den „volksdeutschen" Soldaten. Die beiden in diesem Küstenabschnitt aufgestellten Division bestanden aus großen Kontingenten von Ost-Truppen, die sich aus kriegsgefangenen Russen, Polen, Tschechen, Jugoslawen und Rumänen zusammensetzten – von denen auch einige der 3. Kompanie des Grenadier-Regiments 726 angehörten.

Generalfeldmarschall Rommel ließ als eine der ersten Maßnahmen nach der Übernahme seines Kommandos über den nordfranzösischen Atlantikwall im Bereich der Bucht viele Veteranen aus dem Ersten Weltkrieg einsetzen, weil sie bereits über Erfahrung in der Abwehr starker Infanterieangriffe verfügten.

Am 29. Januar 1944 erschien Rommel mit einigen hohen Offizieren seines Stabes auf dem WN 62, um sich von dort aus einen Gesamtüberblick über die Bucht zu verschaffen. Ihm fiel dabei die frappante Ähnlichkeit mit der Bucht von Salerno in Italien auf, in der die Alliierten erst im September 1943 gelandet waren.

Bild links: Inspektion des Generalfeldmarschalls Erwin Rommel auf dem WN 62 am 29. Januar 1944.
Foto: Archiv Gerstenberg

Rommel beurteilte die 6 Kilometer lange Bucht zwischen Colleville und Vierville als äußerst ideales Gelände für eine Eroberung von See aus. Abschließend sagte er zu Hauptmann Ottemeier und einigen anderen hohen Offizieren: „Diese Bucht muß schnellstens gegen Landeversuche der Alliierten gesichert werden, denn hier wird sich das Schicksal Europas entscheiden..."

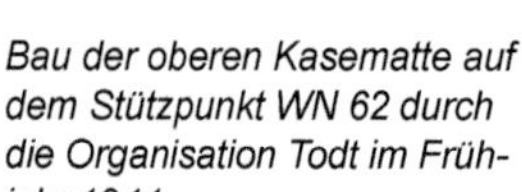

Bau der oberen Kasematte auf dem Stützpunkt WN 62 durch die Organisation Todt im Frühjahr 1944.
Foto: Archiv Gerstenberg

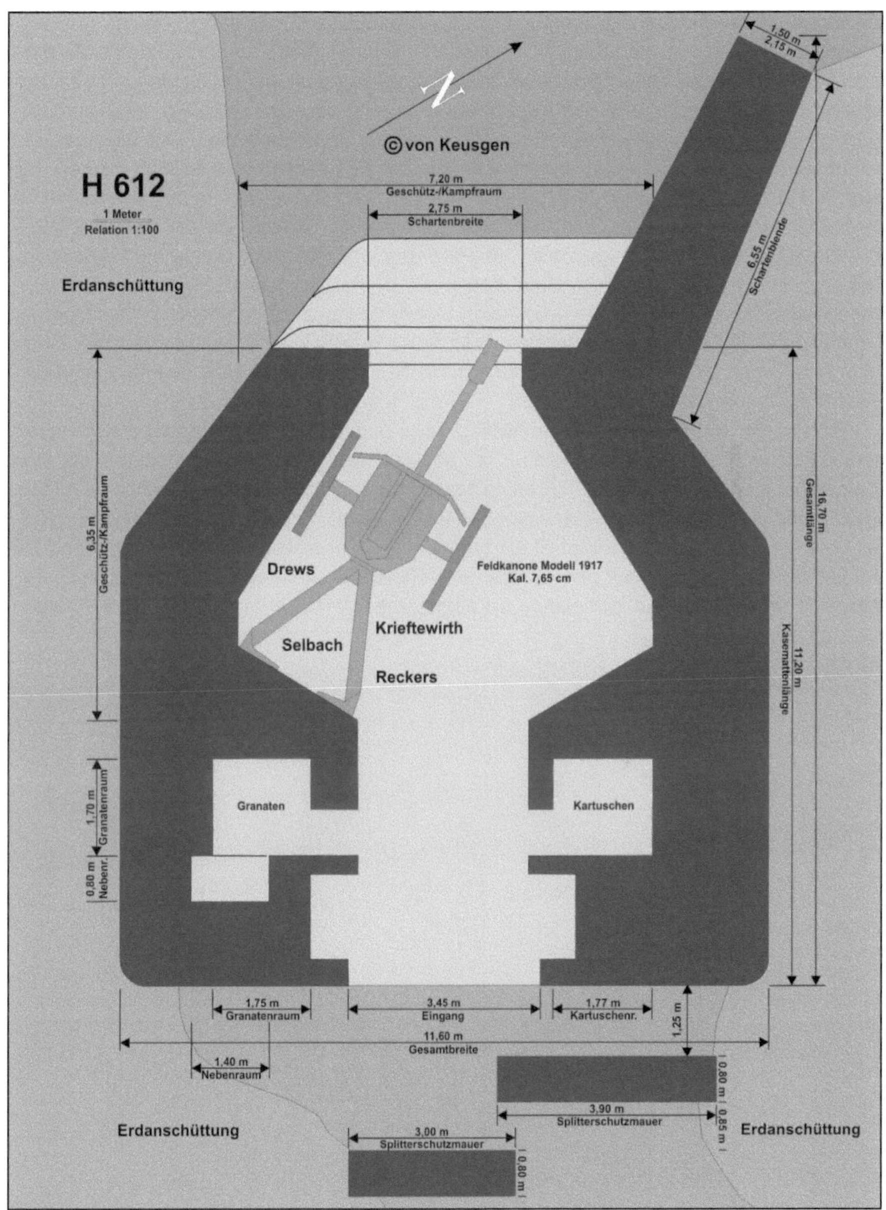

Grundrißplan der beiden Kasematten des WN 62 für die 7,65-cm-Feldkanonen, die nach dem Regelbau-Typ H (Heer) Nr.612 identisch gebaut wurden. Die Wand- und Deckenstärke betrug bis zu 2 Meter. Für den Bau bedurfte es jeweils eines Erdaushubs von 120 Kubikmetern, 17 Tonnen Rund-, 4,1 Tonnen Formstahl und 385 Kubikmeter Beton. Kasematten des Regelbaus H 612 waren nicht gassicher. Ihre offizielle Bezeichnung lautete: Schartenstand für Landeund Sturmabwehrgeschütze. **Grafik: von Keusgen 2002**

Umgehend ließ der Generalfeldmarschall die Organisation Todt mit dem Bau großer Bunkeranlagen und Kasematten *(Geschützbunker)* beauftragen. Von nun an wurde der Ausbau des WN 62 sowie der benachbarten Verteidigungsanlagen zu als *Igel-Stellungen* bezeichnete Widerstandsnester *(mit der Möglichkeit einer Rundum-Verteidigung)* im Akkord betrieben. Ein Bauunternehmen aus Düsseldorf, das für die Organisation Todt tätig war, beschäftigte Franzosen und überwiegend Marokkaner, die für ihre Arbeit bezahlt wurden. Auf dem WN 62 bauten 60 dieser Mitarbeiter in nur sechs Wochen zwei große Kasematten für die beiden tschechischen 7,65-cm-Kanonen *(im mittleren Bereich, auf der westlichen Seite und nach Nordwesten ausgerichtet)*. Für den Bau jeder Kasematte wurden 4.000 Säcke Zement benötigt. Da Rommel die Bauarbeiten mit größter Schnelligkeit betreiben ließ, wurden gelegentlich auch Soldaten der Stützpunktbesatzungen dazu eingeteilt. Der Obergefreite Theodor Brinkbäumer wurde, da er von Beruf Maurer war, als verantwortlicher Leiter einer Arbeitskolonne auf das WN 61 beordert, die dort eine große Kasematte für ein 8,8-cm-Geschütz erbauen sollte.

Während der Bauarbeiten auf dem WN 62 kam es in der ersten Märzwoche 1944 zu einem Zwischenfall: Zwei der Marokkaner, die an der unteren Kasematte arbeiteten, gerieten in einen heftigen, handgreiflichen Streit, in dessen Verlauf plötzlich einer von ihnen ein Messer zog und damit auf den anderen losgehen wollte. Unteroffizier Förster ließ den Marokkaner sofort verhaften und Leutnant Claus befahl, daß Oberschütze Plota ihn umgehend zur Kompaniegeschäftsstelle auf den Gutshof in Colleville überführen sollte. Der Marokkaner mußte vor Plota hergehen, der seinen Karabiner unter dem Arm trug und einen der beiden

Bild links: Blick auf die in westliche Richtung weisende Scharte (Schußrichtung) der unteren Kasematte.

Bild unten: Von diesem Geschützraum aus wurde der Strand (in Richtung Westen) bis Vierville unter Feuer genommen, und in ihm konnten sämtliche Geschütze ohne Mündungsbremse bis zum Kaliber 7,65 cm eingesetzt werden. Das Seitenrichtfeld betrug 55° bis 70°. **Fotos: von Keusgen 2003**

Die Eingangsfront der unteren Kasematte mit den starken Splitterschutzmauern (Blick nach Westen). Während des Schießens mußte die breite Eingangstür offen bleiben, um einen Luftwechsel über Tür und Scharte zu ermöglichen, jedoch waren am 6. Juni 1944 noch keine Türflügel installiert.

Kasematten des Regelbaus H 612 wurden an jenen Orten erbaut, an denen man Kanonen oder Haubitzen als Landeabwehrgeschütze aufzustellen plante.

Blick vom Eingang in die Kasematte. Im Inneren (Bildmitte) eine der beiden sich gegenüberliegenden Munitionsnischen, in denen bis zu 400 Granaten gelagert werden konnten (am 6. Juni ´44 war nicht einmal die Hälfte vorhanden). Dem Eingang gegenüber (am rechten Bildrand) die linke Außenwand der Scharte (Vergleich siehe Seite 40). Die Untere Kasematte wurde am 28. März 1944 fertiggestellt, die obere am 30. April. (Die Anzahl fertiger H-612-Kasematten betrug bis zum Kriegsende insgesamt 79, die der noch im Bau befindlichen 287). **Fotos: von Keusgen 2004**

Wachhunde von der Anlage mitgenommen hatte *(Deutsche Schäferhunde)*. Auf etwa der Hälfte des Weges kam ihnen plötzlich Unteroffizier Eberhardt entgegen. Der fast zwei Meter große Unteroffizier war ein sehr stämmiger, breitschultriger und untersetzter Mann und auf dem Gutshof in der Waffenkammer tätig. Er wurde von allen Soldaten wegen seiner Stärke respektiert. Bruno Plota sagte über ihn: „Wo der hinschlug, da wuchs kein Gras mehr…"

Unteroffizier Eberhard war bereits von Peter Lützen telefonisch darüber unterrichtet worden, daß Plota einen „etwas zu temperamentvollen" Marokkaner in Richtung Colleville abführte. Als der hünenhafte, aber unbewaffnete Unteroffizier den Marokkaner von Plota übernahm, schlug er ihm mit zwei kräftigen Schlägen links und rechts ins Gesicht und ließ ihn dann vor sich her in Richtung Colleville laufen…

Die beiden Kasematten für die 7,65-cm-Geschütze auf dem WN 62 wurden derart sicher gebaut, daß sie Bomben mittlerer Größe und Granaten der Schiffsartillerie standhalten konnten. An die zur Seeseite befindlichen drei Meter hohen Außenwände der beiden Kasematten wurden zur Tarnung und zum Schutz gegen Granatbeschuß bis zur Oberkante

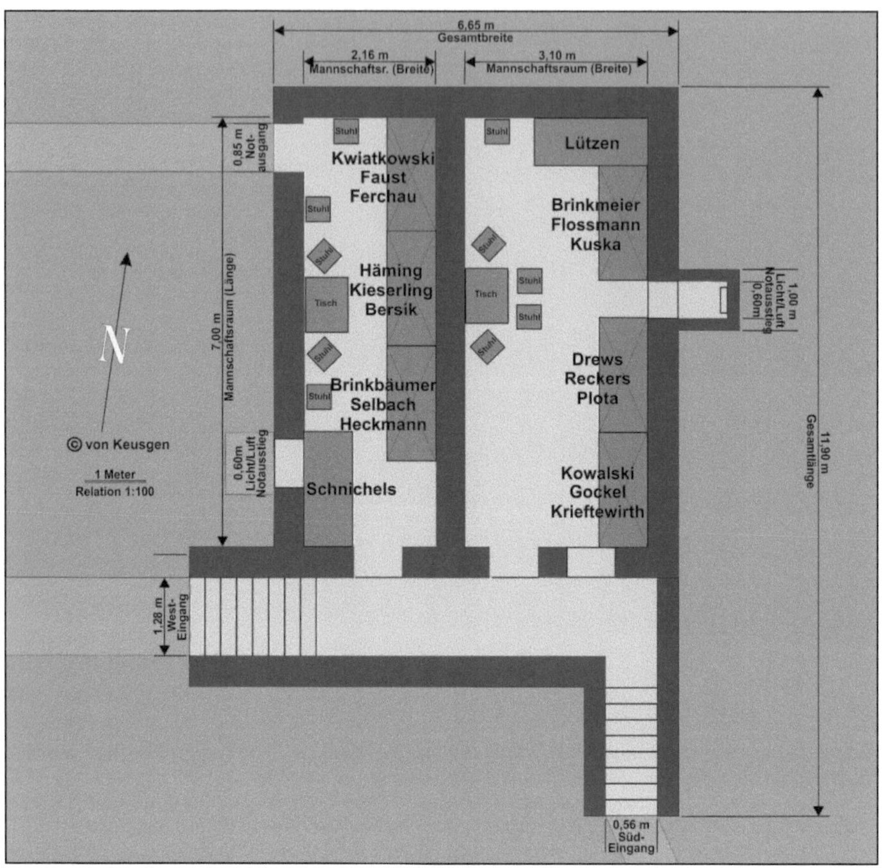

Grundriß-Plan der unterirdischen Mannschaftsunterkunft, die auf dem 53 Meter hoch gelegenen Plateau erbaut wurde. Ursprünglich für nur 12 Soldaten konzipiert, mußten hier 20 Mann auf engstem Raum leben. Der kleinere der beiden Räume war normalerweise als Aufenthaltsraum vorgesehen, und im Schlafraum hätten eigentlich noch die Spinde stehen sollen. **Grafik: von Keusgen**

erhebliche Mengen Erdreichs angeschüttet und sofort mit Grasplaggen getarnt. Auch die Bewaffnung wurde auf dem WN 62 verstärkt, und am Strand begann man damit, noch mehr Hindernisse gegen eine Landung von Booten und Panzern zu errichten. Es sollte ein durchgehender Gürtel von Strandhindernissen vom Taleingang vor Colleville bis zum sechs Kilometer entfernten Vierville angelegt werden.

Außer der beiden Kasematten entstanden auf dem WN 62 ein zusätzlicher Tobruk-Stand für einen Granatwerfer *(im mittleren Bereich)* und ein großer Doppel-Tobruk-Stand für einen Granatwerfer und ein Maschinengewehr sowie ein direkt daran angrenzender kleiner Bunker für ein Lichtsprechgerät *(im oberen Bereich)*. Nahe dabei entstand gleichzeitig in Schnellbauweise und mit halbrund gebogenen, starken und ineinander greifenden Metallschienen als Deckenverkleidung ein unterirdischer Mannschaftsbunker, der mit zwei aneinander grenzenden Räumen zwanzig Soldaten als Quartier dienen sollte. In diesen Räumen

Fotos oben: Blick auf und in den West-Eingang der unterirdischen Mannschaftsunterkunft. Von dem bis zum Süd-Eingang (hinten rechts) verlaufenden Flur führen zwei Türen (links) in die beiden angrenzenden Schlafräume.

Foto links: Blick durch den größeren der beiden Schlafräume in den Flur, von dem die Treppe (hinten links im Fenster sichtbar) zum Süd-Eingang führt.

Foto unten: Der vom großen Schlafraum aufsteigende Licht- und Luftschacht, der auch als Notausstieg diente.
Fotos: von Keusgen 2004

wurden jeweils auf einer Seite der Wände zwei 3-etagige, aus Brettern zusammengenagelte Holzbetten und an den Stirnseiten metallene Einzelbetten aufgestellt, in denen sich die Soldaten zum Schlafen lediglich auf mit Stroh gefüllte Säkke legen konnten. Nur Bruno Plota hatte sich aus der Villa am Haupteingang die einzige dreiteilige Matratzengarnitur mitgenommen, die es im gesamten WN 62 gab. Infolge der räumlichen Enge, die in diesem primitiven Mannschaftsquartier herrschte, waren die Spinde mit der Zweituniform, der Ersatzwäsche und den Wertsachen der Soldaten in einem kleinen Raum der Villa am Haupteingang verblieben. Die wenigen persönlichen Dinge, die sie mitführten, mußten mit in den ohnehin schmalen Betten oder in kleinen Kartons verstaut werden. Obwohl unmittelbar nach der Fertigstellung dieses Bunkers drei gußeiserne Kanonenöfen in beiden Räumen aufgestellt worden waren, um zur schnelleren Austrocknung des Betons beizutragen *(die aber nach nur wenigen Tagen wieder entfernt wurden)*, lief noch, als die Soldaten längst Quartier darin bezogen hatten, das aus den feuchten Wänden austretende Wasser an diesen herab. Folglich war auch die Luft in

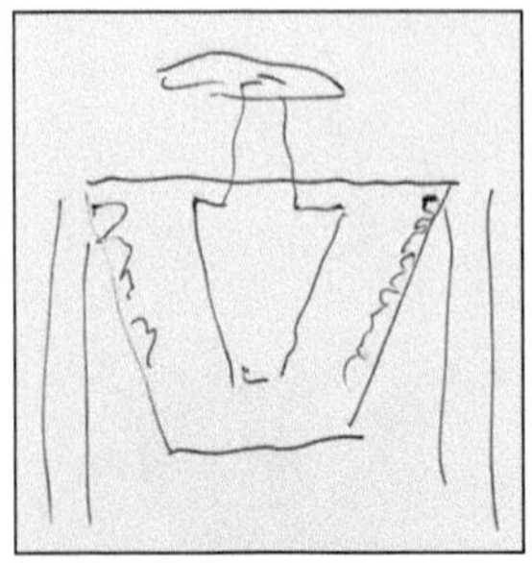

Von Bruno Plota gezeichnete Skizze, die auf einfache und anschauliche Weise das Funktionsprinzip der Kieszertrümmerungsanlage erklärt: In einem runden Stahltrichter mit unregelmäßigen Innenwänden rotiert ein Zertrümmerungskegel, der von einem darüber befindlichen Motor angetrieben wird.

Bild links: Die beiden Betonsokkel der ehemaligen Kieszertrümmerungsanlage
Fotos: von Keusgen 2003

den Räumen feucht und roch stark nach Zement. Der unterirdische Mannschaftsbunker wurde von 20 Soldaten belegt.

Einige der Soldaten, die nun in dem neuen Mannschaftsbunker einquartiert wurden, zogen aus der alten, halb in den Erdboden gebauten Baracke aus und freuten sich über die unvergleichbar solidere Unterkunft. *(Die halb unterirdische Mannschaftsund die alte 2-Mann-Holzbaracke wurden kurze Zeit später beseitigt).* Weniger erfreut waren indes Peter Lützen und die anderen Kameraden, die aus der ersten Etage der hübschen, lichtdurchfluteten Villa plötzlich ins Dunkel des unter der Erde gelegenen Bunkers mußten. Die Villa wurde nun nur noch vom Küchenverantwortlichen Fritz Riemann und

Die alten Reste des hölzernen Förderbandunterbaus, der von der Kieszertrümmerungsanlage bis zum Vorstrand reichte, lagen noch bis zum Ende der 70er Jahre am Strand.
Foto: von Keusgen 1974

Tschechenigel als Panzersperre am Strand. **Foto: von Keusgen 2002**

Das „Element C" – auch „Belgisches Tor" genannt.
Foto: von Keusgen 2004

seinen Helfern, Alfred Liermann und Valentin Lehrmann, sowie den Unteroffizieren Bauer, Förster und Schulte bewohnt.

Um den ungeheuren Bedarf an Sand und Kies für die Herstellung der enormen Mengen Betons für den Bunkerbau zu decken, bediente sich die Organisation Todt einfach am Strand. Sand war ohnehin genügend da. Die große Masse von Kieselsteinen in der Bucht war handflächengroß und daumendick. Um aus diesen für Beton viel zu großen Steinen geeigneten Kies zu gewinnen, wurde direkt auf dem Strand vor dem WN 62, nur neun Meter vom Vorstrand und nur wenig von der kleinen Villa entfernt *(in der die sechs Marine-Soldaten stationiert waren)*, eine spezielle Kieszertrümmerungsanlage errichtet *(eine von der Organisation Todt oft praktizierte Methode zur Kiesgewinnung)*. Zuerst wurden zwei große Betonsockel in den rotgoldenen Sand des Strandes gegossen, auf denen dann ein etwa viereinhalb Meter hohes Eisengerüst errichtet wurde, das einen runden, trichterförmigen Stahlbehälter trug, in den der grobe Kies vom Strand zur Zerkleinerung geschüttet wurde. Von dieser Kieszertrümmerungsanlage führte ein schmales Förderband mit einem hölzernen Unterbau auf den Vorstrand. Dort verlegte man nun, nahe der bis maximal 1,80 Meter hohen, fast senkrecht zum Strand abfallenden Uferböschung, eine schmalspurige Gleisanlage für eine kleine Feldbahn mit Loren bis zum gegenüber liegenden WN 61. Auf der benachbarten Verteidigungsanlage entstand gleichzeitig zu den beiden Geschützbunkern auf dem WN 62 eine große Kasematte für eine 8,8-cm-Pak *(Panzerabwehrkanone)*, die, nach Westen gerichtet, den Strand vor dem Taleingang von Colleville sowie den gesamten Strand bis zum Ende der Bucht bei Vierville unter Feuer nehmen konnte. Das Förderband von der Kieszertrümmerungsanlage zur Feldbahn wurde von einem großen, leistungsstarken Deutz-Dieselmotor mittels einer groben, über Zahnkränze laufenden Kette angetrieben. Dieser Motor stand rund acht Meter vom Strand entfernt im Freien und wurde nach dem Betrieb lediglich mit einer großen Plane abgedeckt.

Roll- oder Auflaufböcke gegen Landungsboote vor dem WN 62.   **Foto: Archiv von Keusgen**

Da Rommel mit einer feindlichen Landung bei Flut rechnete, ließ er nun verstärkt von den Pionieren und der *Organisation Todt* als passive Abwehr in der gesamten Bucht nach seiner Idee und von ihm als „Teufelsgärten" bezeichnete Absperrzonen aus Strandhindernissen unterschiedlichster Art errichten: Am Rand des Vorstrandes entstanden Minenzäune mit Stolperdrahtzündung, und an der flachsten Stelle des Strandes, nur wenige Meter vom Vorstrand entfernt, wurde ein breiter Minengürtel verlegt. Davor bildeten zwei bis drei Reihen sogenannter *Tschechenigel* eine Sperre gegen Panzer *(durchschnittlich 1,00 bis 3,00 Meter hohe, sternförmig zusammengeschweißte und zum Teil einbetonierte Stahlträger)*. Vor diese Hindernisse ließ Rommel in unregelmäßiger Formation mehrere Reihen vier Meter langer Baumstämme im Sand des Strandes aufstellen, auf deren Spitzen häufig Minen befestigt wurden. Das Aufstellen dieser *Rommelkerzen* wurde auf einfache Weise vorgenommen. Hierzu bedurfte es jedoch der Unterstützung durch die Feuerwehr der 17 Kilometer vom WN 62 entfernten Stadt Bayeux. Die Spritze mit dem scharfen Wasserstrahl wurde in den Sand gehalten und die mittels eines hohen Dreibeingestells senkrecht emporgezogenen Baumstämme versanken, wenn man sie nun wieder langsam, zusammen mit dem sie einspülenden Wasserstrahl herunterließ, in wenigen Minuten bis zur erforderlichen Tiefe von zirka zwei Metern. Weiter zur Seeseite wurden *(meistens in zwei Reihen)* auf dem bereits dort deutlich tiefer liegenden Strand sogenannte *Auflaufböcke* errichtet *(aus Baumstämmen zusammengezimmerte, hohe Dreibeingestelle, deren langer Schenkel zur Seeseite wies, um somit zu erreichen, daß bei Flut heranfahrende Landungsboote wie auf eine Rampe heraufrutschen und dadurch zum Kentern gebracht werden konnten; zusätzlich wurden diese Auflaufböcke am oberen Ende noch mit grobzackigen Stahlsägen*

Panzerabwehrgraben

Von Rommel erdachtes und mit einer Mine bestücktes Strandhindernis zur Abwehr von Landungsbooten, das die Landser als „Rommelkerzen" bezeichneten.
Fotos: US National Archives

und/oder Minen versehen). Nicht selten zog man mit Pferdegespannen noch als vorderste Hindernisreihe als *Belgische Tore* bezeichnete *Elemente C* auf den Strand *(2,5 Meter hohe Eisengatter, die verschlossenen Toren glichen)*. Alle diese Strandhindernisse wurden so errichtet, daß sie sich bei aufgelaufener Flut dicht unter der Wasseroberfläche befanden und somit eine unsichtbare und äußerst große Gefahr für ein Landeunternehmen darstellten. Der Sperrgürtel, der auf dem Strand vor der Bucht errichtet wurde, war insgesamt mehr als sechs Kilometer lang und durchschnittlich 150 Meter breit.

Von der Masse der hohen, zum Teil dichten Ginsterbüsche auf dem Gelände der Verteidigungsanlagen wurde ein großer Teil entfernt, dennoch blieben viele zur Tarnung durch eine gewisse „Naturbelassenheit" der Widerstandsnester erhalten. So blieb auch eine durchgehende Reihe von Sträuchern längs des Vorstrandes stehen – zwischen den Schienen der Feldbahn und dem niedrigen Abhang zum Strand. Jenseits der Schienen, dem WN 62 näher gelegen, wurde ein v-förmiger, zwei Meter tiefer und vier Meter breiter Panzerabwehrgraben ausgehoben. Dieser zog sich entlang der Verlängerung der schmalen, aus dem Tal zum Strand und dem Marine-Beobachtungsposten führenden Straße. Er begann nahe der Villa am östlichen Eingang des Widerstandsnests, verlief 125 Meter weit in Richtung des Strandes, dann in einem fast rechten Winkel 270 Meter parallel zum Strand und endete am unteren, nordwestlichen Ausgang der Anlage, in der Nähe der Villa, in der die Marine-Soldaten untergebracht waren. Der Graben wurde zusätzlich mit Wasser gefüllt. Zu diesem Zweck wurde ein kleiner Kanal ausgehoben, den die drei aneinandergrenzenden Teiche in der Mitte des großen Terrains vor dem breiten Taleingang speisten, die ihrerseits ständig von dem von Colleville herabfließenden Mühlenbach versorgt wurden.

Bis zum Frühjahr 1944 waren noch immer zu wenig Laufgräben auf dem Terrain des WN 62 ausgehoben. So mußte diese für einen anspruchsvollen Stellungsbau äußerst notwendige Arbeit weiterhin intensiv betrieben werden. Täglich wurde an der Erweiterung des Laufgraben-Systems gearbeitet. Es war eine sehr schwere Arbeit, den steinigen Kalksteinboden mit der Hacke loszubrechen und mit Schaufeln herauszuwerfen – und die Soldaten schafften an jedem Tag nur wenige Meter. Um den Mannschaften im Falle eines Angriffs bestmöglichen Schutz zu bieten, wurden die Gräben bis zu einer Tiefe von 1,70 Metern ausgehoben, waren nur knapp einen Meter breit und verliefen alle fünf Meter im Zick-zack. Somit konnten bei einem Granateinschlag die umherfliegenden Splitter innerhalb des Grabens nur einen begrenzten Schaden anrichten. Der mit Spitzhacken gelöste Aushub wurde zu beiden Seiten des Grabens aufgeschüttet und trug nicht unerheblich zum schnelleren Erreichen der gewünschten Tiefe bei. In den Gräben, zu denen in den Boden gehauene Stufen führten, wurden kleine hölzerne Podeste aufgestellt, von denen aus es den Soldaten möglich war, über den Grabenrand zu schießen. Der für die gegnerische Luftaufklärung sehr auffällige Aushub des hellen, kalksteinhaltigen Bodens wurde mittels vieler dafür in der weiteren Umgebung aus den Wiesen ausgestochener Grasplaggen sorgfältig abgedeckt. Auch die Erdaufschüttungen an den Flanken und auf den breiten Betondecken der Kasematten, sogar den Mannschafts- und den Fernmeldebunker sowie die Tobruk-Decken tarnte man auf diese Weise. Dazu wurden große Flächen Grases aus den Wiesen im Tal vor Colleville ausgestochen. Die Bauern, deren Kühe in diesem fruchtbaren Tal weideten, waren darüber sehr verärgert.

Während der gesamten Ausbauarbeiten auf dem WN 62 wurden auch zwei Arbeitskolonnen von je 25 Männern der Besatzung und der Hilfswilligen ehemaliger Ost-Truppen aufgestellt. Jene der beiden Kolonnen, die im unteren Bereich des Widerstandsnests tätig war, führte der Obergefreite Siegfried Kuska an, die andere, für den oberen Bereich, der Obergefreite Peter Lützen.

Eines Tages setzte während der anstrengenden Schanzarbeiten ein kalter Sprühregen ein. Um seine Leute vor dem für die Normandie ungewöhnlich kalten Wetter und Regen zu schützen, zog sich Lützen mit ihnen in die neue Mannschaftsunterkunft zurück. Kurz darauf erschien in dem Bunker Unteroffizier Schulte und fragte: „Wollen Sie nicht arbeiten, Lützen?"

Der Obergefreite erwiderte: „Ich kann nicht verantworten, daß die Leute mit nassen Uniformen hinterher auch noch auf Wache stehen."

Zynisch fragte Schulte: „Haben Sie denn in Rußland auch 'reingehen können, wenn es regnete?"

„Wir sind jetzt in Frankreich…", entgegnete Lützen ruhig.

„Arbeiten!", befahl der Unteroffizier schroff.

Peter Lützen verließ daraufhin zwar mit seinen Soldaten den Bunker, aber niemand begann zu arbeiten, alle zeigten sich solidarisch. Als der kalte Regen dann noch stärker wurde, kam Schulte aus dem Bunker und befahl: „Alle 'reingehen!"

Nach dem Regen wurde die Arbeit ordnungsgemäß fortgesetzt.

Mit einer Säge und einer Mine bestückte Spitze eines Auflaufbocks – im Landserjargon zynisch "Dosenöffner" genannt.
Foto: US National Archive

Inzwischen war auch ein wenig geräumiger Bunker, nur 60 Meter vom nördlichen Ortseingang von Colleville entfernt, errichtet worden – direkt an der schmalen Straße, die im Tal zur Bucht und den Widerstandsnestern 61 und 62 hinabführt. Dieser Bunker mit seinen drei hintereinander liegenden Räumen wurde zwar ebenerdig zur Straße gebaut, aber in den an dieser Stelle schon mehr als drei Meter hohen Abhang des Tales und somit unterirdisch. Er bildete nun zur Ergänzung der Kompanieniederlassung auf dem alten, nur 190 Meter entfernten Gutshof im Ort, mit dem Kompaniegefechtsstand den neuen Stützpunkt WN 63 – sowohl für die 3. Kompanie des Grenadier-Regiments 726 der 716. Infanterie-Division wie auch für das im nahen Hinterland liegende I. Bataillon des Grenadier-Regiments 915 der 352. Infanterie-Division. Zwar war das WN 63 mit keinen Verteidigungseinrichtungen ausgestattet, diente aber einem Lichtsprechgerät im Alarmfall als offizielle Kommandostelle. Hier hielten sich *(sporadisch)* der Chef der 3. Kompanie, Hauptmann Ernst Ottemeier und sein „Spieß", Stabsfeldwebel Paul Hahn, auf, außerdem der Kommandeur des I. Bataillons des Grenadier-Regiments 915, Major Dr. Ernst-August Lohmann. Lohmann war ein von der Wilhelmshöhe in Kassel stammender 40-jähriger Jurist und Major der Reserve. Alle Personen wohnten weiterhin auf dem großen Gutshof, auf dem sich auch ihre Arbeitsräume befanden.

Inzwischen war der Obergefreite Bernhard Lehmkuhl nach seiner Unterleibverwundung *(Ende April 1943)* und einer insgesamt zehnmonatigen Genesungszeit wieder bei seiner inzwischen an die Küste verlegten Einheit eingetroffen. Als er sich in der Kompaniegeschäftsstelle meldete, fragte ihn Stabsfeldwebel Hahn nach seinem gesundheitlichen Befinden. Der Obergefreite hatte längst das ärztliche Attest gelesen, das ihm in einem nicht ordentlich verschlossenen Briefumschlag zur Überbringung an die Kompaniegeschäftsstelle von dem

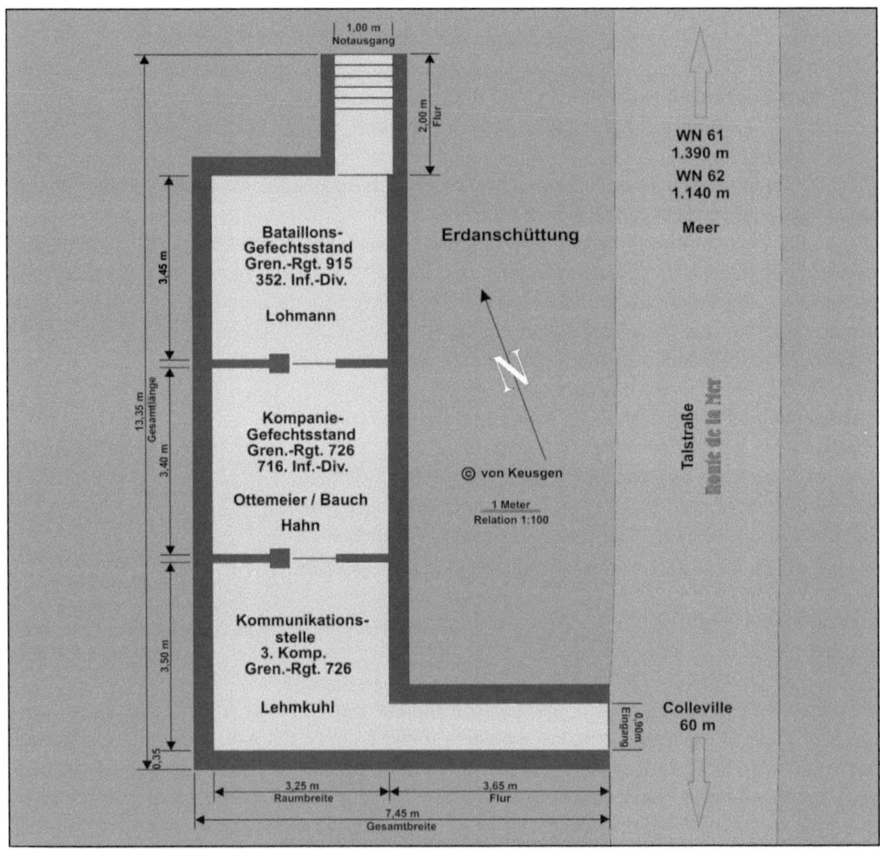

Grundrißplan des unterirdischen Widerstandsnestes 63 am Ortsrand von Colleville, das als Gefechtsstand für die 3./726 und gleichermaßen für das I./915 diente. Hier befand sich auch die Kommunikationsstelle mit dem WN 62.
Grafik: von Keusgen

Der an die schmale Talstraße grenzende Haupteingang des unterirdischen Gefechtsstandes und die von der Explosion einer amerikanischen Handgranate am Abend des 6. Juni 1944 stark verwüsteten Innenräume des WN 63 (Bild rechts). Im Hintergrund der nach oben führende Notausgang, durch den man zu dem auf dem Bunker stehenden Lichtsprechgerät gelangte. **Fotos: von Keusgen 2003**

damals behandelnden Oberstabsarzt mitgegeben worden war. Lehmkuhl wußte, daß er nach seinem Unterleibdurchschuß nur noch „für leichten Dienst verwendbar und von jeglichem Exerzieren befreit" war. Um dem Attest aber noch mehr Nachdruck zu verleihen, sagte er: „Wenn ich erschöpft bin, setze ich mich neben mein Gewehr..."

Daraufhin hatte ihm der Stabsfeldwebel einen Platz in der Post- und Fernmeldevermittlungsstelle der Kompanie zugewiesen. Außerdem wurde er vom Tragen eines Karabiners befreit und erhielt statt dessen eine Pistole.

Im mittleren Bereich des WN 62 wurde ein kleiner Bunker gebaut, der als Beobachtungssowie Feuerleitstelle für die dazugehörige 4,5 Kilometer im Hinterland gelegene 1. Batterie der I. Abteilung des Artillerie-Regiments 352 dienen sollte. Zu diesem Zweck wurde in seiner Nähe *(23 Meter hangaufwärts)* noch ein spezieller Fernmeldebunker für die Kommunikation mit der Feuerstellung in Houtteville in den Erdboden gegossen. Bereits kurze Zeit nach Fertigstellung dieser beiden Bunker ließ man die B-Stelle für Oberleutnant Bernhard Frerking einrichten. In dem engen Observationsra um der B-Stelle stand lediglich

WN 62. Blick nach Westen, von der Position der damaligen MG-Stellung des Gefreiten Heinrich Severloh (Bildecke rechts unten; heute fast verschüttet). Der kleine unterirdische Bunker (im Bild rechts) diente Oberleutnant Bernhard Frerking als Beobachtungsstand. Am Ende des hangaufwärts führenden ehemaligen Laufgrabens befindet sich der Eingang zum ebenfalls unterirdischen Fernmeldebunker (ganz links).

Foto: von Keusgen 2003

Der „Spieß" der 3. Kompanie des Grenadier-Regiments 726, Stabsfeldwebel Paul Hahn.
Foto: Kollektion P. Lützen

ein Stuhl und auf einem Stativ ein Scherenfernrohr mit Meßskalen zur Bestimmung der Koordinaten *(ein Telemetriegerät gab es nicht)*. Im engen Vorraum befanden sich ein kleiner Holztisch mit einem Feldtelefon und ein weiterer Stuhl. Der Fernmeldebunker wurde mit einem Tisch, fünf Stühlen, einem Feldtelefon und einem Funkgerät ausgestattet. *(Üblicherweise wurde für die Kommunikation das Telefon benutzt, da es nur durch Anzapfen der Leitung abhörbar war. Sollte das Telefon aber ausfallen, stand das Funkgerät zur Verfügung. Seine vier Meter lange Antenne ragte aus dem schmalen Licht-Luft-Schacht ins Freie.)*

Der 32-jährige und in Hannover gebürtige Bernhard Frerking war ebenso musisch wie künstlerisch veranlagt, spielte Klavier und Orgel und konnte sehr gut zeichnen. Im Zivilleben war er Lehrer für Englisch, Französisch und Sport, kam von der Ost-Front und war ausgezeichnet mit dem Eisernen Kreuz II. Klasse und der Medaille für die Teilnahme am Rußland-Winterfeldzug 1941/42. An der russischen Front an Hepatitis *(infektiöse Leberentzündung mit Gelbsucht)* erkrankt, hätte Frerking nicht länger Soldat zu bleiben brauchen, hatte sich aber nach einem längeren Genesungsurlaub freiwillig zum Dienst in der Normandie bereit erklärt, da er als Lehrer zu dieser Zeit in Deutschland nur wenig Möglichkeiten weiterzukommen sah. Seine Frau war über diese Entscheidung nicht glücklich, zumal ihr Vater, der sich mit Astrologie beschäftigte, ihm dringend davon abgeraten hatte, länger Soldat zu bleiben und insbesondere, sich in die Normandie versetzen zu lassen – seine Sterne stünden gar nicht günstig...

Nun war Oberleutnant Frerking Chef der 1. Batterie des Artillerie-Regiments 352. Sein Vorgesetzter war Major Werner Pluskat *(auf der B-Stelle des WN 59, in der benachbarten kleinen Bucht von Ste.-Honorine-des-Pertes, und einquartiert im Schloß von Etréham,*

Der Chef der 1. Batterie der I./352., Oberleutnant Bernhard Frerking.
Foto: Kollektion R. Frerking

3,2 Kilometer im Hinterland). Frerking war Vater eines kleinen Sohnes im Alter von 7 Jahren und einer Tochter im Alter von 4 Jahren und hatte längst erfahren, daß seine Frau seit seinem letzten Heimaturlaub *(Weihnachten 1943)* wieder schwanger war *(Gunhild, geboren am 22. September 1944 – sie sollte ihren Vater niemals mehr kennenlernen)*.

Begleitet wurde Frerking fast immer von seinem fast 21-jährigen „Burschen", dem Gefreiten Heinrich Severloh. Hein, wie er sich selbst nannte, war ein großer, kräftiger Bauernsohn aus dem kleinen Metzingen, Landkreis Celle, in der Lüneburger Heide. Von seinem Batteriechef wurde er wegen seines häufig schalkhaft-schlitzohrigen Verhaltens oft freundschaftlich Till genannt *(in Anlehnung an Till Eulenspiegel)*.

Auch Severloh, der am 23. Juli 1942 im Alter von 19 Jahren zum Militär eingezogen worden war, hatte zuerst den russischen Winter an der Ost-Front mit all seinen Grausamkeiten erlebt. Außer Erfrierungen an den Füßen war noch eine schwere Halsentzündung hinzugekommen. Nach einer Operation und einem längeren Genesungs- und Heimaturlaub

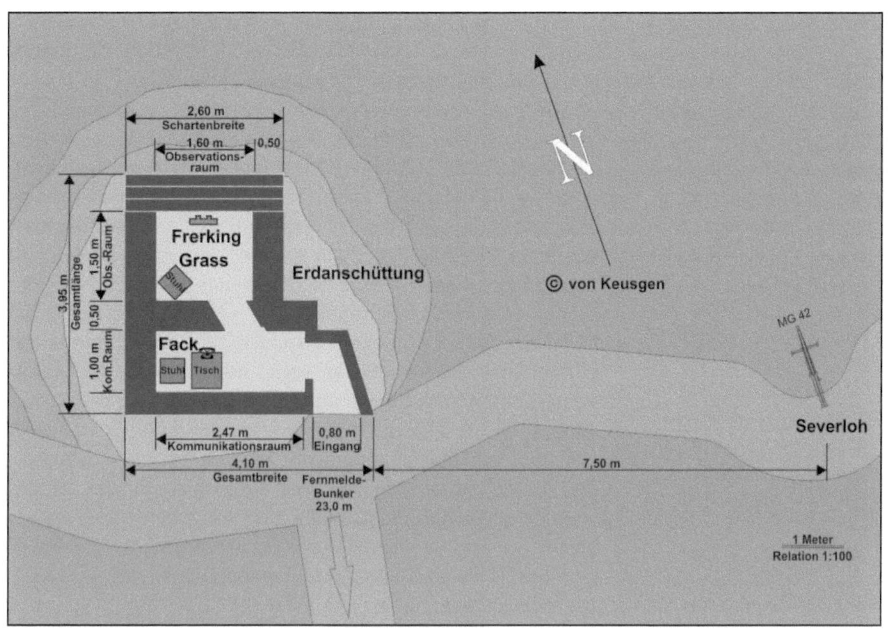

Oben: *Grundrißplan der B-Stelle der 1./352 mit der dazugehörigen MG-Stellung des Hein Severloh.*

Unten: *Fernmeldebunker der B-Stelle der 1./352.*

Grafik: von Keusgen

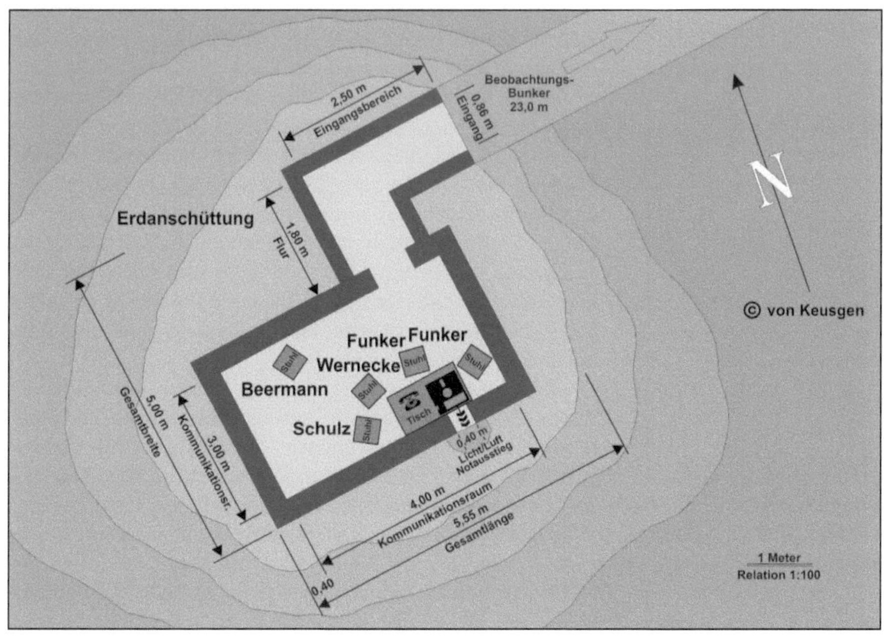

wurde er im Dezember 1943 zu seiner alten Stammeinheit in die Normandie geschickt, die als 321. Infanterie-Division nach schwersten Verlusten in Rußland zur Neuaufstellung dorthin verlegt worden war und nun als 352. Infanterie-Division bezeichnet wurde.

Frerking und Severloh, die sich sehr gut verstanden, waren als einzige Soldaten auf dem herrschaftlichen und großen Legrand-Anwesen nahe der kleinen Ortschaft Houtteville einquartiert *(4,5 Kilometer hinter der Küste)*, in deren Nähe *(500 Meter südlich)* auch die 1. Batterie ihres Regiments in einer offenen Feldstellung unter hohen Bäumen gut getarnt aufgestellt worden war. Von dort aus waren die vier 10,5-cm-Haubitzen auf den Strand direkt

vor dem WN 62 ausgerichtet. Um diese Haubitzen exakt einschießen zu lassen, besuchte Oberleutnant Frerking das Widerstandsnest 62 gelegentlich. Für seinen „Burschen", der den Batteriechef zu seinen Besuchen im WN 62 immer mit einem Charrette kutschierte, stand nur siebeneinhalb Meter vom Beobachtungsbunker entfernt, auf dem Rand des Schützengrabens und in einer kleinen, eigens dafür gegrabenen Stellung, ein Maschinengewehr des neuen, sehr präzisen und schnell feuernden Typs MG'42. Zuständig und verantwortlich dafür, daß diese Waffe jederzeit einsatzfähig bereitstand, war der 23-jährige Unteroffizier Beermann, der ebenfalls der 1. Batterie angehörte, seinen Dienst aber in der B-Stelle verrichten mußte.

Außer Oberleutnant Frerking gehörten auch der 20-jährige Leutnant Wilhelm Grass und der 33-jährige Wachtmeister Ewald Fack in die Artillerie-Beobachtungsstelle. Grass war als stellvertretender Batteriechef und Feuerleitoffizier im WN 62 an Frerkings Seite, Wachtmeister *(Feldwebeldienstgrad reitender Einheiten)* Fack bediente als Verantwortlicher für die Kommunikation der B-Stelle mit der rückwärtigen Batterie den Feldfernsprecher im Vorraum des Beobachtungsbunkers. Er mußte sämtliche Informationen, die Frerking ihm angab, zum 23 Meter hangaufwärts gelegenen Fernmeldebunker durchgeben. Von dort aus telefonierten die Fernmelder die Informationen zur Feuerstellung der 1. Batterie weiter. Hein Severloh hatte keine gute Meinung von Fack: „Er hatte von allen, die ich beim Militär getroffen habe, die größte Schnauze, war ein Besserwisser und Schikanierer."

Heinrich Severloh als 19-jähriger Rekrut 1942 (oben) und nur wenig mehr als ein Jahr später (unten) – Rußland hatte ihn geprägt...
Fotos: Kollektion H. Severloh

Während der Oberleutnant seiner Batterie von dieser B-Stelle *(Beobachtungsstelle)* aus die Koordinaten und Feuerbefehle für Übungsschüsse durchgeben ließ *(später geschah dieses nur noch simultan, da sonst die Strandhindernisse durch den Beschuß zerstört worden wären – und an Munition ohnehin gespart werden mußte)*, stand der Gefreite Severloh auf einer eigens dazu aus dem hellen Kalkgestein gehauenen Stufe in seiner 1,70 Meter tiefen, offenen MG-Stellung und schaute über das Meer. Seine einzige Aufgabe bestand auf dem WN 62 darin, den Beobachtungsposten zu bewachen und im Angriffsfall zu verteidigen.

Einblick in die beiden engen Räume des Bunkers der Artillerie-Be-obachtungsstelle der 1./352 (Fotomontage). In dem kleinen Kommu-nikationsraum (links) saß Wachtmeister Fack, im Observationsraum (rechts) befanden sich der Feuerleitoffizier, Leutnant Grass, und (beim Übungsschießen und im Angriffsfall) Oberleutnant Frerking.
Foto: von Keusgen 2004

Der Eingang zum Beobach-tungsbunker.
Foto: v. Keusgen 2003

Bis zum 30. April 1944, als auch die Bauarbeiten an den beiden großen Geschützbunkern beendet waren, hatte sich auf dem weitläufigen Gelände des Widerstandsnestes 62 viel getan. Aus der Großbaustelle wurde zusehens ein ernst zu nehmendes militärisches Areal, doch für das, was ihm in nur noch fünf Wochen bevorstand, war er noch lange nicht stark genug. Wenngleich die Soldaten alle froh waren, in der Normandie stationiert zu sein, statt an der Ost-Front, so machte sich unter ihnen seit Rommels Inspektion in dem Widerstandsnest und dem massiven Ausbau der Küstenbefestigungen doch immer stärker die Sorge vor einer Invasion breit.

Man rollte nun zwar die beiden alten tschechischen 7,65-cm-Feldkanonen von ihren halbmondförmigen Betonplateaus in die neuen Kasematten *(mit Schußrichtung auf den westlich vom WN 62 befindlichen Strand, in Richtung St. Laurent)*, deren Beton aber noch lange nicht durch und durch abgebunden hatte und die dicken Wände noch feucht waren. Der Einbau für die stählernen Klappen der großen Bunkerscharten sollte später erfolgen *(was aber nie mehr geschah)*. Auch wurden alle Vorrichtungen für Maschinengewehre

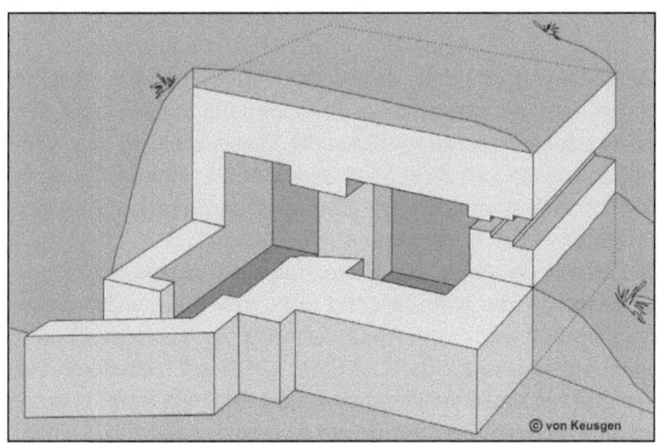

Querschnittzeichnung des Beobachtungsbunkers mit seinen bis zu 50 Zentimeter dicken Wänden.
Grafik: von Keusgen

Hauptmann Ernst Ottemeier
Foto: Kollektion H. E. Ottemeier

und Granatwerfer in ihren speziellen Tobruk-Ständen montiert *(aber noch nicht alle mit Waffen bestückt)*. Der Vorstrand war fast über die gesamte Breite der Bucht an seinem vordersten Rand vom Strand durch einen Minenzaun mit Stolperdrahtzündung gesichert worden, und vor dem WN 62 hatte man zur Tarnung vor diesem Drahtverhau eine fast geschlossene Reihe hoher Ginstersträucher stehen gelassen. Doch alle diese Bau-, Abwehr- und Tarnmaßnahmen konnten dennoch nicht verhindern, daß WN 62 durch seine Hanglage vom Meer aus fast gänzlich einzusehen war und man ohnehin in keiner Weise mit den großen Stützpunkten am Pas-de-Calais konkurrieren konnte – dort, wo man die Invasion ja auch erwartete. Als Hauptmann Ottemeier eines Tages mit Peter Lützen vom Strand aus das WN 62 hinauf ging, fragte er den Obergefreiten: „Sagen Sie mal ehrlich, Lützen, was halten Sie eigentlich von unserem Atlantikwall?"

Der erfahrene Rußland-Kämpfer entgegnete: „Die schweren Waffen sollten hinten stationiert sein und nicht vorn, wie hier überall..."

„Ja", sagte der Hauptmann, „so war das im Ersten Weltkrieg auch; die schweren Waffen waren immer hinten..."

Den auf dem WN 62 stationierten Soldaten wurden nun die neuen Stellungen und Bunker zugewiesen. Der 19-jährige Franz Gockel mußte eine nur mit ein paar Balken und Baumstämmen überdachte kleine Feldstellung beziehen, die sich im unteren und vorderen rechten Bereich des WN 62 und 80 Meter vom Strand entfernt befand. In dieser Stellung stand ein altes, wassergekühltes polnisches Maschinengewehr aus dem Ersten Weltkrieg auf einer Drehlafette, das er nun zu bedienen hatte. Außerdem befanden sich an der inneren Rückseite des leicht im Boden liegenden, holzverschalten Unterstandes die Bedienungsinstrumente für zwei nicht weit von seiner Position entfernte, stationäre Abwehrflammenwerfer, die erst vor wenigen Wochen von Pionieren installiert worden waren. Franz Gockel hatte am Fuß des Abhangs eine Position, von der aus er die rechte vordere Flanke des WN 62 sowie die diesseitige Flanke des Taleinganges mit der strategisch wichtigen Straße nach Colleville sichern und verteidigen sollte. So waren auch die beiden Flammenwerfer entsprechend ausgerichtet.

Nur 9,5 Meter vor Gockels MG-Stellung und dem Strand noch näher gelegen, befand sich eine offene, lediglich mit einem Tarnnetz überspannte Betonbettung mit einer auf den Taleingang zum WN 61 gerichteten 5-cm-Kampfwagenkanone. Diese Stellung war vom Meer aus nicht einsehbar, konnte aber auch den Strand vor dem WN 62 nicht beschießen. Das Bedienungspersonal der KwK bestand aus dem 32-jährigen Obergefreiten Siegfried Kuska und dem erst 17-jährigen Soldaten Franz Heckmann.

Siegfried Kuska kam aus Sterkrade in der Nähe von Bonn, hatte in Rußland gelebt und war mit einer Russin verheiratet gewesen, die aber ihr Land nicht verlassen wollte, nachdem er aus Rußland ausgewiesen worden war. Dann war er freiwillig der deutschen Wehrmacht beigetreten, hatte bereits in Polen und an der Ost-Front gekämpft, war durch besondere Leistungen im Laufe der Zeit bis zum Feldwebel avanciert und, wie Peter Lützen, mit dem Infanterie-Sturmabzeichen ausgezeichnet. Nachdem er jedoch gegenüber einem

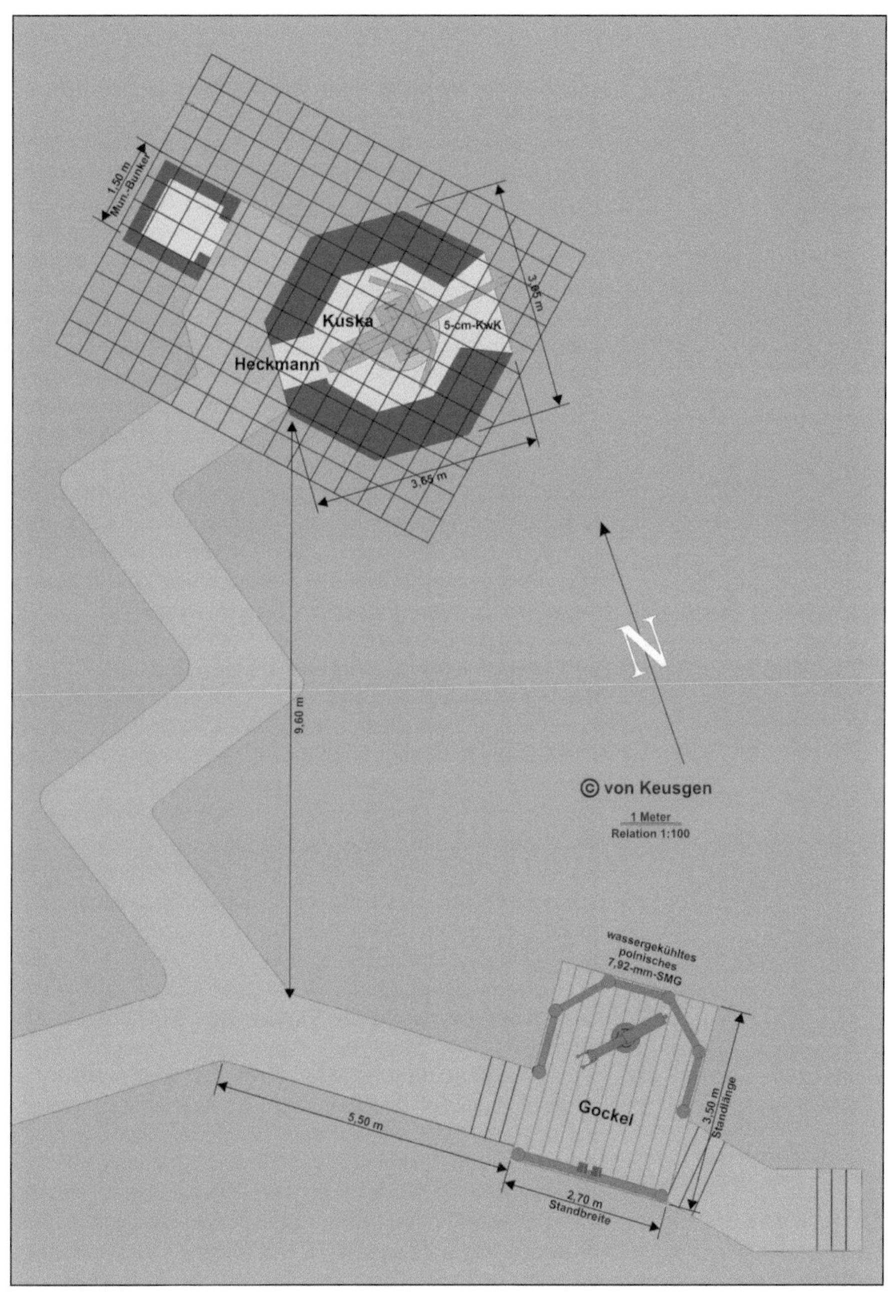

Grundrißplan der KwK-Stellung des Obergefreiten Siegfried Kuska und der MG-Stellung des Gefreiten Franz Gockel. Beide Waffen waren auf den Taleingang ausgerichtet. *Grafik: von Keusgen*

Der Abwehrflammenwerfer (AFmW 42) wurde ortsfest installiert, indem man ihn bis zum Flammrohr eingrub. Sein Volumen faßte 12 Liter Flammöl, das während eines 5 bis 10 Sekunden dauernden einmaligen Strahls auf etwa 50 Meter ausgestoßen wurde. Der Flammenstrahl erreichte eine Temperatur von 1.000 Grad. **Foto: von Keusgen**

Bruno Plotas Tobruk-Stand mit der für Granatwerferstände charakteristischen achteckigen Luke und dem im Zentrum stehenden Sockel (Schießtisch) für einen 5-cm-Granatwerfer (siehe oben, Seite 57). **Foto: von Keusgen 2003**

Offizier handgreiflich geworden war, wurde er zum Obergefreiten degradiert. Vor Kuska, von dem selbst Peter Lützen sagte, „er war ein harter Hund", hatten sogar die Unteroffiziere des WN 62 größten Respekt.

Im mittleren Bereich des WN 62 gab es zwei Tobruk-Stände für 5-cm-Granatwerfer, in denen der 35-jährige "volksdeutsche" Soldat Edmund Ferchau und der 19-jährige Oberschütze Bruno Plota postiert waren. 45 Meter östlich Plotas Tobruk-Standes, auf fast gleicher Höhe gelegen, befand sich eine offene, von einer einen Meter hohen, ringförmigen Betonmauer eingefaßte MG-Stellung für ein Zwillings-Maschinengewehr auf einer Drehlafette *(Typen des Modells MG 1934)* für die Fliegerabwehr, dessen Bedienungspersonal aus den jeweils dazu eingeteilten Doppelposten bestand *(im 2-Stunden-Rhythmus mußten abwechselnd alle Mannschaftsdienstgrade außer Peter Lützen und Siegfried Kuska Wache auf diesem Fliegerabwehrposten halten).* Hier gab es einen Feldfernsprecher, der mit der Wachstube in der Villa in direkter Verbindung stand. 18 Meter unterhalb davon, direkt vor der Artillerie-B-Stelle, befand sich in einem offenen Erdbunker ein weiteres Maschinengewehr *(Modell 1934)*, das der 19-jährige Gefreite Theo Kowalski zugewiesen bekam. 70 Meter von dieser Stellung und weiter in östliche Richtung gelegen, gab es im unteren Areal eine weitere offene, nur mit einem halbrunden Wellblech überdachte MG-Stellung, die auch mit einem alten, wassergekühlten polnischen Maschinengewehr auf einer Drehlafette bestückt war, das der 19-jährige Soldat Helmut Kieserling bedienen mußte. Als dem Meer nahegelegenste Verteidigungsposition auf dem WN 62 *(60 Meter bis zum Strand)* befand sich ein weiterer Tobruk-Stand mit einem Maschinengewehr *(MG'42)* auf einer Drehlafette, für das die beiden 19-jährigen Gefreiten Ludwig Kwiatkowski und Friedrich Faust zuständig waren. Hier gab es ein weiteres Telefon, das ebenfalls mit der Wachstube am Eingang des WN 62 in Verbindung stand.

Der 23-jährige Obergefreite Lützen, der nach wie vor für die Kommunikation zwischen dem Kompaniegefechtsstand und dem WN 62 sowie mit dem WN 61 zuständig war, erhielt nun seinen Posten auf der höchsten, 53 Meter über dem Meer gelegenen Erhebung des Areals in dem neuen kleinen Bunker, in dem außer einem Sprechfunkgerät *(Deckname „Heinrich")* ein Lichtsprechgerät *(Deckname "Cäsar")* aufgestellt worden und auf das WN 63 ausgerichtet war. Oberschütze Plota wurde zu seinem Stellvertreter und von Lützen persönlich mit der außergewöhnlichen Technik vertraut gemacht. Im Alarmfall aber war Plota im Granatwerferstand nahe der oberen Kasematte postiert.

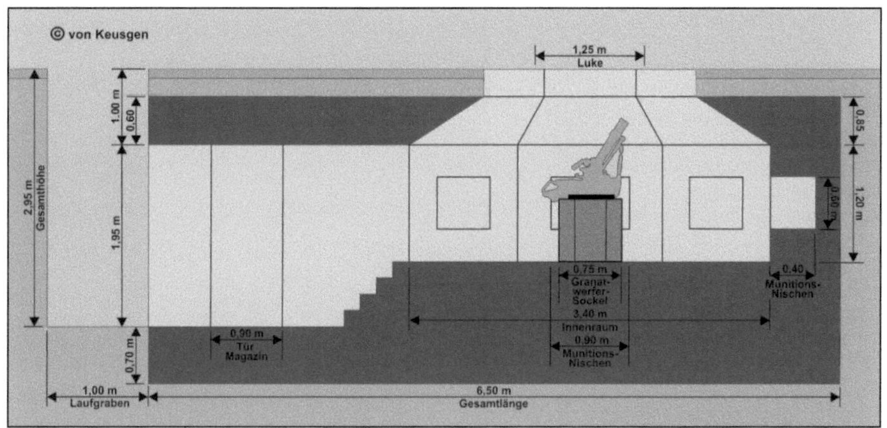

Querschnittzeichnung eines Tobruk-Standes für einen 5-cm-Granatwerfer mit Laufgrabenanbindung. Die MG-Stände unterschieden sich dadurch, daß es in ihnen keinen Schießtisch gab.

Das Lichtsprechgerät – kurz LSG genannt – war ein zirka 35 Zentimeter langes Zwillingsrohr (einem Fernglas ähnlich), zum Betrieb auf einem stabilen Stativ stehend. Die Funktion dieser ungewöhnlichen Kommunikationstechnik (optisches Nachrichtenmittel für Ferngespräche) bestand darin, daß der Bediener dieses Gerätes (das ausschließlich auf Sichtverbindung angewiesen war) ein helles Licht einschaltete, das dann vom Empfängergerät erwidert wurde. Waren die Lichtwellen aufeinander abgestimmt, konnte das Licht abgeschwächt werden, sandte trotzdem seine für niemanden optisch erkennbaren Strahlen aus (modulierte Lichtstrahlen). Diese Lichtwellen ermöglichten mittels eines per Kabel verbundenen Kopfhörers, eines Mikrofons und einer speziellen Apparatur, mit dem Gegenüber zu telefonieren (oder Blinksignale sowie Morsezeichen übermitteln zu können). Da der Lichtstrahl eine Streuung von nur 0,3° hatte, war ein Ablesen oder Abhören durch Dritte

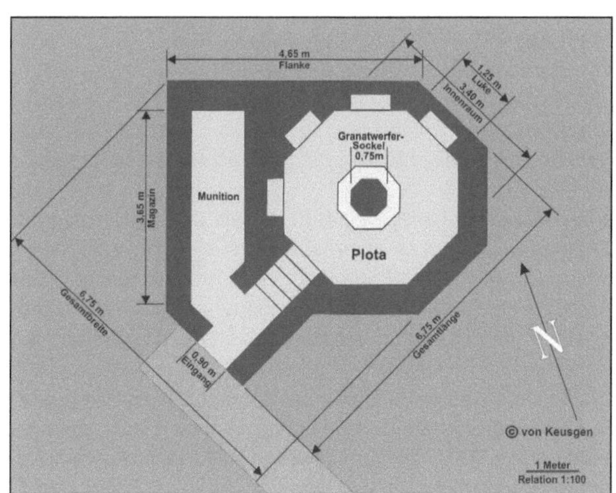

Grundrißplan des Tobruk-Standes für einen 5-cm-Granatwerfer des Oberschützen Plota (die Bauweise des Tobruks entsprach einem vorgegebenen Standard und war folglich identisch mit dem Granatwerfer-Stand des Gefreiten Ferchau).

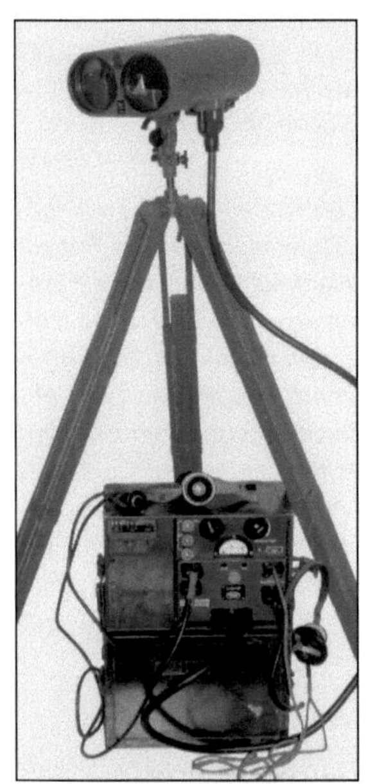

Lichtsprechgerät (LSG)
Foto: Wehrtechnisches Museum

unmöglich, besonders bei Übertragung für das Auge unsicht-
barer Strahlung. Das LSG war selbst bei hellstem Sonnen-
schein betriebsfähig.

Anforderzeichen: Sender/Empfänger N 11303
                        (N 11805 Trupp vollständig)
Reichweite: Bei mittlerer Sicht etwa 3 Kilometer, bei
                        guter Sicht etwa 6 Kilometer
Richtmittel: 2 Stellschrauben für Höhen- und Seiten-
                        richtung, Kimme und Korn, Richtfernrohr
                        mit 5-facher Vergrößerung
Glühlampe: 2,4 Volt, 4 Watt
Lichtelektrischer Wandler: Thalovidezelle
Röhrenbestückung: 4 x RV 2 P 800
Energieversorgung: Sammler 2,4 Volt, Anodenbatterie 60
                        Volt
Gewicht: ca. 20 Kilogramm
Baujahr: 1937
Hersteller: Carl Zeiss, Jena
Inventarnummer: 9999020, 9998407

(Das Gerät barg aber noch eine weitere technische Möglichkeit, von der Lützen und Plota gern Gebrauch machten:
Sie konnten damit Radiosendungen und Musik empfangen.)

Inzwischen mußte der 36-jährige Obergefreite Bernhard Lehmkuhl nun täglich von der
Post- und Fernmeldestelle im Gutshof auch zum neuen unterirdischen Bunker des WN 63
mit dem dort eingerichteten Kompaniegefechtsstand gehen, um sich an dem zweiten, dort
für die Kommunikation mit dem WN 62 aufgestellten Lichtsprechgerät ausbilden zu lassen.
Für dieses LSG hatte man zum Schutz vor schlechtem Wetter einen kleinen Unterstand auf
der Bunkerabdeckung gebaut.

Es war von zunehmender Wichtigkeit, daß neue Kommunikationsmittel installiert wurden, denn einerseits wollte man eine möglichst abhörsichere Technik installieren, anderer-
seits häuften sich die Sabotageaktionen seitens der französischen Widerstandsbewegung.
Immer öfter wurden die bestehenden konventionellen Kommunikationswege unterbrochen,

wobei hauptsächlich die von deutschen Soldaten errichteten Telefon- und Telegrafenmaste abgesägt wurden. Um derartige Sabotageakte zu unterbinden, wurden viele Maste innen mit einer Sprengladung versehen. Dünne Metalldrähte, die durch das Holz verliefen, lösten bei ihrer Verletzung die Explosion aus. Dennoch wurden weiterhin Maste gefällt und Leitungen zerschnitten.

In der unteren Kasematte des WN 62 standen nun der 35-jährige Obergefreite Heinrich Krieftewirth als Geschützführer und der 19-jährige Gefreite Alois Reckers als Kanonier an dem tschechischen 7,65-cm-Geschütz, der 19-jährige Gefreite Hans Selbach und der 20-jährige "Volksdeutsche" Emil Drews dienten als Munitionsversorger. Geschützführer in der oberen Kasematte war der 36-jährige Obergefreite Heinrich Brinkmeier, Kanonier der 35-jährige Obergefreite Theodor Brinkbäumer, als Munitionsversorger dienten der 40-jährige Gefreite Anton Flossmann und der 19-jährige Grenadier Paul Häming. Wegen zunehmendem Munitionsmangel wurden die ohnehin nur gelegentlichen Übungsschüsse immer seltener – es wurde bereits gespart.

Unteroffizier Franz Bauer war einer jener Soldaten der ursprünglichen Stammbesatzung, die schon seit längerer Zeit im WN 62 stationiert waren. Er kam aus Aschaffenburg in Bayern und war allen ein freundlicher, kameradschaftlicher Soldat, wurde jedoch nun zu einer speziellen Einheit abkommandiert, die als eine sogenannte Eingreifreserve im nahen Hinterland aufgestellt worden war. Einige andere seiner Kameraden der ursprünglichen Stammbesatzung waren bereits zu dieser Eingreifreserve abgezogen worden *(eine Maßnahme, die bei anderen Widerstandsnestern ebenfalls durchgeführt wurde)*.

Der lebensfrohe 26-jährige Leutnant Hermann Claus war inzwischen als Stützpunktkommandant für die strategisch wichtigen Widerstandsnester 59, 60, 61 und 62 zuständig. Claus war ein leutseliger, lockerer Typ, der nun häufig mit seinen Soldaten im neuen unterirdischen Mannschaftsbunker Skat spielte und sich mit allen gut verstand. Er wohnte nicht mehr auf dem Anwesen in Colleville, sondern in einem der Zimmer in der unteren Etage der Villa am Haupteingang des WN 62.

Der insgesamt 11 Meter lange Laufgraben, der die unterirdische Mannschaftsunterkunft mit dem LSG-Bunker (im Hintergrund) verbindet. (Rechts vorn der Eingang zum Doppel-Tobruk-Stand; siehe rechts, Seite 58).

Foto: von Keusgen 2004

Der Doppel-Tobruk-Stand für einen 5-cm-Granatwerfer (vorn) und ein Maschinengewehr. Der Laufgraben verband den Stand mit dem LSG-Bunker (nach rechts) sowie der Mannschaftsunterkunft (hinten links).

Foto: von Keusgen 2003

In dem Widerstandsnest war aber immer noch einiges im Argen. Der neue Doppel-Tobruk-Stand, oben auf der höchsten Erhebung des WN 62, war inzwischen weder mit einem Maschinengewehr noch mit einem Granatwerfer bestückt worden, seine Munitionskammern blieben folglich ebenfalls leer. Waffen und Munition waren aber längst avisiert. In diesem Doppel-Tobruk sollte eigentlich der 29-jährige Gefreite Gustav Bersik an einem Granatwerfer stationiert sein, und der speziell in der Villa an der Strandpromenade von St.

Soldaten der 3./726 auf der Eingangstreppe zur Villa am östlichen Eingang des WN 62. Hinter dem kleinen Fenster rechts befand sich die Wachstube. Die Männer auf der Treppe sind (von links nach rechts) Unteroffizier Ludwig Schulte, der Obergefreite Peter Lützen und Unteroffizier Franz Bauer.
Foto: Kollektion P. Lützen

Laurent ausgebildete 19-jährige Gefreite Michel Schnichels, der Anfang März zum WN 62 versetzt worden war, am Maschinengewehr. Auch mußten immer noch viele Meter Laufgräben ausgehoben werden.

Der Obergefreite Lützen, der als einer der erfahrensten Soldaten und inzwischen als stellvertretender Stützpunktkommandant für viele Dinge auf dem WN 62 zuständig war,

Der unterhalb des ehemaligen Areals des WN 62 verlaufende Panzerabwehrgraben mit dem Erdwall (links) wurde bis heute nicht wieder gänzlich planiert. Der Weg (rechts) verläuft von Colleville kommend um den nord-östlichen Bereich des WN 62 bis in Strandnähe. Damals verlief der dichte Stacheldrahtverhau am Fuße des Küstenabhangs und direkt neben dem Weg. Im Hintergrund befindet sich die Feriensiedlung und in deren Nähe das damalige WN 61. **Foto: von Keusgen 2004**

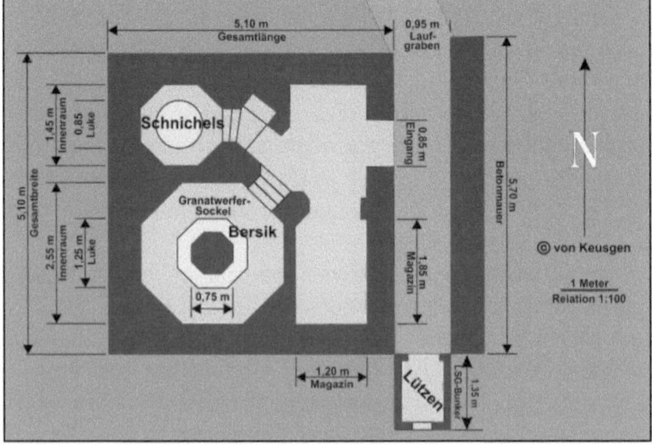

Grundrißplan des Doppel-Tobruk-Standes für ein MG (oben) und einen 5-cm-Granatwerfer, die jedoch niemals mehr montiert wurden. Daran angrenzend der nur kleine, mit dem Obergefreiten Lützen besetzte LSG-Bunker.
Grafik: von Keusgen

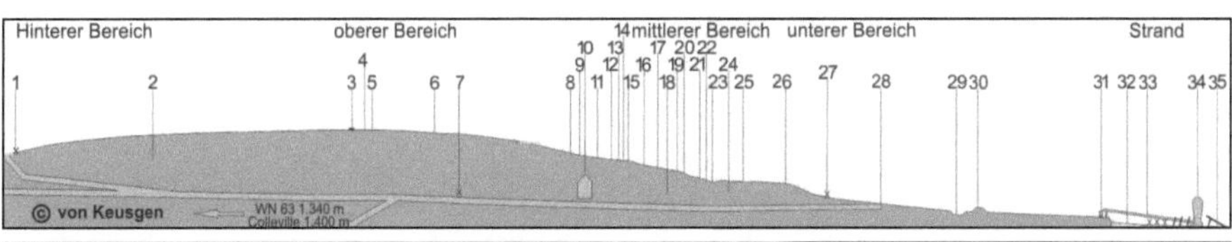

Profil des WN 62 mit aktueller Seitenansicht

(Blick vom ehemaligen Standort des WN 61 nach Westen) und Erklärung der jeweiligen Positionen:

1 = *Oberer Stacheldrahtverhau und Süd-Eingang*

2 = *Feldstellung für 5-cm-Pak des Grenadier-Regiments 916 (4 Kanoniere der 352. Infanterie-Division)*

3 = *Bunker für Funk- und Lichtsprechgerät (Lützen) sowie Doppel-Tobruk-Stand*

4 = *heutiger Standplatz des Monuments der 1. US-Infanterie-Division*

5 = *unterirdischer Mannschaftsbunker*

6 = *Munitionsbunker*

7 = *Ost-/Haupt-Eingang*

8 = *Tobruk-Stand für 5-cm-Granatwerfer (Ferchau)*

9 = *Fernmeldebunker des Artillerie-Regiments 352 (Beermann, Schulz, Wernecke sowie zwei Funker)*

10 = *ehemalige Villa; genutzt als Wachstube (Claus, Förster, Schulte), Quartier und Küche (Riemann, Lehrmann und Liermann)*

11 = *Tobruk-Stand für 5-cm-Granatwerfer (Plota)*

12 = *MG-Stellung für Fliegerabwehr (besetzt durch den jeweiligen Posten; im Alarmfall durch Kowalski)*

13 = *MG-Stellung (Severloh)*

14 = *B-Stelle des Artillerie-Regiments 352 (Frerking, Grass, Fack)*

15 = *Munitionsbunker*

16 = *MG-Stellung (Kowalski)*

17 = *obere Kasematte (20 m ü. NN) für 7,65-cm-Feldkanone (Brinkmeier, Brinkbäumer, Flossmann, Häming) sowie heutiger Standplatz des Monuments der 5. US-Engineer Special Brigade*

18 = *MG-Stellung und Abwehrflammenwerfer-Bedienung (Gockel)*

19 = *Munitionsbunker*

20 = *zwei Ein-Mann-Stellungen*

21 = *Munitionsbunker*

22 = *MG-Stellung (Kieserling)*

23 = *Munitionsbunker*

24 = *5-cm-KwK-Stellung (Kuska, Heckmann)*

25 = *untere Kasematte (12 m über NN) für 7,65-cm-Feldkanone (Krieftewirth, Reckers, Selbach, Drews)*

26 = *Tobruk-Stand für MG (Kwiatkowski, Faust)*

27 = *unterer Stacheldrahtverhau*

28 = *Nord-Eingang*

29 = *Panzerabwehrgraben*

30 = *angeschütteter Erdwall*

31 = *Schienenstrang mit Feldbahn*

32 = *Kiessaum, der den Vorstrand vom Strand trennt*

33 = *Förderband der Kieszertrümmerungsanlage*

34 = *Kieszertrümmerungsanlage*

35 = *Strand mit Minen und Hindernissen*

hatte Hauptmann Ottemeier in den letzten Wochen mehrmals darauf aufmerksam gemacht, daß endlich die Laufgräben zu den im unteren Bereich gelegenen Kasematten und die entsprechende Anbindung an die schon bestehenden Gräben erfolgen müßte, denn bei einem Angriff sei es für die Soldaten, die sich außerhalb der Bunker bewegen würden, ohne ausreichende Deckung gerade dort sehr gefährlich. Jedoch hatte Ottemeier diese wichtigen Arbeiten immer wieder aufgeschoben. Lützen vermutete, „daß man somit verhindern wollte, daß sich die Soldaten, die dort unten stationiert waren, bei einem Angriff nicht heimlich

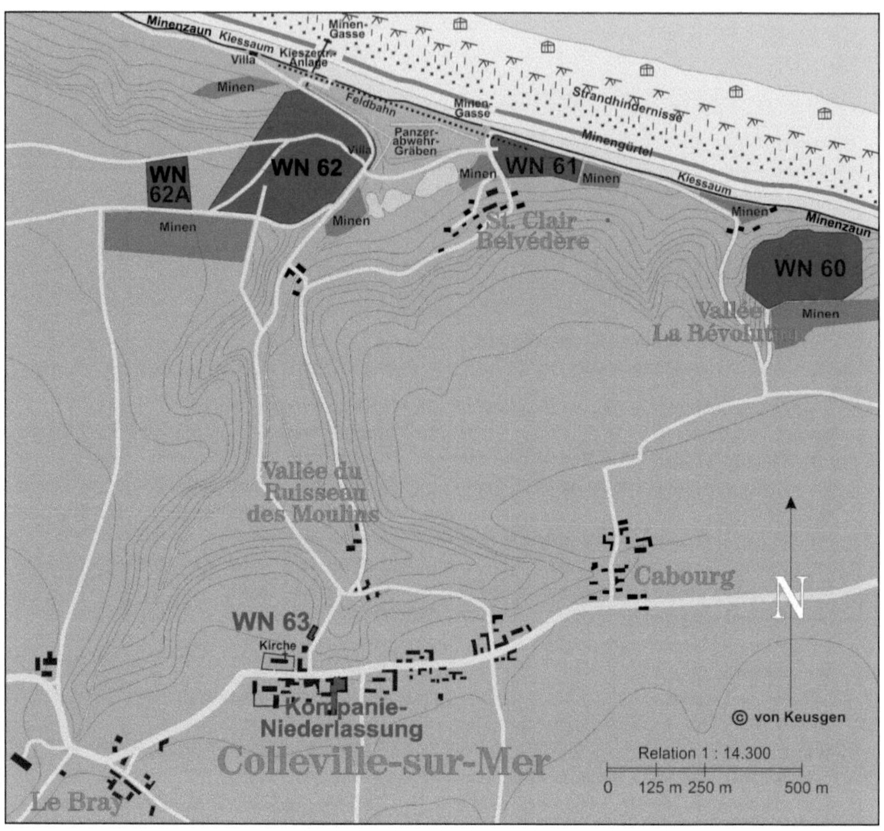

Die vier Widerstandnester und die Niederlassung der 3. Kompanie des Grenadier-Regiments 726 der 716. Infanterie-Division im unmittelbaren Raum von Colleville. 1,2 Kilometer weiter östlich befand sich an der Küste vor Ste.-Honorie-des-Pertes noch das dazu gehörende kleine WN 59. **Grafik: von Keusgen**

absetzen konnten". Auch gab es bisher außer zwei Ein-Mann-Stellungen nur wenige Ein-Mann-Deckungslöcher, die üblicherweise in der Nähe der einzelnen Stellungen angelegt wurden, um den Soldaten einen größeren Schutz bei schwerem Beschuß oder einem Bombardement zu bieten. Die Unterlassung dieser Arbeiten sollte für einige Soldaten noch fatale Folgen haben...

Die Stammbesatzungen der inzwischen auch fast gänzlich ausgebauten Widerstandsnester im Bereich der Nachbarortschaften Sainte-Honorine-des-Pertes *(WN 59)*, Cabourg *(WN 60)* und Colleville *(WN 61, WN 62 und WN 63)* bestanden ebenfalls aus Soldaten der 3./726.

WN 59 befand sich auf den beiden Hangseiten der kleinen Bucht von Ste.-Honorine-des-Pertes, deren schroffe Steilküste eine Höhe von fast 60 Metern erreicht, per Luftlinie 2.850 Meter vom WN 62 in östlicher Richtung entfernt. In diesem nur kleinen Widerstandsnest hatte auch der Kommandeur der I. Abteilung der 1., 2. und 3. Batterie des Artillerie-Regiments 352, Major Werner Pluskat, seinen offiziellen Abteilungsgefechtsstand, auch befand sich dort die B-Stelle der 3. Batterie, die im Hinterland, beim 4,6 Kilometer entfernten Mosles, stationiert war.

WN 60 lag auf dem großen Plateau der 64 Meter hohen Küstengestade vor Cabourg, einer kleinen Nachbarsiedlung, direkt östlich an Colleville grenzend, und per Luftlinie 900 Meter vom WN 62 entfernt. (WN 60 war das am höchsten gelegene Widerstandsnest der gesamten späteren Invasionsküste, verfügte aber über kein einziges Geschütz.) In diesem Widerstandsnest befand sich auch die B-Stelle der bei Etréham gelegenen 2. Batterie des Artillerie-Regiments 352 stationiert.

WN 61 war auf der dem WN 62 gegenüber liegenden östlichen Talseite an der Hangsohle und nur 300 Meter vom WN 62 entfernt errichtet worden. Das Widerstandsnest verfügte als schwerste Waffen über eine verbunkerte 8,8-cm-Pak sowie eine auf einem Tobruk-Stand montierte Renault-Panzerkuppel (APX R35) für den Rundum-Beschuß.

Major Werner Pluskat, Kommandeur der I. Abteilung des Artillerie-Regiments 352.

Foto: Archiv von Keusgen

Die Besatzung des 1. Geschützes der 1. Batterie, I. Abteilung des Artillerieregiments 352, in ihrer Feuerstellung nahe Houtteville. Geschützführer war Unteroffizier Richard Peesel (2. von links). Von hier aus belegten sie den 4,5 Kilometer entfernten Strand vor dem WN 62 mit dem Sperrfeuer ihrer Haubitze.

Die offizielle Bezeichnung des Geschützes lautete:
10,5 cm leFH (leichte Feldhaubitze) 18 M (Mündungsbremse)
Kaliber: 105 mm
Rohrlänge: 261,2 cm
Gesamtlänge: 330,8 cm
Länge der Züge: 239,2 cm
Gefechtsgewicht: 2.065 kg
Seitenrichtbereich: 56°
Höhenrichtbereich: -5°/+42°
Vo: 540 m/sec.
Geschoßgewicht: (Sprenggranate) 14,81 kg
Reichweite: 12.325 m
Feuerfolge: 4-6 Schuß/min.
Rohrhaltbarkeit: 10.000 bis 12.000 Schuß
Hersteller: Rheinmetall, Düsseldorf.

Foto: Kollektion H. Severloh

WN 63, das den Gefechtsstand der 3./GR 726 sowie des I./GR 916 bildete, lag in südlicher Richtung 1.240 Meter landeinwärts vom WN 62 entfernt und 60 Meter vor dem nördlichen Ortseingang von Colleville.

Im Tal zwischen dem WN 61 und WN 62, unweit des Strandes, war ein weiterer, 260 Meter langer, wassergefüllter Panzerabwehrgraben, der einen leichten Winkel bildete, angelegt worden.

Ende März 1944 wurde der 19-jährige Gefreite Heinz Bongard von der Villa an der Promenade bei St. Laurent in das Widerstandsnest 60 verlegt. (Die Villa wurde, wie noch viele andere Häuser in dieser Bucht, kurz danach gesprengt.) Aber auch auf dem WN 60 wartete noch viel Schanzarbeit auf die Mannschaften. Dann bekamen die Soldaten der

Widerstandsnester, die nachts ihre Patrouillengänge am Strand und auf der Küstenanhöhe vornehmen mußten, bei Tag und während eines langen Marsches unter der Leitung älterer Soldaten der Stammbesatzung einen Überblick über die Küstenorte Colleville, St. Laurent, Vierville, das nahe Umfeld und alle Verbindungswege. Hans Selbach berichtete: „Wenn wir Streife laufen sollten, mußten wir manchmal die ganzen sechs Kilometer bis Vierville gehen. Bei Ebbe gingen wir gern vorn am Strand entlang, bei Flut oben auf der schräg ansteigenden Anhöhe."

Die Patrouillen bestanden immer aus vier Soldaten *(einem Streifenführer und drei Mann)*, und gingen üblicherweise vom WN 62 bis auf Höhe des Widerstandsnests 66, am linken Taleingang von St. Laurent – eine Strecke von rund zweieinhalb Kilometern. Den Hinweg nahmen die Soldaten bevorzugt bei Ebbe am Strand, manchmal weit draußen, vor den Minengürteln und Hindernissen; häufig auch auf einer direkt unterhalb der Vorstrandböschung aus einer von den planierten, handgroßen Kieselsteinen improvisierten schmalen Gasse. Dieser Weg, der unmittelbar am nur wenig höher gelegenen Vorstrand entlang führte, sollte von den Soldaten niemals verlassen werden, da von dort aus bis zu den ersten Hindernissen der Strand sowie der etwas höher gelegene Saum des Vorstrandes *(außer vor dem WN 62)* vermint war. Wie gefährlich es war, diese Gasse zu verlassen, sollten noch die beiden Wachhunde des WN 62 auf grausame Weise zu spüren bekommen...

Zur jeweils vierstündigen Nachtwache war nicht nur eine „Streife" eingeteilt, die zwischen dem WN 62 und dem WN 66 bei St. Laurent patrouillierte, sondern noch vier Wachtposten in den festen Positionen auf dem WN 62. Diese wurden von einem sogenannten Pendelposten, der von einem zum anderen ging, ständig kontrolliert, ob niemand eingeschlafen war. Es kam aber gelegentlich vor, daß Kompaniechef Ottemeier persönlich und zu Pferde selbst noch spät im Widerstandsnest erschien und die Wachbereitschaft seiner Soldaten überprüfte. Wenn der „Wachhabende" in der Wachstube *(in der Villa am Eingang zum WN 62)* bemerkte, daß sich der Hauptmann näherte, alarmierte er per Telefon den Posten im vordersten Tobruk-Stand, der wiederum den Pendelposten – und so waren zur Kontrolle des Chefs immer alle Posten in vorbildlicher Bereitschaft.

Ab April 1944 wurden die ohnehin permanenten Aufklärungs- und Bomberanflüge der Alliierten über der normannischen Küste noch häufiger. Andauernd versuchten sie durch starke Bombardierungen die im Bau befindlichen Anlagen in den Widerstandsnestern wieder zu zerstören oder ihren weiteren Ausbau zu verhindern. Die weithin sichtbaren weißen Kondensstreifen der wegen der Flak in mehreren tausend Metern Höhe fliegenden feindlichen Aufklärer und die aus der Ferne herübergrollenden Detonationen von den Bombardierungen entfernter Verteidigungsanlagen trugen zunehmend zur Beunruhigung der Soldaten bei. Besonders der große, nur 12 Kilometer in westlicher Richtung, auf der Pointe du Hoc gelegene, starke Stützpunkt wurde immer heftiger bombardiert. Hans Selbach sagte dazu: „Die Aufklärer kamen fast täglich, manchmal auch nur in geringer Höhe, um Fotos von unseren Stützpunkten zu machen. Ich glaube, die waren besser informiert als wir selbst..." *(Sogar eine Geschütz-Attrappe, die beim WN 62A aufgestellt und extra auffällig getarnt worden war, wurde von den Amerikanern in einen nach den Luftaufnahmen angefertigten Plan des gesamten Areals eingezeichnet – als echtes Geschütz.)*

Fast täglich flogen auch starke Bomberverbände über den Kanal in Richtung Frankreich und Deutschland, um strategisch wichtige Straßenkreuzungen, Bahnhöfe und Industrieanlagen zu zerstören – und in Deutschland auch die Städte.

Bislang hatte es für die Soldaten, deren Familien und ihre Wohnungen von Bomben betroffen worden waren, als Bombenurlaub bezeichnete Sonderurlaube gegeben, doch wurden diese ab dem 29. April zusammen mit den Heimaturlauben wegen der zunehmend drohenden Invasion der Westmächte generell gesperrt.

Oberst Ernst Goth, Kommandeur des Grenadier-Regiments 916 der 352. Infanterie-Division, wurde mit seiner Einheit Anfang Mai an die Küste und in den Bereich der Ortschaften Vierville, St. Laurent und Colleville verlegt. Kurz darauf besuchte Generalfeldmarschall Rommel den Oberst, der ihn von früher gut kannte. Rommels erste Worte nach der Begrüßung waren: „Goth, bei Ihnen kommen sie. Es sieht hier genau so aus wie in der Bucht von Salerno in Italien, wo sie landeten..." *(am 9. September 1943)*

Im Mai häuften sich die Gerüchte, daß „etwas in der Luft liegt..." Bestärkt wurde die Sorge der Soldaten durch die nun fast täglich über den Ärmelkanal einfliegenden Bomberpulks, die zunehmend strategisch wichtige Verkehrsknotenpunkte im Hinterland bombardierten. Auch fanden die Wachtposten auf ihren Patrouillen im Gelände immer wieder breite Staniol-Streifen, die von den Flugzeugen der Alliierten abgeworfen worden waren, um das deutsche Radar dadurch zu stören.

Auch heute noch gibt das Meer immer wieder die Reste ehemaliger Strandhindernisse frei: Minenpfahl (oben) und ein einbetonierter Stahlträger.

Fotos: von Keusgen 2004

Tobruk-Stand mit Lafetten-Sokkel für ein Maschinengewehr (es gab auch MG-Stände mit kleineren Luken ohne diesen Sockel – siehe Seite 30). Hier der auf dem WN 62 dem Strand am nahegelegensten Stand des Gefreiten Ludwig Kwiatkowski, der mit einem MG'42 bestückt war. Typisch für MG-Tobruks war die runde Luke, im Gegensatz zu den achteckigen der Granatwerfer-Stände.

Foto: von Keusgen 2003

Immer öfter diskutierten die Soldaten der Stützpunkte nun die Frage, ob an diesem Küstenstreifen des Departements Calvados wohl eine Invasion erfolgen würde; aber sonst verlief das Leben der Truppe im Widerstandsnest 62 ruhig und geordnet. Das milde Klima der Normandie trug nicht unerheblich zu einer positiven Haltung der Männer bei. Außer an Heimaturlaub mangelte es ihnen als Soldaten für das tägliche Leben an nichts. Allerdings wurde viel körperliche Arbeit und Anstrengung von ihnen gefordert, denn neben dem ständigen Waffendienst beinhaltete der Dienstplan auch noch den permanenten weiteren Stellungsbau, da noch viele Meter Laufgräben und Ein-Mann-Löcher auszuheben waren. Pro Nacht mußte jeder Soldat zweimal Wache stehen, und wöchentlich ein- oder zweimal Patrouillengänge absolvieren. Die kurzen Wachdienste, während derer die Soldaten tagsüber in ihren Stellungen hinter den Kanonen oder Maschinengewehren saßen und auf das Meer hinaussahen, genossen sie als Ruhephasen. Leer und einsam erstreckte sich die weite See vor den Verteidigungsanlagen, denn die Fischerboote der benachbarten kleinen Häfen durften das Meer hier schon seit einiger Zeit nicht mehr befahren.

Einige Soldaten des WN 62 nahe ihrer halb unterirdischen Mannschaftsunterkunft (rechts) bevor sie abgerissen wurde. Von links: Heinrich Krieftewirth, Hans Selbach, Alois Reckers, Bruno Plota, Emil Drews, Alfred Liermann und Franz Gockel.
Foto: Kollektion B. Plota

Zunehmend wurde nun die Alarmbereitschaft der Besatzungen geprobt. Die Übungen nahmen deutlich zu und dauerten von Mal zu Mal länger, doch waren sie meistens zeitlich so gelegt, daß die Soldaten nach diesen Übungen und dem anschließenden Waffenreinigen noch genug Zeit hatten, Schanzarbeiten zu verrichten. Bruno Plota hielt sich anläßlich dieser Übungen vornehmlich ganz oben auf dem WN 62 auf, bei Peter Lützen im LSG-Bunker, „weil hinterher am Lichtsprechgerät nicht so viel zu putzen war, wie an einer Kanone…"
Peter Lützen sagte dazu: „Wir hatten da oben wirklich einen guten Job."

Allabendlich wurde in den Widerstandsnestern die Parole für die kommende Nacht ausgegeben, die Postenstände besetzt und der Kompaniechef über den Stand der Arbeiten unterrichtet. Wenn nicht gerade schlechte Nachrichten aus der Heimat eintrafen, konnten die Soldaten sogar manchmal für ein paar Stunden den Krieg vergessen. In ihrer Freizeit besuchten sie gelegentlich Kameraden in den benachbarten Widerstandsnestern, wanderten durch die nahe gelegenen Dörfer und suchten die kleinen Bars auf, oder vergnügten sich in ihren Unterkünften mit Kartenspielen. Ein beliebter Treffpunkt war ein kleines Steh-Café an der Durchfahrtsstraße in Colleville, nahe der Kirche mit ihrem alten Friedhof. Nicht selten saß auch der eine oder andere Soldat abends an dem schrägen Hang des Widerstandsnests, rauchte eine der drei Zigaretten, die man als tägliche Marketender-Ration zugeteilt bekam, blickte über das Meer, sah die glutrote Sonne hinter dem westlichen Rand der Bucht mit den 29 Meter hohen Klippen der Pointe et Raz de la Percée versinken und stellte dabei voller Melancholie fest, wie schön das Leben wirklich ist. Viele Soldaten versuchten, es sich noch durch hübsche Mädchen zu versüßen. Darum gab es gleich neben dem Soldatenheim in Bayeux noch ein Wehrmachtbordell, anläßlich dessen Besuch allerdings jeder Soldat von einem Sanitäter als Präventivmaßnahme eine Injektion verabreicht bekam. Ein Grund mehr, daß einige Soldaten kleine „Amouren" mit jungen Frauen aus der Umgebung ihrer Widerstandsnester bevorzugten, was sowohl von deutscher Seite wie auch von vielen Franzosen nicht gern gesehen wurde. Erheblichen Ärger hatte diesbezüglich Unteroffizier Ludwig Schulte bekommen. Er war trotz Dienstbeginns bei seiner Freundin geblieben. Auf Befehl des Kompaniechefs wurde das Haus in St. Laurent von mehreren Soldaten umstellt und der Unteroffizier höchst offiziell abgeholt. Schultes französische Freundin sprach etwas Deutsch, und da ihr bekannt war, daß die Soldaten der Wehrmacht hart bestraft wurden, wenn sie einer Französin etwas antaten, erklärte sie Bruno Plota: „Ludwig nix gemacht – nur kleine Liebe…"

Bild links: Abendstimmung in der sechs Kilometer langen Bucht von Colleville bis Vierville. (Blick vom hochgelegenen WN 60 zur Pointe et Raz de la Percée.) Bei voll aufgelaufener Flut waren sämtliche Strandhindernisse verdeckt – und bei Flut erwartete man auch die Invasion.
Foto: Archiv von Keusgen

Die beiden eng befreundeten Soldaten Bruno Plota und Hermann Götsch fanden nur wenige Wochen später, abends, außerhalb des WN 62, den bei den Soldaten unbeliebten Unteroffizier Schulte, der total betrunken im Gelände lag. Plota und Götsch hoben ihn auf, schleppten Schulte zur Villa und legten ihn in sein Bett, „aber vorher haben wir ihm noch ordentlich die Arme und Beine verdreht", erinnerte sich Plota.

Auch der blonde, 32-jährige Oberfeldwebel Ludwig Pie, der zum Leidwesen seiner Untergebenen inzwischen auf dem Widerstandsnest 60 als stellvertretender Stützpunktführer stationiert war, brachte nicht selten die eine oder andere französische Freundin mit in seine Unterkunft, einer Holzbaracke auf der hochgelegenen Verteidigungsanlage. Doch Pie's lasterhaftes Leben und seine augenscheinliche Anspruchslosigkeit betreffs der Auswahl seiner Partnerinnen blieben für den Oberfeldwebel nicht ohne Konsequenzen, denn zu Beginn des Monats Mai mußte er wegen einer Geschlechtskrankheit nach Caen ins Lazarett.

In der zweiten April-Woche kam mit einem Lastwagen der Wehrmacht eine umfangreiche Lieferung von 28-cm-Werfer-Raketen. Diese selbstfliegenden Bomben waren in großen, offenen Holzkisten verpackt, aus denen sie mittels einer simplen Holzrampe direkt verschossen werden konnten. Sie wurden im unteren Bereich des WN 62 abgeladen und dort erst einmal aufgestapelt. Es hieß, daß die dazugehörigen Abschußrampen demnächst nachgeliefert würden. Bruno Plota, der zum Abladen der jeweils 82 Kilo schweren Raketen

Noch heute ist die Vertiefung der ehemaligen Fliegerabwehrstellung auf halber Höhe des WN 62 zu erkennen. (In der Bildmitte ist die untere Kasematte zu sehen.)
Foto: von Keusgen 2004

Die Epicerie (Lebensmittelgeschäft) der Familie Pommier an der Rue Principale, der Ortsdurchfahrt von Colleville (damals N 814) und nahe der Kirche in den 20er Jahren (Vergleich siehe Seite 15). 1944 hieß der Besitzer Violard. In der kalten Jahreszeit gab es in dem kleinen Laden ein Steh-Café, in der Sommerzeit einen Wein-, Café- und Biergarten in dem schmalen Hof neben dem Haus (rechts). Hier trafen sich oft die in der nahen Umgebung stationierten Soldaten der 3. und 4. Kompanie des Grenadier-Regiments 726.
Foto: Kollektion J.-N. Lenoury

Einer der kleinen Munitionsbunker im unteren Bereich des WN 62. **Foto: von Keusgen 2004**

mit eingeteilt worden war, sollte diese Arbeiten in schmerzlicher Erinnerung behalten, weil er sich dabei an einer der großen Kisten einen Daumennagel abquetschte. Zwei Wochen später ließ Hauptmann Ottemeier die gefährlichen Bomben in ein kleines Munitionslager auf dem benachbarten WN 62A transportieren, weil bis dahin die Abschußrampen immer noch nicht eingetroffen waren *(sie trafen auch bis zum 6. Juni nicht mehr ein).*

An einem warmen Abend Ende April gingen der Obergefreite Lützen, der Gefreite Schnichels und noch zwei andere Kameraden „auf Streife" den rotgoldenen Strand in Richtung St. Laurent hinunter, als sie überraschend eine große runde Seemine fanden. Der hochexplosive Sprengkörper hatte einen Durchmesser von 65 Zentimetern und war offenbar aus seiner Verankerung im Meer gerissen und ohne zu explodieren mit der Flut angespült worden. Lützen und Schnichels

wunderten sich darüber, daß die Seemine mit ihren stark hervorstehenden Aufschlagzündern nach den Bewegungen durch die Flut und dem Umherrollen auf dem Strand noch unversehrt war.

„Eigentlich ist so etwas gar nicht möglich", erklärte Peter Lützen, „doch die Mine lag da einfach so am Strand..."

Als sich die vier Soldaten den Sprengkörper genauer betrachteten und ihr Erstaunen über diesen ungewöhnlichen Fund kundtaten, trat Schnichels plötzlich heftig mit dem Stiefel gegen die große Stahlkugel. „Scheißding!"

Lützen war entsetzt: „Bist du wahnsinnig?"

Doch Schnichels lachte nur über seine leichtsinnige Tat. Dann gingen sie weiter.

Als sie sich bereits fast dreihundert Meter von der Mine entfernt hatten, „gab es hinter uns einen gewaltigen Knall", erinnerte sich Lützen weiter, „und das Ding war in die Luft geflogen. An der Stelle, wo die Mine vorher gelegen hatte, war nun ein so großer Krater im Strand, daß man da einen Lastwagen hätte 'reinstellen können..."

Am 27. April saß Bernhard Lehmkuhl gerade wieder in der Telefonvermittlungsstelle auf dem Gutshof, als ihn ein Anruf aus Deutschland erreichte. Gelegentlich telefonierte der Obergefreite heimlich mit seiner Schwester Wilhelmine, die als „Blitzmädchen" *(Nachrichtenhelferin)* bei der Vermittlungsstelle der Post in Münster tätig war. Schon seit einigen Wochen hatten sie nicht mehr miteinander gesprochen, doch an diesem Tag übermittelte sie eine ganz besondere Nachricht: Bernhard Lehmkuhl war Vater eines kleinen Bernhard Lehmkuhl Junior geworden – allerdings schon am 21. April.

„Man gut, daß ich nun endlich auch einmal erfahre, daß ich Vater geworden bin", war die erste Reaktion des Obergefreiten auf die für ihn freudige Nachricht.

Wilhelmine erklärte zu ihrer Verteidigung, daß wegen der massierten Bombardierungen der Heimat so viele Telefonleitungen zerstört und dafür die anderen völlig überlastet seien und erst ihr dritter *(heimlicher)* Versuch, ihren Bruder per Handvermittlung in der fernen Normandie zu erreichen, endlich erfolgreich gewesen war.

Das Soldatenheim in Bayeux (heute das Hôtel du Luxembourg). **Foto: Archiv von Keusgen**

Vier 28-cm-Werfer-Raketen (Spreng-Raketen) auf ihrer hölzernen Abschußrampe, dem schweren Wurfgerät (sWG 40). Diese selbstfliegenden Bomben, die direkt aus ihren Transportkisten abgeschossen wurden, waren auch als "Stukas zu Fuß" bekannt. Raketengewicht 82 kg max. Reichweite 1.925 m Feuergeschwindigkeit 4 Raketen in 6 Sekunden Gewicht Wurfgerät 52 kg Hersteller J. Gast, Berlin-Lichtenberg, eingeführt im Juni 1941 an der Ost-Front. **Foto: Wehrtechnisches Museum**

Als Hein Severloh wieder einmal mit seinem Chef, Oberleutnant Bernhard Frerking, zu Schießübungen auf den Strand die B-Stelle im WN 62 besuchte, trat Unteroffizier Beermann in Severlohs MG-Stellung und äußerte den Wunsch, auch einmal mit dem Maschinengewehr schießen zu dürfen. Er verwies darauf, daß er doch sehr viel Arbeit mit der Wartung und dem Aufstellen der schweren Waffe habe und versuchte, auf diese Weise daraus ein gewisses Anrecht geltend zu machen, auch damit schießen zu dürfen. Doch Severloh berief sich darauf, der einzige offizielle MG-Schütze der B-Stelle zu sein und lehnte Beermanns Ersuchen konsequent ab.

Michael Schnichels
Foto: Kollektion H.-J. Schnichels

*Wilhelmine (Wilma) Johann, die
Schwester des Obergefreiten
Bernhard Lehmkuhl arbeitete
als Nachrichtenhelferin bei der
Post in Münster.*
Foto: Kollektion B. Lemkuhl jr.

Zwei Wochen später, als sich der Batteriechef und sein „Bursche" wieder im WN 62 aufhielten und Severloh ein weiteres Mal mit dem Maschinengewehr auf den Strand feuern wollte, kam Beermann in die MG-Stellung und sagte schroff: „Machen Sie, daß Sie vom MG wegkommen, *ich* schieße heute!"

Aber Hein Severloh, der sich auch seiner privilegierten Position als „Bursche" beim Batteriechef bewußt war, nahm eine ebenso schroffe Haltung ein: „Wenn in dieser MG-Stellung einer was zu sagen hat, bin ich das. Und wenn Sie's ganz genau wissen wollen, dann erkundigen Sie sich beim Oberleutnant."

Damit war dieses Thema beendet – vorerst...

Soldaten der 3. Kompanie bei Schießübungen mit dem Karabiner. Am Schießtisch stehen auch Michael Schnichels (1. von links), Hans Selbach (2. v. l.) und Heinz Bongard (4. v. l.). Ihr Ausbilder war Unteroffizier Ludwig Förster (3. von rechts). **Foto: Kollektion H. Bongard**

An einem strahlend schönen Tag, Anfang Mai, saßen, wie an jedem Tag, die Soldaten des WN 62 vor der Villa und nahmen ihr Mittagessen zu sich – einen deftigen Erbseneintopf. Da kam vom WN 61 der stellvertretende Stützpunktführer, Oberfeldwebel Schnüll, sichtlich verärgert, mit dem Gefreiten Götsch und einem weiteren Soldaten herüber, die den großen Kessel mit dem Eintopf für das benachbarte Widerstandsnest wieder zur Küche zurück schleppten. Der Koch, Valentin Lehrmann, wurde herausgerufen, und der Oberfeldwebel sagte: „Hier, sehen Sie sich mal die Suppe genau an..."

Ludwig Kwiatkowski rührte in der Suppe im großen Kessel und hatte plötzlich eine verbrühte tote Ratte auf der Schöpfkelle. Kwiatkowski und seine bei ihm stehenden Kameraden waren entsetzt. Nach weiterem Rühren kam noch eine zweite Ratte im Eintopf zum Vorschein. Die Empörung war groß.

Valentin Lehrmann wurde von dem Oberfeldwebel scharf getadelt, doch der konnte sich diese unangenehme Angelegenheit nur damit erklären, indem er vermutete, „daß die Ratten irgendwie in den großen Topf im Küchenkeller gefallen oder gesprungen sein mußten". Zu seiner Verteidigung sagte Lehrmann: „Absichtlich habe ich die Tiere da nicht hineingeworfen…"

Bruno Plota nahm dann etwas von dem Eintopf und setzte es den beiden Wachhunden des Widerstandsnests vor. Doch die Deutschen Schäferhunde, Treff und Raudi, wollten nichts davon fressen…

Der Küchenverantwortliche, Fritz Riemann, ließ daraufhin Valentin Lehrmann vom Küchengehilfen Alfred Liermann als Koch ablösen. *(Da die von ihm zubereiteten Mahlzeiten den Soldaten aber nicht schmeckten, wurde schon nach wenigen Tagen der Obergefreite Lehrmann wieder zum Kochen eingesetzt.)*

Der 5-cm-Granatwerfer. Offizielle Bezeichnung:
5 cm le GrW 36
Kaliber: 50 mm
Rohrlänge (außen): 46,5 cm
Rohrseele: 35 cm
Gewicht: 14 kg
Seitenrichtbereich: 33°45´
Höhenrichtbereich +42°/+ 90°
Vo: 75 m/sec.
Geschoßgewicht: 0,9 kg
max. Reichweite: 520 m
Feuerfolge: 15-25 S/min.
Rohrlebensdauer: 20.000 bis 25.000 Schuß
Entwicklungsfirma und Hersteller Rheinmetall, Düsseldorf (Produktion wegen mangelnder Tauglichkeit ab 1941 eingestellt). Von den Landsern wurde die Waffe als "Kartoffelschmeißer" bezeichnet.
Foto: Archiv von Keusgen

Mittagspause auf den Stufen der Villa am Haupteingang des WN 62. Von links: Ludwig Kwiatkowski, der Sanitäter Bruno Wittber, Alois Reckers (mit seiner Trompete), Theo Kowalski, Peter Lützen und Hermann Götsch, der seine Kameraden häufig im WN 62 besuchte.
Foto: Kollektion P. Lützen

Ein paar Tage später geschah der nächste Zwischenfall – nur viel tragischer: Dem Streifenposten Bruno Plota waren die beiden Wachhunde davongelaufen und auf den Strand gerannt. Treff kam aus privatem Besitz, Raudi war ein „echter Wehrmachthund", den der junge Soldat besonders liebte, weil er einst selbst einen Schäferhund gleichen Namens besessen hatte. Sowie die Tiere den Strand erreicht hatten, wurde Treff augenblicklich von einer Mine zerrissen. Unmittelbar darauf erfolgte eine zweite Explosion, und Raudi kam mit einer klaffenden Wunde über dem linken, halb abgerissenen Hinterlauf humpelnd und winselnd

Einst in den frischen Beton nahe des Eingangs der unteren Kasematte des WN 62 geritzt...
Foto: von Keusgen 2004

Besuch einiger Soldaten der Kompanieniederlassung am Vorstrand, hinter den Dünen und vor dem Nord-Eingang des WN 62 (Blick nach Westen). Hier stand bis Ende 1943 die lange Reihe hübscher Strandvillen. Unter den neun Soldaten der 3. Kompanie befanden sich auch der Obergefreite Bernhard Lehmkuhl (4. von links) und Unteroffizier Eberhardt (rechts).
Foto: Kollektion B. Lehmkuhl jr.

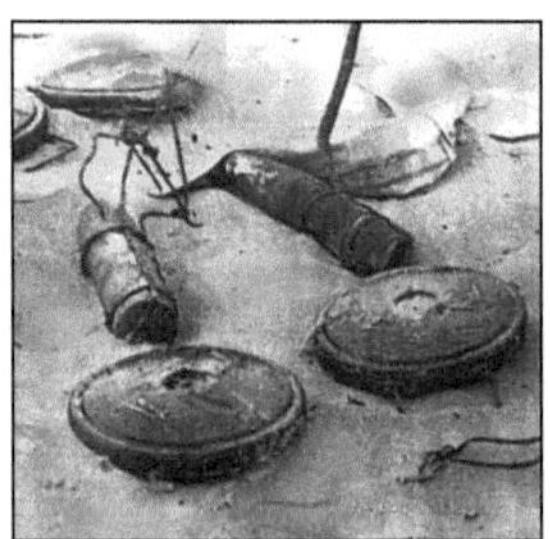

Eine der "Minenfallen", für die auch Granaten mit Stolperdrahtzündung am Strand verlegt wurden.
Foto: US National Archives

zurück ins Areal des WN 62, lief panisch den Hauptweg entlang, vorbei an der Villa, und verließ das Widerstandsnest in Richtung Colleville. Nach einiger Zeit kam der Hund stark blutend und laut jaulend wieder zurück. Leutnant Claus zog seine Pistole, um das Tier von seinen Qualen zu erlösen. Bruno Plota mußte den unruhigen Hund an die Leine legen und wickelte diese um einen Holzpfosten. Der erste Schuß traf das Tier zwar in den Kopf, aber es war nicht sofort tot. Vor Schmerz und in seiner Todesangst strampelte der Hund und gebärdete sich äußerst aggressiv. Beim zweiten Schuß hatte die Pistole Ladehemmung, und nachdem er sie dann nochmals geladen hatte, erlöste er das Tier endlich durch einen tödlichen Treffer

durchs linke Auge. Dann beerdigte Plota das Tier auf der großen Wiese unterhalb der Villa. Die blutigen Fetzen, die von Treff am Strand übrig geblieben waren, blieben bis zur nächsten Flut liegen – niemand traute sich, den Strand zu betreten.

Einige Tage später fand ein Spind-Appell statt. Die Soldaten, deren Spinde noch in der Villa standen, mußten diese zur Visite öffnen. Unteroffizier Schulte bemerkte ein Foto, das an der Innenseite von Bruno Plotas Spindtür auffällig in Augenhöhe hing. Das Portrait zeigte einen Oberleutnant der Wehrmacht. *(Als einige Wochen zuvor wieder mehrere Soldaten der 3. und 4. Kompanie befördert worden waren, hatte man Plota dabei nicht berücksichtigt. Da sich der junge Soldat nichts hatte zuschulden kommen lassen, was seine Beförderung folglich vereiteln konnte, war er darüber sehr verärgert gewesen. Als er kurz darauf in den Urlaub nach Hause gefahren war, hatte er sich dort bei einem entfernten Verwandten seines Vaters ein Foto besorgt – das Portrait eines Oberleutnants. Wieder zurück auf dem WN 62 war dieses Foto von ihm extra auffällig in der Tür seines Spindes befestigt worden, und Plota wartete auf den nächsten Spind-Appell...)*

Als Schulte nun das Portrait sah, fragte er den Soldaten: "Wer ist denn das...?"

"Mein Vater", log Bruno Plota.

Schulte stutzte einen Moment, dann sagte er: "Darüber werden wir noch einmal reden, Plota..."

Was der Unteroffizier damit meinte, war dem Oberschützen klar und schließlich von ihm auch erwartet – doch das Schicksal sollte dazu keine Gelegenheit mehr bieten...

Zu Beginn des Monats Mai betrat vormittags plötzlich der Torposten eilig die Wachstube in der Villa des WN 62, in der sich gerade Peter Lützen aufhielt. Aufgeregt meldete er: „Draußen sind gerade sieben große Autos vorgefahren. Da kommt ein General zur Inspektion!"

Peter Lützen, der wußte, daß der verantwortliche Stützpunktführer, Leutnant Clauss, zur Zeit alkoholisiert in seinem Bett im Nebenraum lag, mußte nun als sein Stellvertreter den unangemeldeten General empfangen und über das weitläufige Widerstandsnest führen. Aufgeregt zog er seinen "Waffenrock" an und setzte seinen Stahlhelm auf, dann lief er die Treppe hinunter, schlug die Hacken zusammen, salutierte und machte seine Meldung. Der Obergefreite hatte General Erich Marcks, den Chef des 84. Armee-Korps, sofort erkannt – der an der Ost-Front ein Bein verloren hatte und eine Prothese trug. Marcks sagte knapp: „Gehen Sie vorweg."

Blick vom mittleren Bereich des WN 62, der exakten Position Heinrich Severlohs, in östliche Richtung. Im Vordergrund und auf gleicher Höhe eine der beiden alten Betonplattformen, auf denen einst die 7,65-cm-Feldkanonen standen.

Der damalige Haupteingang des WN 62 (links), der einst von einem hölzernen Rolltor verschlossen wurde. Auf der Bodenerhebung (Bildmitte) stand 1944 die große Villa mit der Wachstube. Der geradeaus führende Weg endet unterhalb des ehemaligen Widerstandsnests in Strandnähe. Der von diesem Haupteingang nach links führende Weg durchschnitt das damalige Zentrum des WN 62 (Vergleich siehe den Stützpunkt-Plan Seite 2).

Fotos: von Keusgen 2003

Lützen begann mit seiner Führung, und der General sowie alle zwanzig hohen Offiziere folgten dem 22-jährigen Obergefreiten. Ganz besonders interessierte sich der General im Laufe seiner Inspektion für die Sperrfeuerräume am Strand vor dem Widerstandsnest, die ihm Lützen dann eingehend erklärte. Danach wurden noch die beiden Kasematten mit den tschechischen Feldkanonen besichtigt.

Nachdem Marcks mit seinen Stabsoffizieren wieder abgefahren war, rief Peter Lützen im Kompaniegefechtsstand an, erstattete Meldung über den hohen Besuch und löste dort erst beim „Spieß", dann beim Kompaniechef eine nicht unerhebliche Verwirrung aus. Hauptmann Ottemeier wollte sofort persönlich mit Lützen reden und sagte ihm, daß er gleich heruntergeritten käme. Auch fragte er nach Leutnant Claus. Lützen, der mit dem Leutnant ein gutes

General der Artillerie Erich Marcks. Er war bereits 1941 beim "Unternehmen Barbarossa" in der Sowjetunion dabei, im März 1942 schwer verwundet und hatte ein Bein verloren. Am 1. August 1943 war dem geschickten Strategen das Kommando über das LXXXIV. Korps (mit Sitz in St. Lô) übertragen worden, um die Kommandostruktur in Frankreich mit Ost-Veteranen aufzufrischen. Betreffs der Verteidigungstaktik war Marcks allerdings nicht Rommels Meinung.
Foto: Bundesarchiv

Verhältnis pflegte und wußte, daß Ottemeier den lebenslustigen Claus nicht sonderlich mochte, hatte den Leutnant bereits vor dem Telefonat mit dem Kompaniechef über die unvorhersehbare Inspektion des Generals informiert. Auch hatte er ihn davon in Kenntnis gesetzt, daß er dem Hauptmann sagen würde, der Leutnant sei zur Zeit der Ankunft des Generals im Widerstandsnest 61 gewesen, wo er sich auch gegenwärtig noch aufhielte...

Als dann einige Zeit später Hauptmann Ottemeier zum WN 62 hinabgeritten kam, schlenderte Leutnant Claus wie zufällig gerade vom WN 61 herüber – und wußte natürlich von gar nichts.

Mit einem unerfreulichen Umstand seitens des sonst bei seinen Leuten beliebten Hermann Claus wurden die Soldaten des WN 62 im Mai konfrontiert: Der Stützpunktführer hatte sich bei einer seiner diversen Geliebten eine Geschlechtskrankheit zugezogen und dadurch nicht unerheblichen Ärger mit seinem Vorgesetzten, Hauptmann Ottemeier, bekommen. *(Bei dieser Frau handelte es sich um dieselbe, bei der sich bereits Oberfeldwebel Pie infiziert hatte.)* Der Leutnant wurde umgehend ins Lazarett in Caen eingewiesen.

Auch der Obergefreite Siegfried Kuska fiel kurz darauf durch einen unangenehmen Zwischenfall negativ auf: Ein Anwesen in Colleville, auf dem einige Soldaten des WN 62 täglich Milch und Butter kauften, wurde von einer attraktiven Französin bewohnt und bewirtschaftet, deren Ehemann sich in deutscher Kriegsgefangenschaft befand. Eines Tages konnte der Obergefreite Kuska den weiblichen Reizen dieser Dame nicht widerstehen und wurde ihr gegenüber zudringlich. Die Französin wies den Soldaten scharf ab und brachte den Zwischenfall zur Anzeige bei der Ortskommandantur. Der Fall wurde offiziell zu den Akten genommen, und Kuska hatte mit ernsten Konsequenzen zu rechnen – doch standen große Ereignisse bevor, die alles total verändern sollten... *(Die hübsche Französin erkrankte wenige Tage nach diesem Zwischenfall an einer akuten Blinddarmentzündung und verstarb kurz darauf.)*

Aber es gab auch geringere Gründe, die zur Bestrafung eines Soldaten führen konnten. So meldete sich eines Tages ein Kanonier der 1. Batterie des Artillerie-Regiments 352 im WN 62, den Oberleutnant Frerking zu einem Strafdienst verurteilt hatte. Der Soldat mußte nun im gesamten Areal mit einer Gießkanne die Grasplaggen bewässern, die zur Tarnung auf die Bunkerdecken, Tobruk-Stände und den Erdaushub neben den Laufgräben gelegt worden waren und mit dem darunter befindlichen Mutterboden verbunden werden sollten. Der Soldat war von seinem Batteriechef bestraft worden, weil er während seines Dienstes und ohne Beschäftigung mit angesehen hatte, daß sich eine alte Französin, die vom Einkaufen kam, mit ihrer großen, schweren Tasche abschleppte, statt ihr zu helfen und die Tasche zu ihrem Haus zu tragen.

In der kleinen Villa unmittelbar am Vorstrand waren sechs Marine-Soldaten stationiert, die völlig unabhängig vom WN 62 agierten und mit dem Marine-Artillerie-Stützpunkt in Port-en-Bessin in direkter Verbindung standen, sowohl telefonisch als auch über Funk. Jeden Vormittag gegen 10:00 Uhr gingen zwei Männer dieser Besatzung unten am WN 62 vorbei und die schmale Straße hinauf nach Colleville, um dort bei den Bauern frische Milch und Lebensmittel einzukaufen. Doch eines Tages, Ende April, kam niemand aus der Villa heraus. Gegen Mittag wurde der Obergefreite Lützen über Sprechfunk benachrichtigt, daß der Marine-Artillerie-Stützpunkt in Port-en-Bessin an diesem Tag bisher keinen Kontakt mit der Besatzung des kleinen Beobachtungspostens unten am Strand bekommen konnte, sich die Soldaten von dort aus auch nicht, wie sonst jeden Morgen, befehlsgemäß gemeldet hätten. So wurde Peter Lützen beauftragt, jemanden hinunter zu schicken, um nachsehen zu lassen, was dort nicht in Ordnung sein könnte. Lützen schickte seinen Melder Schnichels mit einem Kameraden zur Villa hinunter.

Als die beiden Soldaten nach einiger Zeit wieder zu Lützen zurückkamen, meldete Schnichels: „Die ganze Bude da unten ist leer – *ganz* leer...“

Es stellte sich dann so dar, daß ein britisches oder amerikanisches Kommando in der Nacht zuvor in aller Stille gelandet sein mußte und die gesamte Besatzung sowie ihre Telefon- und Funkanlage komplett mitgenommen hatte – trotz des Minengürtels am Strand und des Minenzauns am Vorstrand...

Ein derartiger Überfall durch Spezial-Kommandos der Alliierten war in dieser Bucht nicht zum ersten Mal vorgekommen. In einer mondlosen Nacht im Januar 1944 waren zwei britische Kampfschwimmer in ihren schwarzen Tauchanzügen vor Vierville von einem Kleinst-U-Boot an Land gegangen, um den Strand zu vermessen und Sandproben zu entnehmen. Sie hatten ihren Auftrag ohne einen Zwischenfall ausführen können. Ein anderes britisches Kommando mit der Bezeichnung „Operation Aquatint“ war am 12. September 1942 am Strand vor St. Laurent gelandet – ein Desaster für die Männer des Kommandos.

Nach dem neuen Zwischenfall in der Villa vor dem WN 62 wurde das dichte Buschwerk, das sich über die gesamte Breite des Widerstandsnests am Vorstrand entlang zog, und das man bisher zur Tarnung hatte stehen lassen, völlig abgebrannt, um einem landenden Feind keine Deckungsmöglichkeit mehr zu bieten, gleichzeitig eine bessere Sicht auf den vorderen Strandbereich zu bekommen.

Zur Mitte des Monats Mai wurde der Chef der 3. Kompanie, Hauptmann Ernst Ottemeier, im Alter von nur 48 Jahren pensioniert *(weil er bereits am Ersten Weltkrieg teilgenommen hatte)* und von einem neu an der Küste eingetroffenen Leutnant namens Edmond Bauch

Die nur mit einem Tarnnetz verdeckte KwK-Stellung des Obergefreiten Kuska.
Offizielle Bezeichnung:
5-cm-Kampfwagenkanone Modell 1939
Kaliber/Granate 50x288 mm
Gesamtlänge: 300 cm
Gewicht: 450 kg
Vo: Sprenggranate 550 und Panzergranate 1.190 m/sec.
Geschoßgewicht: Sprenggranate 1,82 kg und Panzergranate 2,06 kg
max. Reichweite: 6.500 m
Feuerfolge: 15 bis 20 Schuß pro Minute
Rohrhaltbarkeit: 8.000 bis 10.000 Abschüsse
Hersteller: Rheinmetall
Foto: US National Archives

abgelöst. Der 30-jährige Bauch war von der russischen Front in die Normandie versetzt worden und den Soldaten der 3. Kompanie sofort sympathisch. Am Ende der vorletzten Woche des Monats Mai ließ er die Soldaten der Widerstandsnester 60 bis 63 auf dem großen Freigelände vor dem Taleingang zu einer Kompaniebesprechung antreten. Der Leutnant, der noch gar nicht allen Soldaten bekannt war, erklärte seinen Mannschaften in betrunkenem Zustand, daß eine Invasion der Alliierten nahe bevor stünde und mit dieser in genau zwei Wochen zu rechnen sei. Die Soldaten ließen sich anmerken, daß sie diese als subjektive Prophezeiung empfundene Aussage nicht ernst nahmen; so fügte der Leutnant hinzu: „Wenn Ihr meint, ich erzähle Euch das, weil ich besoffen bin, dann werde ich Euch dasselbe morgen in nüchternem Zustand noch einmal sagen…", und er torkelte davon. Edmond Bauch, der froh war, von der russischen Front in die Normandie verlegt worden zu sein, hatte so viel getrunken, weil er die besorgniserregende Information erst an diesem Tag bekommen hatte.

„Wir haben daraufhin fleißig weitergeschanzt, aber Angst hatten wir keine", sagte Heinz Bongard, „wir waren ja noch jung und siegesgewiß."

Zwei Tage später wurde wieder anläßlich einer Kompaniebesprechung das Thema einer nahe bevorstehenden Invasion angesprochen. Bauch wies auch auf die schwierige Versorgungslage in Deutschland hin und sagte: „Wenn möglich, macht unter zehn Mann keine Gefangenen…"

Einige Soldaten waren über diese Aussage bestürzt. Peter Lützen war weniger beeindruckt: „Wir kannten das schon von Rußland – und von dort war auch Bauch gekommen…"

Am 27. Mai erhielt der Obergefreite Lehrmann in der Villa auf dem WN 62 ein Telegramm aus der Heimat. Ihm wurde darin mitgeteilt, daß er am Tag zuvor zum dritten Mal Vater geworden war. Valentin Lehrmann war überaus glücklich, noch eine kleine Tochter bekommen zu haben (…die er niemals mehr sehen sollte).

Zwei Tage später wurden in der großen Grube, in der einst die alte Mannschaftsunterkunft gestanden hatte, ihre morschen Holzbretter und etwas trockenes Ginstergestrüpp verbrannt. Der Gefreite Alois Reckers hatte einige alte Munition gefunden, die er leichtsinnig ins Feuer warf. Kurz darauf begann die

Das Soldbuch der deutschen
Soldaten galt gleichzeitig als
Personalausweis.
Abbildung: Kollektion R. de Boeser

76

Munition laut knallend zu explodieren, und eines der umherfliegenden Geschosse traf seinen linken Unterschenkel und verwundete ihn schwer. Daraufhin wurde Reckers in ein größeres Lazarett im 190 Kilometer entfernten Le Mans gebracht.

Inzwischen war es Anfang Juni geworden, und das Leben der Soldaten nahm weiterhin einen normalen Verlauf. In Vierville unterhielt seit einigen Tagen ein Front-Theater die Soldaten, deren Militäralltag somit etwas aufgelockert werden sollte. Die vier Damen dieses Theaters unterhielten *nach* ihren Auftritten ganz besonders einige Offiziere...

Auch im Mannschaftsbunker auf dem WN 62 sorgten die Soldaten nach wie vor für eine angenehme Atmosphäre. Anton Flossmann konnte recht gut singen und unterhielt seine Kameraden häufig mit den Schlagern jener Zeit. Oft krächzte sein Grammophon *Lili Marlen* oder *Wenn der weiße Flieder wieder blüht*. Bis er ins Lazarett kam, hatte auch Alois Rekkers nicht selten die Kameraden mit seinem Trompetenspiel erfreut. Dennoch, die Sorge vor einer Invasion nahm täglich zu. Hans Selbach sah deshalb am 3. Juni keinen Grund, anläßlich seines 19. Geburtstags zu feiern, und Wachtmeister Ewald Fack erzählte seinen Kameraden im Vertrauen, er habe wegen der zunehmenden Bedrohung durch eine Invasion alle seine privaten Gegenstände und Wertsachen bei einem Bauern in Sicherheit gebracht, weil es bei einem groß angelegten Angriff vielleicht nicht mehr möglich sein könnte, das persönliche Eigentum zu retten. Später würde er dann alles wieder abholen *(er sollte aber nie mehr dazu kommen)*...

Am Montagabend des 5. Juni ermahnte Leutnant Bauch nochmals seine Soldaten: „Ihr müßt Euch vorsehen, sie werden heute Nacht kommen...“

Am 5. Juni wurde eine für den 6. Juni auf dem WN 62 geplante Bereitschaftsübung für 7:00 Uhr morgens auf 1:00 Uhr nachts vorverlegt. Es gab in dem Widerstandsnest noch so viel Schanzarbeit zu verrichten, daß man lieber den ganzen Tag dazu nutzen wollte. Geplant war die Verlängerung des Laufgrabens im unteren Bereich.

Hauptmann Ernst Ottemeier am Tag seiner Entlassung.

Foto: Kollektion H. E. Ottemeier

Maschinenpistole 38/40
Kaliber: 9 x 19 mm Para
32-Schuß-Stangenmagazin
Länge: inklusive Schulterstütze 83,3 cm, ohne Schulterstütze 63,0 cm
Lauflänge: 25,15 cm
Gewicht (ungeladen): 4,1 kg
Feuergeschwindigkeit: 500 Schuß/min.
Hersteller: Erma-Werke, Erfurt.

Die moderne und seinerzeit revolutionäre MP-Konstruktion wurde nur aus Stahl und Kunststoff gefertigt, im August 1938 eingeführt und bis 1940 in Produktion. Die MPi 38/40 besaß einen zusätzlichen Sicherheitsspanngriff, der den Verschluß vorn festlegte.

Foto: Wehrtechnisches Museum

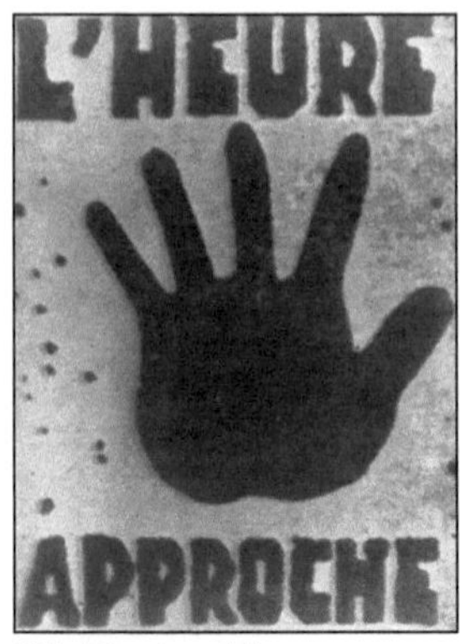

"Die Stunde naht"
Flugblatt der Résistance.
Abbildung: Archiv von Keusgen

Die ersten Tage des Juni waren teilweise etwas stürmisch und bewölkt gewesen, und irgendwo weit draußen, im Ärmelkanal, regnete es schon seit Tagen. In der Normandie hatte die herrliche Mai-Sonne zwischendurch das ohnehin an dieser Küste stark vom Golfstrom beeinflußte Meer etwas aufgewärmt, weshalb Hans Selbach und drei Kameraden noch spät zum Strand hinunterliefen. Es war fast 22:00 Uhr, wegen der starken Bewölkung wurde es bereits dämmerig und die Flut war zur Hälfte aufgelaufen, aber der Strand vor den Hindernissen noch breit. Die Soldaten kannten genau die Minengasse nahe der Kieszertrümmerungsanlage am Strand vor dem WN 62 und warfen sich lachend in die hohen Wellen. Unteroffizier Ludwig Förster distanzierte sich von derartigen Unternehmungen – er konnte nicht schwimmen.

Nach dem Bad mußte Hans Selbach noch Wache stehen. Drei Stunden sollte sein Dienst dauern; inzwischen war ein neuer Tag angebrochen – der 6. Juni. Gegen 0:30 Uhr kam Peter Lützen ihn im Dunkeln besuchen, der sich vergewissern mußte, ob alle dazu eingeteilten Männer auf ihren Posten standen. Als Lützen ihm eine gute Nacht wünschte, befand sich Selbach in der vordersten MG-Stellung des WN 62 *(Tobruk-Stand Kwiatkowski)*, „weil man von ihr aus im unteren Bereich die beste Sicht auf das Meer hatte". Aus der Ferne, im Hinterland und von der rund dreißig Kilometer westlich gelegenen Cotentin-Halbinsel, konnten Lützen und Selbach plötzlich das leise Dröhnen sehr vieler Flugzeuge und einsetzender Bombardements hören. Ein paar Minuten später klingelte das Feldtelefon im MG-Stand und Unteroffizier Förster sagte dem Obergefreiten, Leutnant Bauch habe ihm vom Kompaniegefechtsstand aus mitgeteilt, daß man der Meinung sei, daß die Invasion begonnen hätte. Da die an der Küste stationierten Soldaten es inzwischen gewohnt waren, daß nachts sowieso andauernd Bomber über das Meer kamen und ihre Last auf die Normandie abwarfen, maß der Gefreite Selbach der ganzen Angelegenheit keine besondere Bedeutung bei...

Es war 0:50 Uhr, als Peter Lützen zurück in den Mannschaftsbunker kam. Den ganzen Abend lang hatten die Soldaten bei Kerzenlicht und stinkenden Öllampen über die Möglichkeit einer Invasion in ihrem Abschnitt diskutiert. Elektrisches Licht gab es im Quartier schon seit einigen Wochen nicht mehr. Völlig bekleidet legte sich Lützen auf sein Bett und schloß müde die Augen. Zu dieser Zeit meldete sich im Kompaniegefechtsstand Oberfeldwebel Pie verspätet aus dem Lazarett und als genesen beim Kompaniechef zurück. Leutnant Bauch, der fest mit einer Invasion in dieser Nacht rechnete, wollte Ludwig Pie nicht mehr im Dunkeln und in Anbetracht der drohenden Gefahr den weiten Weg zum WN 60 gehen lassen, sondern schickte ihn die schmale Straße in die Bucht hinunter, zum WN 62. Peter Lützen, als Verbindungsmann und stellvertretender Stützpunktführer, wurde vom Kompaniechef über diesen Umstand nicht unterrichtet.

Unteroffizier Ludwig Förster
Foto: J. Stollenwerk

Das Inferno

„Alarm! Der Tommy liegt vor uns!"

Gegen 1:00 Uhr des 6. Juni stürzte Unteroffizier Förster im Dunkeln in den unterirdischen Mannschaftsbunker des WN 62, in dem die Soldaten schliefen. Im Glauben, daß es sich bei dem Alarm um die für diese Zeit geplante Übung handeln würde, entgegnete Lützen in seiner schleswiger Mundart müde: „Dat glaubst du doch wohl selber nich´..."

Die Soldaten blieben auf ihren Betten liegen. Einen Moment später kam Förster wieder aufgeregt herein und schimpfte: „Los, 'raus! Diesmal ist es ernst – sie kommen!"

Mit 12.837 Flugzeugen und Lastenseglern sowie 6.479 Schiffen und Landungsbooten rollte um Mitternacht zum 6. Juni 1944 die größte Angriffswelle der Weltgeschichte an die normannische Küste – die "Operation Overlord" (Deckname der Alliierten für das Landeunternehmen) hatte begonnen. Von den rund 3 Millionen in Großbritannien für den Angriff zusammengezogenen Soldaten hatten sich für den ersten Angriffstag 156.000 Männer in Bewegung gesetzt.

Foto: US National Archives

Endlich sprangen sie aus ihren Betten und schlüpften nur in ihre Stiefel, da sie schon seit längerer Zeit wegen des drohenden Alarms immer in ihren Uniformen schlafen mußten. Sie griffen nach ihren Karabinern und eilten im Laufschritt zu den Verteidigungspositionen mit den schweren Waffen. Heinrich Krieftewirth, der erst vor wenigen Monaten vom Militär-Zahnarzt in Bayeux einen vollständigen Zahnersatz erhalten hatte, lief zu seiner Kasematte und vergaß vor lauter Aufregung, ihn einzusetzen. Bruno Plota kletterte in dem fast vier Meter hohen Luftschacht, der auch als Notausstieg dienen sollte, nach oben *(der höchsten Stelle des gesamten Widerstandsnests)*. Er berichtete: „Von dort oben aus konnte ich am nur wenig erleuchteten Horizont auf dem Meer massenhaft dunkle Punkte sehen – alles Schiffe."

Nun konnte man das erst entfernte Motorengeräusch Hunderter Flugzeuge deutlich lauter werden hören, und als die Soldaten vor den Bunker traten, war die Bewölkung am nächtlichen Himmel teilweise aufgerissen und das fahle Licht des Vollmondes ließ zu, daß sie die tief fliegenden Maschinen der Alliierten mit den speziell für die Invasion mit drei breiten weißen und zwei schwarzen Balken bemalten Tragflächen und Rümpfen erkennen konnten, sogar die vielen Lastensegler, die an langen Seilen hinterher gezogen wurden. Hans Selbach erinnerte sich:

„Man konnte die Flugzeuge mit ihren Anhängern, die über uns hinweg ins Hinterland flogen, deutlich sehen. Einen Moment später kamen sie dann ohne die Anhänger wieder zurück und uns war nun klar, daß wir in die Zange genommen werden sollten..."

Peter Lützen war von dem nächtlichen Schauspiel ebenfalls stark beeindruckt: „Im Westen und auf der Spitze der weit entfernten Cotentin-Halbinsel konnten wir vom WN 62 aus erkennen, daß im Raum Cherbourg allerhand los war; der ganze Himmel war dort hell erleuchtet."

Ihm war sofort klar, daß es sich nun um die so lange erwartete Invasion handeln mußte.

Kurz darauf überflog eine von einem deutschen Fliegerabwehr-MG getroffene Maschine der Alliierten in trudelndem Flug und mit heulenden Motoren das Widerstandsnest und stürzte auf einen Acker hinter Colleville, nur eineinhalb Kilometer landeinwärts von WN 62 entfernt.

Die Soldaten, die noch nicht lange geschlafen hatten, standen in der kühlen Nacht fröstelnd auf ihren Posten. Auch hatten fast alle nach den schweren Schanzarbeiten noch ihre dünne Arbeitsuniform anbehalten, weil sie am 6. Juni planmäßig weiterarbeiten sollten. Der Koch, Valentin Lehrmann, ging im Dunkeln von einem Soldaten zum anderen und teilte heißen Rotwein in Feldbechern aus.

Um kurz nach 1:00 Uhr rollten auch Oberleutnant Bernhard Frerking und sein „Bursche", der Gefreite Hein Severloh, mit ihrem leichten, zweirädrigen Charrette vor den oberen Eingang des WN 62, um die Artillerie-B-Stelle im Widerstandsnest zu beziehen. Matt glänzten ihre Stahlhelme im von den ziehenden Wolkenfetzen unregelmäßigen Licht des Vollmondes. Unteroffizier Beermann erwartete die beiden schon und öffnete das hölzerne, mit Stacheldraht umwickelte Gatter des Südwest-Eingangs. Severloh hatte den Wagen bis hierher kutschiert. Er und sein Batteriechef stiegen herunter und Beermann übernahm das Gespann, um das Pferd in einem Stall gegenüber der Kirche in Colleville unterzustellen. Auf allen Soldaten lastete eine bedrückende Spannung.

Als der Vollmond dann gegen 3:00 Uhr am Horizont gerade ganz leicht sein fahles Licht durch die langsam aufreißenden Wolken auf das Meer fallen ließ, hatten Peter Lützen und Michel Schnichels längst ihre Posten beim LSG-Bunker bezogen. Von ihrer 53 Meter über dem Meer gelegenen Position aus konnten sie plötzlich schemenhaft unzählige dunkle Schiffssilhouetten in noch weiter Entfernung auf dem Meer erkennen. Obwohl sämtliche Schiffe der Flotte völlig unbeleuchtet waren und Flugzeuge vor die vorderen eine dichte künstliche Nebelwand zur Tarnung gelegt hatten, war es den beiden Soldaten, da sie ganz oben auf der Anhöhe standen, möglich, den Hauptanteil der Armada hinter diesem Nebel gerade noch zu erkennen. Den Soldaten, die sich weiter unterhalb aufhielten, blieb die Schiffsflotte hinter dem Nebel verborgen.

Auch auf dem noch 11 Meter höher gelegenen Widerstandsnest 60 waren *(wie an der gesamten normannischen Küste)* um 1:00 Uhr die Soldaten alarmiert worden. Heinz

Warten...

Im Schutze der Nacht und hinter einer Wand aus dichtem künstlichen Nebel bereitete sich die Kriegs-flotte der Alliierten auf das Trommelfeuer gegen die deutschen Küstenbefestigungen vor. Hier ein LCR (Landing Craft Rocket = mit Raketenwerfern bestückte Spezial-Prahm).

Bongard und seine Kameraden waren von dem beeindruckenden Anblick der ungeheuren Armada auf unheimliche Weise fasziniert: „Wir konnten die gewaltige Flotte am Horizont deutlich erkennen; weil es nachts über dem Meer nicht so dunkel ist, wie über dem Land."

Der neben dem Gefreiten stehende Unteroffizier sagte besorgt: „Da braut sich aber furchtbar was zusammen..."

Um genau 3:00 Uhr schoß Lützen auf WN 62 mit seiner Signalpistole drei weiße und drei rote Leuchtkugeln ab, was bedeutete, „wir sind hier". Er erwartete nun, daß von dem dunklen Flottenverband dort draußen das Signal erwidert würde, um daran erkennen zu können, daß es sich nur um deutsche Kriegsschiffe handeln würde. Doch vom Meer her kam keine Antwort. Einen Moment später ließ auch der Signalposten auf dem WN 60 am gegenüber liegenden Hang drei weiße und drei rote Leuchtkugeln in den noch dunklen Himmel aufsteigen, offenbar hatte auch er nun die Armada gesehen. Ein paar Minuten später wurde das Signal auf dem benachbarten Widerstandsnest nochmals wiederholt, aber von der geheimnisvollen Flotte dort draußen keine Antwort.

Peter Lützen empfand angesichts dieser enormen, nun zweifelsfrei als feindlich erkannten Armada dennoch nicht die geringste Furcht, vielmehr glaubte er, „daß mir, wenn es jetzt losginge, kein Leid geschehen würde". Ähnlich empfand auch Hein Severloh an der B-Stelle, doch er bemerkte, daß sein Oberleutnant „plötzlich so ganz anders geworden war; Frerking war schweigsam, wirkte sehr ernst und nachdenklich, irgend etwas in ihm war so gänzlich verändert, so als hätte er schlechte Vorahnungen..."

Aufheiternd scherzte der Gefreite: „Die da hinten sind wohl von der anderen Feldpostnummer..."

Dann schlug Hein Severloh seinem Batteriechef vor, den Kommandeur der I. Abteilung, Major Werner Pluskat, anzurufen. Nach einiger Zeit kam Frerking wieder aus seinem Bunker, stieg zu seinem „Burschen" auf die Betondecke der B-Stelle und sagte, er hätte den Major weder beim Abteilungsstab, noch beim Abteilungsgefechtsstand, auch nicht in seinem Quartier im Schloß von Etréham erreichen können. Grinsend entgegnete Severloh: „Wahrscheinlich fährt er jetzt gerade die Damen des Front-Theaters nach Paris zurück..."

US-Marine-Soldaten beim Bestücken der Raketenwerfer auf einem LCR.

Fotos: US National Archives

Frerking, der wußte, daß sich Major Pluskat in den letzten Tagen sehr um die vier attraktiven Damen bemüht hatte, lächelte vielsagend. Auch hatte Pluskat von der bevorstehenden Invasion gewußt. So war der Batteriechef mit seinen Leuten ohne jede Order seines Abteilungskommandeurs völlig auf sich allein gestellt und mußte sämtliche seiner Anordnungen selbst verantworten.

Nachdem sich mit der aufgehenden Sonne der künstliche Nebel plötzlich verzogen hatte, konnten die Soldaten der Küsten-Verteidigungsalagen (wie hier von der Strandvilla vor dem WN 62) die 80 km breite Front der Kriegsschiffe in einer Entfernung von noch 20 km deutlich erkennen. Die großen Schlachtschiffe und Truppentransporter standen sicherheitshalber weiter zurück.
Foto: **Archiv von Keusgen**

Hinter ihrer Wand aus künstlichem Nebel hatte sich der vordere Teil der riesigen Armada der Alliierten der Küste bis auf eine Entfernung von zwanzig Kilometern genährt. Der östliche Horizont lag bereits in hellem Licht, als um 5:50 Uhr plötzlich der künstliche Nebel verflog und den deutschen Soldaten den Blick auf die gewaltigste Kriegsflotte der Weltgeschichte freigab, über der Hunderte am Horizont silbern glänzende, Zeppelinen ähnliche Sperrballons gegen Tieffliegerangriffe schwebten. Gleichzeitig näherten sich 446 B24-Bomber der Küste, deren Piloten den Befehl hatten, die deutschen Küsten-Stützpunkte im Zielgebiet *Omaha Beach (die Bucht zwischen Ste.-Honorine-des-Pertes*

Feuerbereite Großkalibergeschütze auf dem US-Schlachtschiff "Arkansas", die auf die Widerstandsnester 62 (bei Colleville) und 68 (bei St. Laurent) ausgerichtet wurden.
Foto: **US National Archives**

und Vierville) mit 13.000 Bomben mit 1.285 Tonnen Gewicht zu zerstören.

Um 5:55 Uhr zerriß schlagartig ein ungeheurer Feuersturm die morgendliche Stille. Von den Kriegsschiffen der Alliierten brach ein Granatbeschuß bisher nie gekannten Ausmaßes los, der sich blitzend, heulend und brüllend auf die normannische Küste und die deutschen Verteidigungsanlagen warf. Grell flammten am Horizont in schnellem Stakkato die orangefarbenen Mündungsfeuer der schweren Schiffsartillerie auf, und mit langen, hellgelben Schweifen schossen Tausende Raketen von den eigens dazu konstruierten flachen Prähmen in den dämmrigen Morgenhimmel, jagten kreischend zur Küste, um hellgelb blitzend in den Widerstandsnestern zu explodieren. Ihr schwefelgelber Qualm brannte in den Augen der Soldaten. Hohe Fontänen hellen Kalkgesteins stiegen nach jedem krachenden Einschlag der Raketen und Granaten auf dem schrägen Hang des WN 62 auf. In das Trommelfeuer der Schiffsartillerie mischte sich der pfeifende Bombenhagel der *Liberators*, der die Küstenplateaus zum Beben brachte. Heinz Bongard berichtete über die Bombardierung, die er auf dem 900 Meter entfernten WN 60 erlebte: „Der ganze Segen kam zwar hauptsächlich an den vorderen oberen Abhängen und hinter den Stützpunkten herunter, aber das Bombardement sah so aus, als wenn es Bindfäden regnete; man konnte da hindurch nichts mehr sehen. Colleville haben die Bomber schwer zusammengehauen."

Beim Abschuß einer Raketensalve von einem LCR konnten gleichzeitig und mit großem Gebrüll bis zu 324 Raketen abgefeuert werden, die dann mit lautem Heulen in Sekundenschnelle zu ihrem Ziel flogen und beim Einschlag eine erhebliche Sprengkraft freisetzten...
Foto: US National Archives

Überall in den Widerstandsnestern hatten sich die Soldaten, Deckung vor dem Stahlhagel suchend, in ihre Unterstände gekauert. Bruno Plota hatte in der Eile seinen Stahlhelm im Mannschaftsbunker vergessen und zog sich in einer Ecke seines Tobruk-Standes die Wehrmachtsmütze über die Ohren. Der streng im katholischen Glauben erzogene Franz Gockel hatte sich in seinem nur aus Baumstämmen überdachten Unterstand unter dem Lafettentisch des wassergekühlten Maschinengewehrs zusammengekrümmt, schrie und betete laut zur Mutter Gottes und dem heiligen Josef. Den Sprung ins nahe Ein-Mann-Loch hatte er nach dem plötzlich einsetzenden Trommelfeuer nicht mehr gewagt.

Auch Hein Severloh war in seinem MG-Stand niedergekniet und sandte, wie noch viele andere Soldaten auch, ein Stoßgebet zum Himmel. In nur noch 16 Tagen wollte er sein 21. Lebensjahr vollenden...

Foto links: Die schwere Schiffsartillerie belegte die Küste mit Trommelfeuer.

Foto rechts: Noch vor dem Einsetzen des Trommelfeuers der Amerikaner hatten die ersten GIs damit begonnen, von den Truppentransportern auf die Landungsboote umzusteigen. **Fotos: US National Archives**

Plötzlich setzte der Beschuß auf das Widerstandsnest für einen Moment aus. Severloh glaubte an die Beendigung des Trommelfeuers und ging zum Beobachtungsbunker hinüber. Vor dem Eingang hockte Wachtmeister Ewald Fack. Er war blaß, völlig verstört, zitterte und bebte am ganzen Körper. Beim Herumkriechen im Graben hatte er seine kleine *(im Dienst nicht erlaubte)* Privat-Pistole verloren. Der Gefreite hob sie auf und reichte sie dem Wachtmeister. Fack war völlig irritiert, sein Blick flackernd vor Angst. Im selben Moment setzte das Trommelfeuer wieder ein und zu beiden Seiten des Grabens stiegen Erdfontänen auf.

Kaum war Hein Severloh wieder in seine MG-Stellung zurückgekehrt, als ein faustgroßes Metallteil hart gegen seinen Stahlhelm schlug und dann zwischen seine Füße rollte. Als er es aufheben wollte, verbrannte er sich daran die Finger, aber er erkannte, daß es ein Teil der Spitze einer Granate war – ihr Aufschlagzünder.

Peter Lützen und Michel Schnichels hatten wenige Minuten zuvor den Graben vor dem LSG-Bunker verlassen und standen im Moment des beginnenden Trommelfeuers am oberen Ende des Widerstandsnestes, noch auf dem Rand des Hauptlaufgrabens. Sie sahen, wie eine Granate größeren Kalibers nur etwa 50 Meter von ihnen entfernt direkt in diesen Graben einschlug. Die Detonation brachte den Boden zum Beben, gleich dem Ausbruch eines Vulkans wurden im Wirbel schwarzen Qualms Erdmassen und große Gesteinsbrocken hoch in die Luft geschleudert und prasselten erst nach einem Moment wie schwerer Regen auf das Umfeld herab. Gleichzeitig näherte sich am heller werdenden Himmel ein weiterer bedrohlicher Pulk von Bombern der Küste.

Michel Schnichels schlug Peter Lützen hastig vor, in dem leeren und geräumigen Doppel-Tobruk-Stand am LSG-Bunker Schutz zu suchen, zumal dort ja auch keine Munition deponiert war, folglich keine Explosionsgefahr bestand. Lützen und Schnichels rannten in geduckter Haltung hinüber, sprangen in den kurzen Graben und suchten dann Deckung in dem leeren Betonunterstand. Kaum hatten sich die beiden in die Nischen des Tobruk-Standes gehockt, als das Trommelfeuer derart gewaltig wurde, daß es den im Erdboden eingebetteten Bunker hin und her schüttelte und die Luft darin wie eine feste Materie vibrierte.

In jenem Augenblick, da der Beschuß von See her begonnen hatte, wurde Heinz Bongard vom vorderen Schräghang des WN 60 von seinem Unteroffizier sicherheitshalber weiter

Schiffsgranaten, Bomben, Raketen und Jagdbomber – die normannische Küste im Trommelfeuer.
Foto: Archiv von Keusgen

nach hinten und in ein Ein-Mann-Loch auf dem großflächigen Plateau geschickt: „Nimm Deinen Karabiner und geh' da hinten in das Loch!"

Bongard verließ sofort im geduckten Laufschritt seinen MG-Stand und sprang ins über einhundert Meter zurückgelegene Deckungsloch. Einen Moment später bekam der Munitionsbunker, der in der Nähe von Bongards offener MG-Stellung stand, einen Volltreffer. Durch die gewaltige Explosion wurde nicht nur Bongards Maschinengewehrstellung verschüttet, sondern auch ein direkt benachbarter MG-Stand samt seines noch darin befindlichen Schützen.

Um kurz vor 6:00 Uhr bekam die Villa am östlich gelegenen Haupteingang des WN 62 einen Volltreffer von einer großkalibrige Granate. Sie sprengte das Gebäude innen regelrecht leer, und augenblicklich loderten aus ihrer Ruine helle Flammen. Nur wenig später bekam auch die Kieszertrümmerungsanlage, auf die von Beginn an unentwegt geschossen wurde, einen schweren Treffer und brach zum Teil zusammen. Dann wurde die kleine Villa am Vorstrand beschossen, in der einst die sechs Marine-Soldaten stationiert waren – und sie zerbarst.

Um 6:27 Uhr wurde das Trommelfeuer auf die Küste eingestellt. Schwere, dunkle Rauchschwaden hingen nun tief über den hohen Abhängen der gesamten Bucht und hellblau qualmten vereinzelte Ginsterbüsche, die Feuer gefangen hatten. Die Luft schmeckte bitter nach verbranntem Sprengstoff. Der helle Staub des von Tausenden Granaten aufgewirbelten Kalksteinbodens hatte sich wie ein dünnes Tuch auf die gesamte Küste der sechs Kilometer langen Bucht, die Widerstandsnester und deren Besatzungen herabgesenkt. Das furchtbare Trommelfeuer hatte in vielen Widerstandsnestern seine ersten Opfer gefordert, doch die Schreie der Verwundeten und die Rufe nach den Sanitätern gingen im zunehmenden dumpfen Dröhnen der ersten sich nähernden Angriffswelle der Landungsboote unter. Auf dem WN 62 war bisher nur Siegfried Kuskas Ladeschütze der 5-cm-KwK, Franz Heckmann, leicht verwundet worden. In Franz Gockels Holzunterstand hatten umherfliegende Granatsplitter die Zündanlage für die beiden Abwehrflammenwerfer zerstört. Den deutschen Soldaten, die vorsichtig ihre Köpfe mit den staubbedeckten Stahlhelmen aus ihren Unterständen und über die Schützengräben hoben, bot sich nun ein unvergeßlicher Anblick: „Das Meer schien schwarz von Schiffen", wie es die Soldaten später immer wieder beschrieben.

Nicht ein einziger Schuß war von den deutschen Verteidigungsanlagen entlang der Küste abgegeben worden. Da die

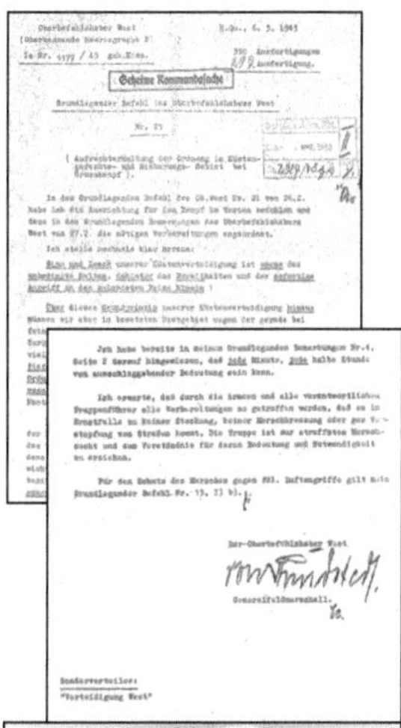

Oberbefehlshaber West, Generalfeldmarschall Karl Rudolf Gerd von Rundstedt, und ein Auszug des von ihm ergangenen "Grundlegenden Befehls" Nr. 23 vom 6. März 1943: "Sinn und Zweck unserer Küstenverteidigung ist vorn das unbedingte Halten, dahinter das Bereithalten und der sofortige Angriff in den gelandeten Feind hinein!" [....] "Ich habe bereits in meinen Grundlegenden Bemerkungen Nr.4, Seite 2, darauf hingewiesen, daß jede Minute, jede halbe Stunde von ausschlaggebender Bedeutung sein kann." [....]

Foto: Bundesarchiv

schweren Waffen alle auf Sperrfeuer ausgerichtet waren, war den Soldaten nichts anderes übrig geblieben, als abzuwarten. Warten – auch auf die große Hilfe durch die Luftwaffe *(die jedoch an diesem 6. Juni nicht mehr eintraf)...*

Für das Trommelfeuer und Bombardement hatten sich die großen Schlachtschiffe, Zerstörer und Raketenprähme der Küste deutlich genähert. Die Truppentransporter waren sicherheitshalber hinter den vier Schlachtschiffen zurückgeblieben und die amerikanischen Soldaten inzwischen an langen, stabilen Netzen von ihnen herab in die kleinen Landungsboote geklettert. Im Schutz der Feuerglocke ihrer Schlachtschiffe und Raketenprähme hatten sie sich bei starkem Seegang langsam, über eine Entfernung von weit über zwanzig Kilometer und mehr als drei Stunden lang, auf die Bucht zubewegt, die in ihren Landeplänen mit dem Codenamen *Omaha Beach* bezeichnet war – aber *Omaha* sollte für die Amerikaner noch ein blutiges Desaster werden...

Langsam durch das Wasser watend und eine Kette bildend, bewegten sich die GIs in völliger Ordnung von dem LCIL auf den hier mehr als 400 Meter breiten Strand zu.
Foto: US National Archives

Nachdem das Trommelfeuer beendet war und sich die Landungsboote näherten, entstand eine Pause, die Hein Severloh dazu benutzte, die 32 Meter zum unterirdischen Fernmeldebunker der B-Stelle zu laufen, um den dort drinnen befindlichen Unteroffizier Beermann, die beiden Funker und die Gefreiten Wernecke und Schulz über die Situation draußen zu informieren. Severloh rief ihnen vom Eingang aus zu: „Jetzt geht's los – sie landen!"

Da die Fernmelder unentwegt mit ihrem Telefon und dem Funkgerät beschäftigt waren, konnten sie den Bunker nicht verlassen und wußten nicht, was draußen geschah. Funker Kurt Wernecke bat: „Hein, immer wenn es dir möglich ist, sag' uns Bescheid, was da unten am Strand vor sich geht."

Kurz darauf erschien Oberleutnant Frerking in Severlohs offener MG-Stellung. Von See her fiel kein Schuß mehr, nur das dumpfe Dröhnen der 250-PS-Diesel-Motoren der kleinen Landungsboote, die in ihre Landeabschnitte fuhren, erfüllte die weite Bucht. Dem WN 62 näherte sich jedoch noch vor den Landungsbooten von der nordwestlichen Seite des Widerstandsnests ein LCIL *(Landing Craft Infantry, Large = Infanterie-Landungsboot, groß, für 160 Soldaten)*, das zwei neben dem Bug befindliche Fallreeps ins Wasser herab ließ. Dann begannen die GIs der in diesem Abschnitt landenden 1. Infanterie-Division auf ihnen langsam hinab zu gehen und mit Ausrüstungen und Waffen behängt ins kalte Wasser zu springen, das ihnen bis zur Brust reichte – oft noch höher.

Nach einer flagranten Fehleinschätzung der verantwortlichen amerikanischen Kommandeure auf den Kriegsschiffen betreffs der Wirkung ihres 32 Minuten dauernden Trommelfeuers und des Bombardements hatte man den GIs vor dem Besteigen der Landungsboote gesagt, sie hätten mit keinerlei Widerstand der Deutschen mehr zu rechnen. Auch konnten die GIs selbst die qualmverhangene und ruhig daliegende Küste sehen. Sie waren der Meinung, daß eigentlich niemand einen derartigen Beschuß überlebt haben konnte...

Was man auf amerikanischer Seite jedoch nicht wußte, war die Tatsache, daß der größte Teil der Schiffsgranaten und Fliegerbomben viel zu weit oberhalb der Küstenbefestigungen und im nahen Hinterland eingeschlagen und folglich der gewünschte Effekt einer Zerstörung der Kasematten und ihrer Geschütze, der MG-Stellungen und Strandhindernisse überhaupt nicht erreicht worden war.

Der Chef der 3./I.352: Oberleutnant Bernhard Frerking.
Foto: Kollektion R. Frerking

„Erst als wir ihre Helme sahen, mit denen sie wie große Pilze wirkten", sagte Hein Severloh, „konnten wir erkennen, daß es Amerikaner waren, die da unten ankamen. Wir hatten bisher immer nur von den Tommies *(Engländer)* gesprochen, die irgendwann kommen würden."

Als sich die GIs nur noch in hüfthohem Wasser vor dem WN 62 in zwei langen Reihen langsam auf den Strand zu bewegten, sagte Oberleutnant Frerking leise zu Hein Severloh: „Die armen Schweine..."

Dann verließ Bernhard Frerking Severlohs MG-Stellung und begab sich auf seinen Posten im Beobachtungsbunker. Hein Severloh lud das feuerbereite Maschinengewehr durch. Sein modernes, weitreichendes MG'42 und seine gute Position in 25 Metern Höhe begünstigten ihn, als Erster das Feuer vom WN 62 aus zu eröffnen.

„Erst feuern, wenn sie nur noch im knietiefen Wasser sind", hatte Frerking ihm gesagt – und nun waren sie im knietiefen Wasser.

Severlohs Maschinengewehr bellte los. Er konnte sehen, wie sich die völlig überraschten GIs ins Wasser warfen, um sich irgendwie vor den Geschossen zu retten. Rasselnd zog er

Die kleinen Landungsboote wurden sicherheitshalber weit hinter den Schlachtschiffen von den Truppentransportschiffen ausgebootet und hatten eine Anfahrtzeit von mehr als drei Stunden bis zum Strand. Die Boote waren infolge der nur geringen Geschwindigkeit (ca. 10 km/h) leichte Opfer der deutschen Abwehr.
Foto: US National Archives

mit seinem MG eine blutige Bahn vom flachen Wassersaum bis zum Schiff und das Fallreep bis zum Deck hinauf, zwischen die panikartig gestikulierenden Amerikaner. Dann nahm er die zweite Reihe unter Feuer...

Keine 40 Sekunden hatten seine ersten Feuerstöße gedauert, bis sich vor dem Schiff niemand mehr bewegte. Er konnte beobachten, daß sich auf dem Truppentransporter nun tumultartige Szenen abspielten, da die anderen GIs offenbar das Verlassen des Schiffes verweigern wollten. Wortfetzen aus Megaphonen hallten herüber, und Severloh konnte die befehlenden Gesten der Vorgesetzten sehen – dann mußten auch die nächsten GIs ins blutige Wasser hinunter und zwischen die umhertreibenden Leichen ihrer gerade vor ihren Augen gefallenen Kameraden. Wieder begann Severloh zu feuern.

Abschuß einer der vier 10,5-cm-Haubitzen der 1. Batterie, die beim 4,5 Kilometer im Hinterland gelegenen Houtteville zur Tarnung unter Bäumen aufgestellt waren.
Foto: Kollektion H. Severloh

„Ich habe dann das ganze Schiff leergeschossen", sagte er später.

Als auf dem LCIL kein Soldat mehr zu sehen war, entstand eine kurze Pause. Severloh ging zum Beobachtungsbunker, auf dessen flacher Betondecke bereits Oberleutnant Frerking stand. Der Gefreite bot seinem Chef eine Zigarette an. Obwohl Frerking Nichtraucher war, nahm er sie, und ihre Hände zitterten, als sie die Zigaretten anzündeten. Das LCIL entfernte sich langsam rückwärts fahrend. Gleichzeitig fuhr die erste massierte Angriffswelle der leichten LCAs *(Landing Craft Assault = Angriffsboote)* und die größeren LCVPs *(Landing Craft Vehicle and Personnel = Landungsboote für Fahrzeuge und Soldaten),* in den wogenden Wellen schlingernd, auf den Strand zu. Diese Boote waren zwar im Heck mit Maschinengewehren ausgestattet, doch verhinderte der starke Seegang ein gezieltes Schießen auf die deutschen Stellungen.

Als Oberleutnant Bernhard Frerking wieder seinen Beobachtungsbunker aufgesucht hatte, gab er die Koordinaten und den Befehl für das Salvenfeuer an seine 1. Batterie mit den vier 10,5-cm-Haubitzen im viereinhalb Kilometer zurückgelegenen Houtteville durch: „Ziel Dora; Entfernung vier-acht-fünf-null; Grundeinstellung zwanzig plus; Aufschlagzünder – Feuer!"

In den Booten dieser ersten Welle wurden auch viele Demolition Teams *(Zerstörer-Trupps = Spezialisten zur Beseitigung von Strandhindernissen)* an die Küste gebracht. Doch den Räumspezialisten schlug plötzlich ungeheures MG- und Granatfeuer entgegen. Heinz Bongard, der vom 64 Meter hoch gelegenen WN 60 einen hervorragenden Überblick auf das Meer, die Widerstandsnester 61 und 62 sowie die gesamte Bucht mit ihren fast zweitausend Strandhindernissen hatte, beobachtete das amerikanische Drama unten am Strand: „Die erste Welle der Amerikaner kam überhaupt nicht zum Einsatz – die waren schon vorher hin.“

In einem der Landungsboote dieser ersten Angriffswelle hatte sich auch der amerikanische Fotoreporter des populären Magazins *Life*, Robert Capa, befunden. In jenem Moment, da das LCA, in dem Capa zwischen 32 GIs des 16. Infanterie-Regiments hockte, seine Rampe auf den Strand vor dem Tal von Colleville fallen ließ, geriet er in eine Apokalypse. Der sonst unerschrockene Kriegsberichterstatter, der bereits aus dem spanischen Bürgerkrieg und den Kämpfen in Nord-Afrika und Italien berichtet hatte, mußte nun vierhundert Meter offenen Strandes überlaufen, bis er sich hinter eines der Hindernisse warf, um dahinter vor den um ihn herum einschlagenden Granaten und MG-Salven etwas Deckung zu finden. Capa war nur mit seiner Fotokamera „bewaffnet“…

Kurz darauf landete unmittelbar vor dem mit nur 12 Soldaten personell knapp besetzten WN 61, und von dessen verbunkerten 8,8-cm-Geschütz nicht erreichbar, für die Soldaten des hochgelegenen WN 60 auch nicht einsehbar, ein großes LCT 600 *(Landing Craft Tanks = Panzerlandungsboot)* und setzte fast problemlos drei Sherman-Panzer des 741. Bataillons am Strand ab. Die Panzer rollten sofort bis an die Strandhindernisse und begannen aus einer Entfernung von nur zweihundert Meter die Widerstandsnester 61 und 62 zu beschießen. Aus einem dieser Panzer, in Robert Capas Nähe, stieg plötzlich eine grellgelbe Stichflamme in den dunkelgrauen, verqualmten Himmel. Niemand von der Besatzung konnte nach dem Granattreffer noch aussteigen. Capa rannte in geduckter Haltung zu diesem Panzer und suchte hinter ihm erneut Deckung.

US-Infanteristen im Maschinengewehrfeuer.
Foto: US National Archives

Überall um ihn herum schlugen ständig die Granaten der deutschen Geschütze ein. GIs wirbelten durch die Luft, mit abgerissenen Armen und Beinen – und Capa fotografierte, zwischen Sterbenden und Toten liegend, diese Momente des Grauens. Als ihm nach einigen Minuten die Nerven versagten und sein ganzer Körper von unkontrollierbaren Zuckungen geschüttelt wurde, war er außerstande, weiter zu fotografieren. Er sprang auf, rannte im Hagel heulender Granaten und sirrender MG-Geschosse zu einem gerade erst auf den Strand aufgelaufenen Landungsboot, das die GIs eben verlassen hatten. In dem Moment, da Robert Capa auf die Rampe des Bootes stolperte, schlug im hinteren Bereich eine Granate ein und zerriß den Rudergast. Seine blutigen Fetzen klebten und hingen an dem aufrecht im Landungsboot stehenden jugendlichen Bootsführer – der weinte wie ein kleiner Junge.

Zu dieser Zeit hatte Peter Lützen über sein Lichtsprechgerät einen Anruf vom Kompaniegefechtsstand bekommen. Der Kompaniechef wollte wissen, welche Situation auf dem WN 62 nach dem schweren Bombardement herrschte. Lützen schickte nun seinen Melder

Vor dem WN 61, im US-Sektor "Fox Green", und von der deutschen Abwehr nicht erreichbar, wurden drei Sherman-Panzer von einem LCT am Strand abgesetzt.

US-Kriegsberichterstatter Robert Capa.

Fotos: US National Archives

Schnichels das Widerstandsnest hinunter, um sich einen Überblick zu verschaffen. Michel Schnichels nahm seinen Karabiner und ging eilig im Hauptlaufgraben den schrägen Hang hinab.

Kaum war Schnichels fortgegangen, machte Lützen eine ungewöhnliche Beobachtung: „Um kurz vor 7:00 Uhr fuhr aus östlicher Richtung und sehr nahe der Küste langsam ein amerikanischer Zerstörer quer durch die nächste Welle der heranfahrenden Landungsboote. Er kam fast bis zum anderen Ende der Bucht. Keine einzige deutsche Granate hatte ihn getroffen, aber in Höhe des WN 70 explodierte er plötzlich mit einem gewaltigen Knall. Ich glaube, er war auf eine Seemine aufgelaufen."

Mit der zweiten Angriffswelle fluteten mehr als sechzig Landungsboote in unregelmäßiger Formation in die Bucht, von denen sich zehn Boote im Sektor *Easy Red*, direkt dem WN 62, näherten. Hein Severloh beobachtete sie ganz genau: „Deutlich konnte ich erkennen, wie die kleinen Boote mit dem schweren Seegang kämpften und nur langsam vorwärts kamen. In jedem der Boote hockten nur etwa dreißig Mann. Das Motorendröhnen wurde immer lauter und hallte in der ganzen Bucht wider."

Oft hämmerten die deutschen Maschinengewehre schon auf die leichten, hölzernen Landungsboote ein, bevor die Rampen herunter fielen. Die auf den Booten dicht zusammengedrängten GIs waren den auf sie herab prasselnden MG-Salven völlig schutzlos ausgeliefert und versuchten lediglich, zwischen ihren Kameraden etwas Deckung zu finden. Außer der Panik verursachte auch die Seekrankheit nach der mehr als dreistündigen Fahrzeit Übelkeit und Erbrechen.

Als die kleinen Boote dann vor dem WN 62 und noch weit vor den Strandhindernissen auf die Sandbänke aufliefen, belegten Oberleutnant Frerkings Haubitzen ein weiteres Mal den Strand mit schwerem Sperrfeuer. Auf dem Strand vor dem benachbarten WN 61 schlugen die Granaten der 2. Batterie ein, die beim vier Kilometer rückwärtig gelegenen Etréham aufgestellt war. Zwei der 10,5-cm-Granaten krepierten unmittelbar vor zwei kleinen Booten einer heranfahrenden Pionier-Spezialeinheit im Wasser. Beide Boote stiegen gleichzeitig senkrecht auf und überschlugen sich rückwärts. Die herausgeschleuderten Pioniere versanken durch die Last ihrer Ausrüstungen im Meer. Jene Männer, die dieser Hölle aus Explosionen entkommen konnten, wurden von den deutschen MG-Schützen wieder unter Feuer genommen…

Von Nordwesten her trieben durch die starke Strömung viele Landungsboote direkt auf das WN 62 zu, und die GIs gerieten so in einen völlig anderen Landeabschnitt als vorgesehen. Hein Severloh feuerte deshalb weiterhin in nordwestliche Richtung: „Ich konnte beim Schießen das Aufspritzen des Wassers, dort wo meine MG-Garben einschlugen, genau beobachten, und wenn die kleinen Fontänen den GIs näher kamen, warfen sie sich ins flache Wasser. Manche versuchten, bis an die vordersten Strandhindernisse zu kommen, um dahinter etwas Schutz zu finden. Ich schoß weiter zwischen die vielen dunklen Gestalten im Wasser, die sich immer noch dreihundert Meter vom Vorstrand entfernt befanden. Nach kurzer Zeit waren wieder sämtliche GIs zusammengeschossen."

Hans Selbach beobachtete das anhaltende Massaker von der unteren Kasematte aus: „Die Amerikaner haben da unten ungeheure Verluste gehabt. Ich habe sie, trotzdem sie unsere Feinde waren, wirklich bedauert."

Dann kam die nächste Welle der Landungsboote, und die Pioniere waren jeder einzelne für sich eine „lebende Bombe", denn ihre sämtlichen Taschen der Kampfanzüge, selbst ihre Proviantbeutel und sogar die Rucksäcke waren mit Sprengstoff vollgestopft. Im unentwegten Hagel der Geschosse, in dem jeden Augenblick Soldaten getroffen zusammenbrachen, kämpften sie sich vor dem WN 61 und in ihrem dortigen Sektor *Fox Green* durch den Sperrgürtel aus Hindernissen. Es gelang ihnen unter größten Verlusten, einen schmalen Korridor freizusprengen – was den Pionieren der *Demolation Task Force* vor dem WN 62 nicht gelang. Anhaltend hämmerten die Maschinengewehre und Granaten der deutschen Abwehr in die Zerstörertrupps. Die wenigen Überlebenden dieser Spezialkommandos versuchten verzweifelt, hinter den schmalen Strandhindernissen und der flachen aber steilen Vorstrandböschung Deckung zu finden und auf die nächste Ebbe am Nachmittag zu warten, um dann ihre für die nachfolgenden Angriffswellen höchst wichtige *(viel zu späte)* Arbeit fortzusetzen. *(Die Verluste dieser Spezialtruppen betrugen am 6. Juni in diesem Abschnitt insgesamt 50 Prozent – die meisten fielen innerhalb der ersten halben Stunde.)*

Das Widerstandsnest 62 lag weiterhin unter schwerem Beschuß. Bruno Plota mußte auf Befehl des Unteroffiziers Förster im Hagel der Geschosse seinen Tobruk-Stand verlassen, zum Mannschaftsbunker hinauf laufen und seinen in der Nacht vergessenen Stahlhelm holen. Da er mit seinem Granatwerfer zu dieser Zeit noch nichts ausrichten konnte, weil die Waffe nicht über den gesamten Strand reichte, sollte er stattdessen zur unteren Kasematte hinunter laufen, um hinter ihren dicken Betonwänden der Geschützbedienung Granaten anzureichen.

Die dritte Welle der Landungsboote hatte noch gar nicht den durch die steigende Flut langsam schmaler werdenden

GIs eines sinkenden Landungsbootes kämpften...

GIs eines sinkenden Landungsbootes kämpften...

...und gerieten am Strand in den Hagel der Geschosse...

Fotos: US National Archives

Gefallene GIs auf dem Kieswall vor dem WN 62, deren Köpfe von Kameraden eilig provisorisch mit umherliegenden Ausrüstungsgegenständen und Kartons abgedeckt waren.

Foto: US National Archives

Strand erreicht, als direkt vor dem WN 62 ein mit 36 Männern voll besetztes LCVP von der 8,8-cm-Pak in der Kasematte des benachbarten WN 61 einen Treffer an der Unterkante seiner Frontklappe erhielt. Das Boot stieg steil auf und riß im vorderen Bereich völlig auseinander. Viele GIs wurden mit ihren Waffen und Ausrüstungen weit durch die Luft geschleudert. Kurz darauf trieben die Wrackteile und einige schreiende Überlebende in einer großen Lache brennenden und schwarz qualmenden Treibstoffs.

Hermann Götsch hatte seit dem Heranfahren der ersten Landungsboote beobachten können, daß "die meisten der Amerikaner mit ihren schweren Ausrüstungen ertranken, wenn ihre Boote gekentert waren". Einige beherzte farbige GIs waren vom Land wieder ins Wasser zurückgegangen und retteten etliche ihrer Kameraden – trotz des schweren Beschusses und des starken Seegangs. Götsch sagte über die Farbigen, daß es „sehr mutige und starke Typen waren, Kerle wie Bäume."

Die Westseite der Kasematte auf dem Gelände des damaligen WN 61, in der sich die 8,8-cm-Pak befand (hinter der auf diesem Foto mit einem zweiflügligen Holztor verschlossenen Scharte). Auf der Abdeckung dieser Kasematte fiel Oberfeldwebel Friedrich Schnüll.   **Foto: von Keusgen 1973**

Wenig später, um 7:10 Uhr, bekam die 8,8-cm-Pak einen Volltreffer direkt auf den Mündungskorb und wurde dadurch total zerstört. Kurz darauf befand sich Hermann Götsch im WN 61 in einem Laufgraben, auf dem Weg zur Kasematte mit dem zerstörten 8,8-cm-Geschütz. Er beobachtete, daß Oberfeldwebel Schnüll im Moment auf die Abdeckung des Geschützbunkers geklettert war und mit einem MG'42 aus der Hüfte auf die GIs feuerte, die vor seinem Widerstandsnest aus den Landungsbooten sprangen. Plötzlich zuckte an jener Stelle, an der er gerade eben noch gefeuert hatte, ein greller Blitz auf und eine Wolke grauroten Staubes stand einen Moment über der Kasematte. Eine Granate von einem der drei auf dem groben Kies vor dem WN 61 festgefahrenen Panzer hatte den deutschen MG-Schützen vollständig zerfetzt.

Wenig später wurde Peter Lützen in seinem kleinen LSG-Bunker per Sprechfunk vom WN 61 wegen eines Situationsberichts für den Kompaniegefechtsstand angerufen, und so erfuhr er, daß vor wenigen Minuten der Stützpunktführer, Oberfeldwebel Schnüll, durch einen Granattreffer auf der Kasematte gefallen war.

In der vordersten MG-Stellung des WN 62, in acht Metern Höhe am Hang gelegen, feuerte der Gefreite Kwiatkowski mit seinem MG'42 Feuerstoß um Feuerstoß auf die landenden GIs. Schräg rechts hinter ihm rasselte immer wieder Kieserlings altes polnisches Maschinengewehr. Franz Gokkel hingegen hatte mit seinem schweren wassergekühlten MG bisher nur wenige kurze Feuerstöße auf die Landungsboote vor dem WN 61 abgeben können. Seine Munitionsgurte waren durch das Trommelfeuer derart verschmutzt, daß es Ladehemmung bekommen hatte. Eilig nahm er den Gurt aus der Waffe, schüttelte kurz den Schmutz heraus und wollte ihn wieder einlegen. Er erinnerte sich: „In diesem Augenblick wurde mir das Maschinengewehr unter den Händen zerschossen. Mir ist unfaßbar, daß ich hierbei nicht die geringste Verletzung abbekommen hatte."

In der noch immer brennenden Ruine der Villa am östlichen Eingang des WN 62 explodierten durch die große Hitze wieder und wieder etliche der im Keller des Hauses gelagerten Granaten, wirbelten Holzbalken, Bretter und Steine hoch in die Luft.

Da der Gefreite Reckers noch im Lazarett lag, stand in der unteren Kasematte der Obergefreite Krieftewirth allein an der 7,65-cm-Kanone und feuerte über eine Entfernung bis zu eintausend Metern Granate auf Granate auf den westlich des WN 62 gelegenen Strand. Der Gefreite Selbach, der mit dem Oberschützen Plota und dem Soldaten Drews als Munitionsversorger für das Geschütz tätig war und die Granaten aus dem Nebenraum holen mußte, konnte beobachten, welche verheerende Wirkung ihr Feuer auf die heranfahrenden Boote zur Folge hatte: „Wir nahmen die Landungsboote mit unserer Kanone unter direkten Beschuß und konnten dadurch natürlich genau sehen, was wir da unter den Amerikanern anrichteten – es war sehr schlimm."

Die deutschen Soldaten wehrten sich in ihrer Bedrohung *(inzwischen auch noch durch Jagdflugzeuge)* so sehr sie konnten, denn ergänzend berichtete Hans Selbach weiter: „Das ganze Meer war schwarz von Schiffen, es war kein größeres Stück auf dem Wasser mehr frei, und oben waren die Flugzeuge. Man brauchte nur an einem Strauch zu wakkeln und schon wurde von allen Seiten geschossen. Außerdem gab es schon nach gar nicht lange Zeit kaum einen Quadratmeter auf dem Stützpunkt, auf dem keine Granate eingeschlagen war. Wir hatten wirklich Angst."

Mit der auflaufenden Flut kamen die bisher im Wasser verbliebenen GIs langsam, hinter den Massen umhertreibender Leichen ihrer gefallenen oder ertrunkenen Kameraden

Der Obergefreite Heinrich Krieftewirth, Geschützführer der 7,65-cm-Feldkanone in der unteren Kasematte des WN 62 (links), und einer seiner Munitionsversorger, der Gefreite Hans Selbach (Vergleich siehe Seite 14).

Foto: Kollektion B. Plota

Verwundete amerikanische Soldaten auf dem Kieswall vor dem WN 62.

Foto: US National Archives

panisch Deckung suchend, dem Vorstrand immer näher. Hans Selbach konnte den Strand und den Feuerbereich Hein Severlohs von der unteren Kasematte aus überblicken: „Als im Laufe der Zeit die Flut immer näher kam, wurden Kisten und Kästen angeschwemmt, auch Wrackteile der Landungsboote – und unglaublich viele Leichen..."

In der nordöstlichen, vorderen Position des WN 62 feuerte der Obergefreite Siegfried Kuska mit seiner 5-cm-KwK auf den Strand vor dem WN 61. Der erfahrene Rußland-Kämpfer schoß Granate auf Granate ab. Am Strand standen inzwischen mehrere brennende Fahrzeuge und Panzer, die sich erst auf dem breiten Kieswall festgefahren hatten und dann leichte Opfer seiner Kampfwagenkanone geworden waren.

Um 9:20 Uhr eröffneten die Kriegsschiffe vor "Omaha" ein zweites Trommelfeuer auf die deutschen Küstenbefestigungen – es dauerte 25 Minuten.   **Foto: US National Archives**

Bis 9:00 Uhr hatten nur erst vereinzelte Gruppen von GIs am Vorstrandbereich Fuß gefaßt und noch weniger sich erst seit 8:00 Uhr an einigen Stellen der Küstenabhänge hinauf gekämpft, außerdem lagen Massen von Soldaten verwundet, sterbend oder gefallen auf dem breiten Strand der gesamten *Omaha*-Bucht. Die Landung der Amerikaner war in diesem Abschnitt zu einer Katastrophe eskaliert. General Omar Bradley, Oberbefehlshaber der amerikanischen 1. Armee, der die dramatischen Ereignisse am *Omaha Beach* von seinem Hauptquartier-Schiff *Augusta* beobachten konnte, zog nun in Erwägung, den Angriff der 1. und 29. Division mit den 34.250 Soldaten auf den sechs Kilometer breiten Landeabschnitt abzubrechen und seine Truppen vom Strand zurückzuholen. Doch nach Rücksprache mit dem Stab des Obersten Befehlshabers der Alliierten Expeditionsstreitkräfte traf man eine schwerwiegende Entscheidung: Noch einmal sollte die Küste durch ein groß angelegtes Trommelfeuer beschossen werden. Dieses Mal aus noch kürzerer Entfernung und mit dem ausdrücklichen Befehl an die Artilleristen, das Feuer erst auf den Strand zu legen, dann über den Vorstrand und die Abhänge hinaufzuziehen, um sicher zu sein, daß die Granaten nun ihre Ziele trafen, anstatt wieder über die deutschen Stellungen hinauszufliegen. Um 9:20 Uhr erging der Feuerbefehl – obwohl sich zu dieser Zeit bereits rund dreitausend GIs an der Küste befanden.

Wieder brach aus Hunderten Schiffsgeschützen und Raketenwerfern ein heulender und donnernder Orkan los. Der Boden der Küste bebte unter dem Trommelfeuer schwerster Granaten- und Raketeneinschläge. Eine brüllende Feuerwalze zerfetzte die Hindernisse am Strand, rollte langsam über den Vorstrand und die schrägen Hänge hinauf. Das US-Schlachtschiff *Arkansas* hämmerte aus einer Entfernung von 17 Kilometern mit schwerstem

Salvenfeuer aus allen Geschützen auf das WN 62 ein. Den deutschen Soldaten in dem Widerstandsnest war im Hagel der Granaten jede Sicht genommen, die Anlagen wurden eingehüllt in Staub und Qualm, dazwischen zuckten unentwegt die Blitze krepierender Raketen und Granaten. Niemand war in diesem Inferno in der Lage, gezielt auf die Angreifer zu schießen, vielmehr versuchten die deutschen Soldaten diese Hölle irgendwie zu überleben. Aber noch ein anderes Problem ergab sich für die Männer in den Verteidigungsanlagen – die Munitionsvorräte gingen zur Neige...

Eines der Landungsboote nahm im Sektor "Fox Green" direkten Kurs auf das WN 61 (rechts des Taleinschnitts lag das WN 62). (Die auf diesem Foto erfaßte Situation am Strand wurde vom Kriegsberichterstatter Ernest Hemingway in den nächsten Absätzen beschrieben.)
Foto: US National Archives

Um 9:45 Uhr, nach 25 Minuten, wurde das Trommelfeuer der amerikanischen Kriegsschiffe wieder eingestellt. Unmittelbar danach gelang es dann mehreren Gruppen von GIs in einigen Abschnitten in der Bucht, im allgemeinen Durcheinander nach dem schweren Beschuß und im Schutz starker Rauch- und Staubwolken, vom Strand herunter und auf den Vorstrand zu kommen, sogar einige Abhänge zu ersteigen. Die deutsche Abwehr war nach diesem zweiten schweren Trommelfeuer zu sehr zermürbt, um die Amerikaner noch länger aufhalten zu können. Auf dem WN 62 waren bei diesem Beschuß einige Soldaten von den Granaten und ihrer schrecklichen Wirkung verwundet und sogar getötet worden. Hein Severloh beobachtete von seiner Position aus, „daß ein Soldat und ein Unteroffizier *(der Gefreite Theo Kowalski und Unteroffizier Ludwig Schulte)* einige Zeit lang vergeblich versuchten, ihr Maschinengewehr in der offenen MG-Stellung vor dem Beobachtungsbunker nach der Verschmutzung durch das Trommelfeuer wieder zum Schießen zu bringen. Verzweifelt schlug der Unteroffizier auf die große Waffe ein. Nach einiger Zeit waren sie dann verschwunden."

Mit der nächsten Angriffswelle näherte sich im östlich angrenzenden Nachbar-Sektor *Fox Green* auf einem LCA der 1944 bereits populäre Romanschriftsteller Ernest Hemingway, der als Kriegsberichterstatter für die US-Zeitschrift *Colliers* tätig war. Das Boot fuhr in fast gerader Richtung auf das Tal vor Colleville zu und sein Kommandant orientierte sich *(gemäß der Order an sämtliche Bootsführer in diesem Landeabschnitt)* am Kirchturm des kleinen Ortes, der schon von weitem auf der Küstenanhöhe zu erkennen war. Außerdem steckte am Vorstrandsaum inzwischen eine der Orientierungsfahnen, die jeweils ihre Landezone kennzeichnete – sie war grün. Hemingway beschrieb die Situation am Strand vor dem Taleingang: „Die verschiedenen Landungsboote, die vor uns waren, benahmen sich, als wären sie ganz durcheinander. Sie hielten auf die Küste zu, dann drehten sie um und fuhren im Kreis..."

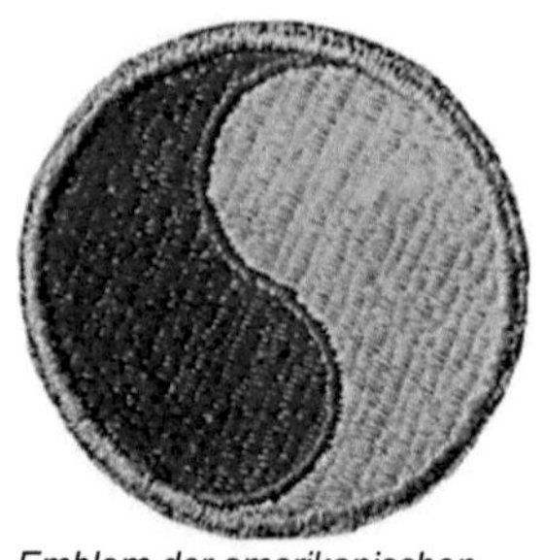

Emblem der amerikanischen 29. Infanterie-Division. Infolge der ungünstigen Strömungsver-hältnisse landeten viele ihrer Boote in zu weit östlich gelege-nen Sektoren.

Abbildung: Archiv von Keusgen

Auch fielen dem Kriegsberichterstatter die etlichen Panzer auf, die sich auf dem Kieswall festgefahren hatten: „…Gerade da fuhr ein Blitz aus einem der Panzer, und er begann zu brennen, gelbe Flammen, schwarzer Qualm. Weiter unten am Strand fing ein zweiter Panzer an zu brennen. Den ganzen Strand hinunter lagen sie, wie große, schwarze Kröten geduckt. Sie lagen unterhalb der Hochwasserlinie. Ich sah hinüber. Zwei weitere Panzer fingen zu brennen an. Aus den ersten beiden kam jetzt grauer Rauch, den der Wind flach über den Sand trieb. Während ich noch dastand und guckte, ob hinter der Hochwasserlinie noch jemand war, blitzte es auf in dem grau streifenden Rauch. Einer der brennenden Panzer war explodiert.“

Als sich Hemingways LCVP noch weiter der Küste genähert hatte, war es ihm möglich, noch mehr Einzelheiten zu erkennen:

„Auf der linken Seite des Abschnitts *(Fox Green)* war der Strand glatt, und es gab keine Deckung. Die Männer der ersten, zweiten, dritten, vierten und fünften Landungswelle lagen im Sand, wie sie hingestürzt waren. Sie lagen auf dem glatten Kies zwischen dem Wasser und der ersten Bodenwelle wie Strandgut. Rechts, wo ein buschbewachsenes Tal herunterkam, war der Strand glatt und leer. Das war die Stelle, wo die Deutschen wirklich etwas auszurichten hofften *(WN 62)* – und später sahen wir zu, wie sie es schafften. Weiter rechts davon brannten auf der Strandböschung zwei Panzer. Bei der Annäherung hatte ich zwei Maschinengewehrnester ausgemacht. Das eine schoß ununterbrochen *(Theo Kowalski; er hatte eines der Maschinengewehre aus der Halterung in der Fliegerabwehrstellung genommen und war damit in den unteren Bereich des Areals, nahe der Villa, gelaufen).* Es lag in den Ruinen

Die Bootsführer der vor dem Mühlbachtal und im Sektor "Fox Green" heranfahrenden Landungsboote hatten auf ihren Karten die Kirche von Colleville eingezeichnet, an deren weithin sichtbaren Turm sie sich gut orientieren konnten.

Foto: von Keusgen 2003

eines zerschossenen Hauses auf der rechten Seite des kleinen Tals *(die Villa am Haupteingang des WN 62).* Das andere lag noch zweihundert Meter weiter rechts, ungefähr vierhundert Meter vor dem Strandabschnitt *(Ludwig Kwiatkowski).* An dieser Stelle kamen wir in den Schußbereich der beiden Maschinengewehre. Es pfiff scharf über uns hinweg. Ich zog den Kopf ein und ließ mich hinter die Verschanzung fallen, wo der Heckschütze gestanden hätte, wenn wir ein Maschinengewehr an Bord gehabt hätten. Die Feuerstöße sägten jetzt über das Wasser, zu beiden Seiten des Prahms hin, und eine Panzerabwehrgranate jagte einen Strahl Wasser über uns hinweg…“

Hemingways LCVP drehte nach Westen ab, um sich an einer anderen Stelle der Küste einen Landeplatz zu suchen.

Die GIs am westlichen Küstenabhang hatten sich inzwischen bis in die Nähe der beiden Kasematten vorgekämpft, und einige mutige unter ihnen warfen nun gelegentlich Handgranaten zu den großen Scharten herüber. Von der Böschung des östlich dem WN 62 gelegenen Vorstrandes aus beschossen nun mehrere Sherman-Panzer gezielt die Widerstandsnester 61 und 62.

Auf der anderen Seite des Tals waren bereits die ersten GIs den dort fast drei Meter hohen Vorstrandhang zum WN 61 empor geklettert und in das Widerstandsnest, in dem inzwischen sämtliche Waffen schwiegen, vorgedrungen. Hermann Götsch sowie ein weiterer junger Soldat, der als Munitionsversorger tätig gewesen war, und ein Pole *(von allen Soldaten im Widerstandsnest 61 der älteste)*, der bis zu dem vernichtenden Volltreffer das 8,8-cm-Geschütz bedient hatte, hielten sich seit einiger Zeit in der verwüsteten Kasematte auf, weil sie ihnen relativen Schutz bot. Plötzlich sahen sie vor der großen Scharte einige GIs mit Maschinenpistolen vorbeigehen. Kurz darauf eine weitere Gruppe. Der junge Soldat, dem die Angst auf Magen und Darm geschlagen war, zog eilig seine Hose herunter und entledigte sich seines Drucks. Trotz des Durcheinanders, das in der Kasematte herrschte,

Kanonier Hermann Götsch.
Foto: Kollektion A. Götsch

machte er auf eine große Schaufel, die in dem Geschützbunker lag. Danach hob er sie auf und entlud sie mit einer heftigen Bewegung durch die große Scharte ins Freie. Das bemerkten sofort einige der in das Areal vordringenden GIs. Einer von ihnen sprang zur Scharte, zog eine Handgranate ab und warf sie in den Geschützraum. Noch bevor die drei deutschen Soldaten darauf reagieren konnten, rollte die Handgranate in eine schmale Nische und explodierte, ohne weiteren Schaden anzurichten. Unmittelbar nach der Detonation sprangen drei der GIs in den Innenraum und waren überrascht, festzustellen, daß niemand verletzt oder getötet worden war. Vielmehr erkannte einer der Amerikaner an dem Ärmelabzeichen den Polen und begann sich sofort mit ihm auf polnisch zu unterhalten; auch die beiden anderen beteiligten sich freundlich an dem Gespräch, boten dem Polen und den beiden Deutschen Lucky-Strike-Zigaretten an. Die GIs waren polnischstämmige Emigranten gewesen. Nachdem sie die Zigaretten geraucht hatten, führten sie ihre drei Gefangenen zum Strand hinunter.

In einer Meldung an den Stab des Grenadier-Regiments 726 hieß es um 10:12 Uhr: „WN 60 hält, WN 62 feuert nur noch mit einem MG, Lage dort aber kritisch. WN 61 vom Feind eingenommen. Zum Gegenangriff wurden Reste der 1. und 4. Kompanie angesetzt."

Das einzige zu dieser Zeit noch feuernde Maschinengewehr im WN 62 war das des Gefreiten Hein Severloh. Er hatte immer wieder das vernichtende Feuer seines schnell schießenden MG'42 auf den in westlicher Richtung vom WN 62 gelegenen Strand nahe der zerschossenen Kieszertrümmerungsanlage gelenkt – in jene Richtung, aus der die meisten Landungsboote auf die Verteidigungsanlage zufuhren.

Bedingt durch die schlechten Witterungsverhältnisse der letzten Tage, die sich aber hauptsächlich auf Süd-England und den Ärmelkanal ausgewirkt hatten, herrschten am 6. Juni trotz deutlich besseren Wetters im Bereich der normannischen Küste (als es bisher von amerikanischer und britischer

Die zerstörte 8,8-cm-Pak im Eingang der Kasematte (wenige Tage nach dem D-Day).
Foto: US National Archives

Seite immer behauptet wurde) noch starke Strömungsverhältnisse, die sich auf das Landeunternehmen der Alliierten sehr negativ auswirkten – besonders in den beiden Landeabschnitten der Amerikaner, „Utah" und „Omaha". Den aus Entfernungen von mehr als 30 Kilometern von den großen Truppentransportern heranfahrenden Bootsführern der kleinen Sturm- und Landungsboote waren ganz präzise Landestellen am Strand vorgegeben, da die Soldaten mit jeweils ganz speziellen Aufgaben betraut waren. Aus diesem Grund hatten die Planer der Invasion jeden ihrer insgesamt fünf Landeabschnitte in einzelne Sektoren unterteilt. So wurde „Omaha Beach" in die Sektoren (von Westen nach Osten) „Dog", „Easy", und „Fox" eingeteilt, diese wiederum in spezielle Zonen: „Dog Green", „Dog White", „Dog Red" , „Easy Green", „Easy Red", „Fox Green" und „Fox Red" (an diese „Omaha-Beach"-Zonen grenzten flankierend noch die „Omaha"-Zonen „Charlie" und „George", deren Gestade von Steilküsten geprägt waren und die über keinen Vorstrand verfügten). Die einzelnen, durch Farben bezeichneten Sektoren der Landezonen „Dog", „Easy", und „Fox" waren jeweils mehrere hundert Meter breit, sogar bis zu 2,5 Kilometer. Vor dem WN 62 grenzten die Sektoren „Easy" und „Fox" aneinander, vor dessen Areal sehr viele Landungsboote von der starken Strömung getrieben wurden – direkt vor Hein Severlohs Maschinengewehr...

Bereits nach den ersten eintausend Schuß hatte Severloh den heißen Lauf seines Maschinengewehrs gegen einen neuen ausgewechselt. Weil er im Streß der Schießerei darauf verzichtet hatte, seinen Schutzhandschuh anzuziehen, verbrannte er sich an dem Lauf

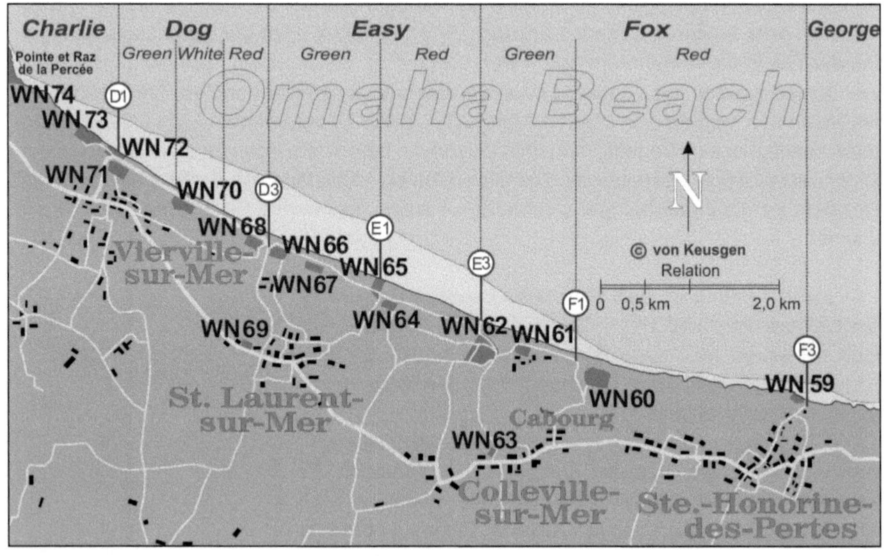

Der amerikanische Landeabschnitt "Omaha Beach" (flankiert von den seitlich an die Steilküstenhänge stoßenden Sektoren "Charlie" und "George") war in die Sektoren "Dog", "Easy" und "Fox" eingeteilt worden, die jeweils durch die Strandausgänge D1, D3, E1, E3, F1 und F3 voneinander getrennt waren. Der wichtigste Ausgang war für die Amerikaner jener vor dem WN 62 (E3), da man die ins Hinterland führende Straße dort nicht verbarrikadiert hatte.
Ein weiterer US-Landeabschnitt ("Utah") befand sich an der rund dreißig Kilometer westlich des WN 62 gelegenen Cotentin-Halbinsel. Britische und kanadische Truppen landeten in drei östlich an "Omaha" grenzenden Abschnitten ("Gold", "Juno", "Sword"). Die Gesamtbreite des Invasionsraums betrug 85 km.
Grafik: von Keusgen

empfindlich die Hände. Viel Gelegenheit für Schießübungen mit seinem MG hatte er zuvor noch nicht gehabt, „aber ich konnte mit dieser Waffe einfach gut umgehen, und ein guter Schütze war ich sowieso", sagte er.

Zwar war sein offener MG-Stand inzwischen deutlich flacher geworden, weil die im Widerstandsnest und besonders in seiner Nähe einschlagenden Granaten große Massen des Kalksteinbodens wieder und wieder aufwirbelten, von denen dann auch vieles in seinen Graben fiel, doch Severloh feuerte unbeirrt weiter. Nach der langsam steigenden Flut betrug die Entfernung zu den landenden GIs nun nur noch rund vierhundert Meter – für ein MG'42 die günstigste Distanz.

Da einzelne GIs nun von ihrer Deckung hinter dem Vorstrandabhang aus das Areal gelegentlich mit gezieltem Gewehr- und sogar Granatwerferfeuer belegten, schoß Severloh hin und wieder mit seinem Karabiner auf die Köpfe mit den großen runden Helmen, wenn sie langsam hinter der Böschung hervorkamen. Mehrmals traf er dabei die Schienen der kleinen Feldbahn, die direkt am Saum des Vorstrandes verlegt worden waren, und er konnte die aufspritzenden Funken sehen, die seine kleinen Stahlgeschosse verursachten.

Hein Severloh bemerkte, daß Oberleutnant Bernhard Frerking inzwischen zum vierten Mal einen der Fernmelder damit beauftragte, nach hinten zu laufen und die von den Granaten zerrissene Telefonleitung wieder zu reparieren. Dann fiel dem Gefreiten auf, daß leicht links vor dem Widerstandsnest ein auffälliger roter Wimpel an einer zwei Meter langen, dünnen Metallstange flatterte: „Offenbar eine Orientierungshilfe für nachfolgende Landungsboote, die ein GI aufgestellt haben mußte, der meiner Aufmerksamkeit entgangen war..."

Pioniere der ersten Angriffswelle mußten zur besseren Erkennung der Zielgebiete für nachfolgende Landungsboote am Strand Wimpel aufstellen – entsprechend der Landezonen grün, weiß oder rot.

In den Kasematten leisteten die Kanoniere Schwerarbeit. Trotz des Dauerbeschusses von See her feuerten sie Granate um Granate auf die kleinen Landungsboote, die mit jeder Angriffswelle an den nach der aufgelaufenen Flut nur noch schmalen Strand rutschten. Auch die beiden Kasematten auf WN 62 waren von Beginn an von den näher vor der Küste kreuzenden Zerstörern unter anhaltenden Beschuß genommen worden. Immer wieder krepierten die Granaten an den äußeren Bunkerwänden und wirkten für die Artilleristen im Inneren wie dröhnende Hammerschläge. Dann nahm eines der vier großen, vor *Omaha* liegenden Schlachtschiffe die beiden

Rekonstruktion / Fotomontage: v. Keusgen

Heinrich Severloh verfügte in seiner Maschinengewehrstellung über eines von zwei MG 42 des WN 62 (das andere bediente Ludwig Kwiatkowski). Infolge seiner äußerst günstigen, 25 Meter über dem Strand gelegenen Position, seiner präzisen, schnell schießenden Waffe, des permanenten Munitionsnachschubs sowie seines außergewöhnlichen Durchhaltevermögens hatte er erheblichen Anteil an dem Desaster der Amerikaner in ihrem Landeabschnitt "Easy Red".

Technische Daten des MG:
Offizielle Bezeichnung: 7,92 mm Maschinengewehr 42 (nach seinem Baujahr 1942)
Kaliber/Patrone 7,92x57 mm
Speisung: 50-Schuß-Trommel oder 250-Schuß-Metallzerfallgurt
Lauflänge: 53 cm
Gesamtlänge: 123 cm
Gewicht: 10,6 kg
Vo: 820 m/sec.
Feuerfolge 1.500 Schuß/min
Hersteller: Mauserwerke, Oberndorf und Berlin; Großfuß, Döbeln; Maget, Berlin; Steyr-Daimler-Puch, Steyr; Gustloff-Werke, Suhl (allgemein als bestes MG aller Zeiten anerkannt.)

Wrack eines Amphibienpanzers vor dem WN 62.

Fast zeitgleich, gegen 10:15 Uhr, wurden beide 7,65-cm-Feldkanonen durch den Beschuß des nahe vor der Küste kreuzenden Zerstörers "Frankfort" zerstört. Das Geschütz der oberen Kasematte (Bild links) wurde zweimal getroffen, dabei ihr Schutzschild durchschlagen. (Das Foto entstand einige Tage später, als das Wrack des Geschützes aus dem Bunker gebracht worden war.) Das Geschütz der unteren Kasematte wurde mit einem einzigen Treffer vollständig zerstört.
Fotos: US National Archives

Geschützbunker mit ihren für die Landungsboote und Zerstörer so gefährlichen 7,65-cm-Kanonen unter Feuer. Mehrmals waren die Kasematten getroffen worden, ohne bisher größeren Schaden zu nehmen. Doch plötzlich bekam die Kanone der unteren Kasematte einen Volltreffer. Der Explosionsknall hallte in der großen Kasematte, und das Geschütz wurde total zerstört, Stahlsplitter fetzten klirrend durch den Raum und schlugen kleine Löcher in die Betonwände. Die Besatzung versank in einer Flut aus Qualm und Staub. Bruno Plota hatte das Glück, sich gerade im Munitionsraum aufzuhalten, um wieder eine Granate zu holen, doch für einen Moment war er geschockt.

Aus dem Staub und Dreck in der Kasematte flüchtete sich Hans Selbach ins Freie. Jedoch wurde er sich draußen sofort der großen Gefahr bewußt, in der er sich nun befand, denn im Bereich der unteren Kasematte gab es noch immer keinen schützenden Laufgraben. Trotzdem rannte er über die flache Terrasse zur oberen Kasematte, eine Entfernung von 44 Meter – und wurde von einem Gewehrschuß getroffen. Das Geschoß durchschlug seinen linken Unterschenkel, jedoch ohne den Knochen dabei zu verletzen. Hans Selbach lief trotz des brennenden Schmerzes weiter, bis in den rettenden Graben, der zur Anhöhe des Areals hinauf führte, „denn unten herumzulaufen, war inzwischen viel zu gefährlich geworden", erinnerte sich Selbach später.

Hinter der Küstenanhöhe fällt das Land sanft bergab, aber die bis zum Vortag saftigen grünen Wiesen waren durch die Bomben und Granaten in eine einzige graue Kraterlandschaft verwandelt worden, die rückwärtige Umzäunung des Widerstandsnests und der gesamte obere Eingangsbereich waren regelrecht zerfetzt.

Als Hans Selbach das Plateau auf dem WN 62 erreichte, stellte er fest, daß das vorher total verminte südwestliche küstennahe Hinterland bis Colleville nun für ihn risikolos zu überlaufen war. Einen Moment später kam Bruno Plota aufgeregt zu Lützens Bunker und erzählte atemlos, daß in der unteren Kasematte eine großkalibrige Schiffsgranate eingeschlagen und Heinrich Krieftewirth nach der Explosion einfach umgefallen sei. Dann hätte er dem leichenblaß daliegenden Kameraden ordnungsgemäß seine Erkennungsmarke abgenommen und durchgebrochen, doch in diesem Augenblick habe Krieftewirth wieder die Augen geöffnet. Es stellte sich dann heraus, daß er von gar keinem Granatsplitter getroffen worden war, sondern lediglich ein Explosionstrauma erlitten, das zur Taubheit geführt hatte. Sofort nachdem Plota seinen dramatischen Bericht von der Begebenheit in der Kasematte beendet hatte, verschwand er wieder genauso plötzlich im Schlachtengetöse, wie er bei Lützen erschienen war.

Eine halbe Stunde nachdem Hans Selbach die Verteidigungsanlage verlassen hatte, erreichte er über die kleine Ortschaft Colleville den Kompaniegefechtsstand. Sein Geld, seine Wertsachen und persönlichen Gegenstände hatte er *(wie viele seiner Kameraden auch, die das Widerstandsnest verließen)* in der unterirdischen Mannschaftsunterkunft zurückgelassen. Beim WN 63 befanden sich indessen bereits viele Verwundete, die von mehreren Sanitätern eine Erstversorgung erhielten – und andauernd kamen neue dazu. Auch Selbachs Beinverwundung wurde von einem Sanitäter verbunden, dann ließ man ihn mit einigen anderen Verwundeten in einen Sanka klettern und zu einem bei Bayeux eilig eingerichteten Hauptverbandplatz abtransportieren.

Die steigende Flut schwemmte nun Massen von Leichen, Kriegsmaterial und Wrackteilen an den Strand. Dazwischen rollten langsam meterlange, von Granattreffern zersplitterte Baumstämme hin und her, die morgens noch als Strandhindernisse gedient hatten. Vom zweiten Trommelfeuer war der Strand regelrecht umgegraben und die Hindernisse weitgehend, doch noch immer nicht gänzlich zerstört worden. Mit der ständig auflaufenden Flut erhöhte sich zunehmend das Risiko der immer wieder in neuen Wellen heranfahrenden Landungsboote, da die restlichen Holzbarrieren und die von den Granateinschlägen umhergeworfenen Eisenhindernisse langsam vom Wasser überflutet und für die Bootsführer unsichtbar wurden. Dennoch, der deckungslose Weg über den restlichen Strand wurde für die GIs von Welle zu Welle kürzer.

Um 11:00 Uhr fuhren kurz nacheinander zwei der kleinen LCAs direkt vor dem WN 62 auf von Wellen überspülte Auflaufböcke und wurden von den an ihren Spitzen befindlichen Minen völlig auseinandergerissen. Nach den Explosionen trieben nur noch einige Trümmer der Holzboote, etliche Leichen und Leichenteile zum Strand.

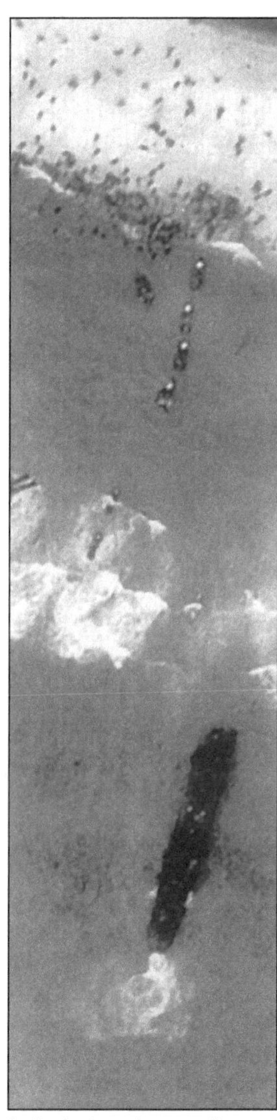

Luftaufnahme des amerikanischen Landeszenarios am „Omaha Beach" gegen 10:30 Uhr: Ein LCT hat vier Panzer und vier Lkw in der Flachwasserzone vor dem WN 62 abgesetzt. (Auffällig sind die vielen Soldaten, die auf dem Strand liegen...)

Foto: US National Archives

Inzwischen war die Flut voll aufgelaufen und stand unmittelbar an der kleinen Böschung des Vorstrandes. Die erschöpften GIs, die schon lange, teilweise seit mehreren Stunden, im kalten, blutigen Wasser gelegen hatten, erreichten nun endlich den nur noch sehr schmalen Saum des Strandes, an dem die wenigen überlebenden Männer der ersten Angriffswellen lagen. Fast alle waren verwundet und hockten auf dem groben Kies hinter der flachen Böschung, die ihnen wenigstens etwas Deckung bot – zwischen Hunderten Leichen, verstümmelten Körpern, abgerissenen Armen und Beinen, Uniformfetzen, hölzernen Wrackteilen, leeren Kisten und Kanistern, zerrissenen Ausrüstungsgegenständen, und in einem viele Meter breiten, dicken und mit den auslaufenden Wellen nur zäh breiig schwappenden Saum aus blutigem Schlamm...

Mit Planen abgedeckte Körper gefallener GIs im Trümmerfeld am Kieswall vor dem WN 62. Nachfolgende Soldaten sollten nicht zu sehr demoralisiert werden. **Foto: US National Archives**

Wie seine Kameraden auch, hatte Franz Gockel seit 18 Stunden nichts mehr gegessen und getrunken. In der Absicht, etwas von seiner Verpflegung aus dem Mannschaftsbunker zu holen, umlief er im Duckschritt das Widerstandsnest an seiner östlichen Flanke und erklomm den schrägen Hang von der Talseite aus. Im Laufgraben vor dem Mannschaftsbunker traf Gockel Helmut Kieserling und Paul Häming, die bereits ebenfalls ihre Positionen aufgegeben und es vorgezogen hatten, sich vorsichtshalber durch den Hauptlaufgraben zum Mannschaftsbunker hinauf zurück zu ziehen. Der Gefreite Häming hatte ebenfalls eines der beiden Maschinengewehre aus der Zwillings-MG-Halterung in der Fliegerabwehrstellung genommen und mitgebracht. Kieserling war noch mit seinem Karabiner bewaffnet. Nun beobachteten sie, daß dunkle Kolonnen der Amerikaner die jenseitige Anhöhe des Tals, oberhalb des WN 61 und hinauf zum WN 60 erklommen.

Nachdem Franz Gockel schnell sein Soldbuch und einen Rosenkranz aus seiner Feldbluse genommen hatte *(er trug noch immer die Arbeitsuniform)*, nahm er seine Erkennungsmarke vom Bett und steckte auch eine kleine Lourdes-Medaille ein, die ihn vor Unglück bewahren sollte. Dann trank er hastig seine kalte Milch auf nüchternen Magen und verschlang ebenso hastig mit seinen beiden Kameraden einige Bissen Brot und Wurst. Darauf, und auf den Streß reagierten Magen und Darm empfindlich. Gockel verließ den Graben, lief zum nahen östlichen Abhang und riß sich die Hose herunter – jedoch zu spät...

Nachdem sich der erst fünf Tage zuvor zum Gefreiten beförderte Gockel bei der vierköpfigen Besatzung an der weiter unten gelegenen Pak-Stellung daraufhin eine neue Hose besorgt hatte, wollte er zu seinen Kameraden zum Mannschaftsbunker zurück. Vorsichtig kroch er wieder bis zum oberen Böschungsrand des Areals hinauf. Als er mit der linken

Hand über die höchste Erhebung des Abhangs auf das Plateau griff, gleichzeitig den Kopf darüber hob, wurden drei Finger seiner linken Hand von einem Gewehrgeschoß gestreift.
Rückwärts rutschte er die Böschung wieder hinab. Einer der
Kanoniere der Pak-Besatzung verband dem jungen Soldaten notdürftig die Hand. Während Franz Gockel dann mit seinem Karabiner unter dem Arm und in großer Sorge, seine
zerschossenen Finger zu verlieren, die schmale Straße zum
WN 63 hinauf eilte, konnte er bereits aus Colleville Gewehrfeuer vernehmen...

Bis 11:00 Uhr war Michel Schnichels noch nicht wieder auf
der oberen Position des Widerstandsnests und von seinem
Erkundungsgang zurückgekommen. Seitdem er nach dem
ersten Trommelfeuer seinen Karabiner genommen hatte und
losgegangen war, waren inzwischen fast fünf Stunden ver-
gangen. Lützen, dessen Aufgabe darin bestand, im direkten

Kontakt mit dem Kompaniegefechtsstand zu stehen, wurde wiederholt von Leutnant Bauch über das Lichtsprechgerät angerufen, weil dieser nun endlich einen Situationsbericht erhalten wollte. Da aber Schnichels nicht zurückgekommen und Peter Lützen der Meinung war, daß sein Kamerad bereits gefallen sei, schickte Bauch den Obergefreiten nun selbst den Hang hinunter, um sich über die Gesamtsituation im WN 62 einen Überblick zu verschaffen.

Kriegsschiffe mit nur geringem Tiefgang näherten sich immer wieder bis auf weniger als zwei Kilometer der Küste, um somit besser auf einzelne kleine Stellungen schießen zu können – und gerieten in die Sperrfeuerzonen deutscher Geschütze.   **Foto: US National Archives**

Inzwischen hatten sich die Amerikaner vom westlichen Plateau des Küstenhanges und des nahe gelegenen WN 62A aus langsam auf das WN 62 zubewegt. So zog Peter Lützen es vor, nicht den langen Haupt-Laufgraben hinunter zu gehen, der bereits von den vielen Granateinschlägen stellenweise stark eingebrochen und nicht mehr tief genug war, sondern lieber die Richtung rechts am Mannschafts- und Fernmeldebunker vorbei zu nehmen, zumal der Hang zur östlichen Seite leicht zum Tal abfällt und somit etwas mehr Deckung gegen die GIs auf der anderen, der westlichen Seite bot. Er robbte mit seiner Maschinenpistole im Arm vorsichtig zum ersten Granattrichter, dann zum nächsten und weiter über ein Stück freien Feldes und in die Nähe der Baugrube, bei der noch nach der Vergrößerung und dem neuen Einzäunen des Areals eine Menge Stacheldraht liegengeblieben war, der, aufeinandergeworfen, einen flachen, undurchdringlichen Hügel bildete. In diesem Moment konnte Lützen trotz des Lärms der um ihn herum tobenden Kampfhandlungen und dem ständigen dumpfen Röhren der Landungsboote ein schrilles Pfeifen vernehmen, dann schlug vor ihm, auf der anderen Seite der Stacheldraht-Deponie, krachend eine Bazooka-Rakete ein, die von unten, vom Kieswall vor dem WN 62 aus, heraufgeschossen worden war. Die scharfkantigen, heißen Splitter der krepierenden Rakete stoben umher und Peter Lützen spürte, daß ihn mit einem schmerzhaften heißen Stich ein kleiner Stahlsplitter in den rechten Oberarm schoß. Ein anderer Splitter riß ihm gleichzeitig die linke Hand von der Spitze des Zeigefingers bis zum Handballen auf. Der Obergefreite kroch mit seiner stark blutenden und heftig schmerzenden Hand sofort zurück zu seinem LSG-Bunker. Dort meldete er zum Kompaniegefechtsstand und Hauptmann Bauch, daß er verwundet sei. Bauch fragte nach dem Grad der Verwundung und ob Lützen dennoch im Widerstandsnest verbleiben könnte. Der Obergefreite erklärte sich dazu bereit und verband seine Handverletzung erst einmal notdürftig.

Am Vorstrand vor dem WN 62 war die Situation der Amerikaner weiterhin dramatisch. Noch immer lagen die GIs, die den Granatbeschuß und Kwiatkowskis und Severlohs

Die Widerstandsnester 61 und 62 gegen Mittag des 6. Juni aus der Luft aufgenommen: Besonders auffällig war die strömungsbedingte Verfärbung des Meereswassers durch die vielen umher treibenden blutenden Körper. Am Rand des Kiessaums, unmittelbar vor dem Vorstrand, lagen große Wrackteile, Kriegsmaterial und massenhaft Körper verwundeter und toter GIs, vornehmlich im Feuerbereich der beiden MG-Schützen Hein Severloh (1) und Ludwig Kwiatkowski (2). Die 1. Batterie beschoß noch immer den vom Hochwasser überfluteten Strand (Granateinschlag oben links im Bild). Die hell aufsteigenden Rauchsäulen (Bildmitte) hatten ihre Ursache lediglich infolge einiger in Brand geratener Ginstersträucher.
Foto: US National Archives

MG-Feuer überlebt hatten, auf dem Kieswall hinter der kleinen Böschung zum Vorstrand im angeschwemmten Blutschlamm und zwischen Massen toter Kameraden – mit Gefühlen zwischen Haß und Verzweiflung. Die Verluste der Amerikaner vor dem WN 62 waren katastrophal. Man hatte den deutschen MG-Schützen vor der Invasion immer wieder erklärt, daß sie ihr Feuer genau in jenem Moment eröffnen sollten, in dem die Rampen der Landungsboote herabfallen und die GIs hinaus mußten, weil sie dann noch alle dicht beisammen waren. Hein Severloh handelte bereits seit sechs Stunden nach diesem Prinzip, „und wer meinem MG-Feuer entkommen konnte, den nahm ich mit meinem Karabiner unter gezieltes Einzelfeuer", sagte er, „es entkam kaum jemand…"

Um 12:00 Uhr befahl Oberleutnant Frerking seiner Batterie Salvenfeuer gegen die nächste heranrollende Welle der Landungsboote, doch der Batterieoffizier in Houtteville teilte ihm mit: „Wegen akutem Munitionsmangel ist nur noch Einzelfeuer möglich, Herr Oberleutnant."

Oberst Ocker, Kommandeur des Artillerie-Regiments 352, hatte bereits kurz vorher persönlich der 1. Batterie „einen ganzen Lastwagen voll Munition" versprochen. Doch als dieser Lkw nur noch weniger als einen Kilometer von der Feuerstellung bei Houtteville entfernt gewesen war, wurde er von einem amerikanischen Jabo (Jagdbomber) beschossen – und war mit seiner gesamten Ladung explodiert.

Hein Severloh schoß von seiner erhobenen Position und nach der aufgelaufenen Flut nur noch auf eine Entfernung von wenig mehr als 200 Meter, aber er hatte nun fast seine gesamte MG-Munition verbraucht. Da erschien plötzlich ein Feldwebel in seinem Graben, den er noch nie gesehen hatte *(der auch nicht zu den Widerstandsnestern, 61, 62 oder 63 gehörte)*. Auffallend an der Erscheinung des schwarzhaarigen, schlanken Feldwebels war der ungewöhnliche Umstand, daß er keine Felduniform mit grauen Kragenspiegeln trug, sondern eine Ausgehuniform mit blanken, glitzernden Spiegeln. Jedoch war die linke Seite seiner Uniform stark blutbesudelt, da er eine Verwundung am Hals hatte, aus der viel Blut floß. Severloh konnte dem Feldwebel die aggressive Verfassung deutlich anmerken, auch übertrug sie sich auf den Gefreiten. Im Moment, da er in Severlohs Stellung erschien, war der gerade dabei, das klemmende Schloß seines Karabiners mit dem Stiefel aufzutreten, da es ihm mit der Hand nicht mehr gelang, die Waffe durchzuladen. Der Feldwebel sagte: „Junge, mach dich nicht unglücklich, dein Karabiner ist doch schon viel zu heiß!"

Einen Moment später hatte der Feldwebel einen anderen Karabiner aus dem Fernmeldebunker der B-Stelle geholt, mit dem Severloh dann wieder die GIs am Strand beschießen konnte. Die verzweifelten Amerikaner hinter der flachen Böschung vor dem WN 62 sprachen bereits von „der verdammten Bestie da oben"...

GIs warteten voller Anspannung auf den bevorstehenden Moment des Herunterlassens der Rampe ihres LCVPs (das Boot war dem Taleingang vor Colleville bereits sehr nahe – siehe die bewaldete Anhöhe links).
Foto: US National Archives

Inzwischen hatte sich die Situation der GIs hinter dem Vorstrand zu einer Katastrophe entwickelt. Die Soldaten, die von den Rampen ihrer Landungsboote nachfolgender Angriffswellen sprangen, rutschten im angeschwemmten fetten, dunkelroten, zäh schwappenden und knöcheltiefen Blutschlamm aus, verloren dabei ihre Waffen oder verletzten sich. Viele der Bootsführer, die das grauenhafte Desaster beobachteten, ließen gar nicht erst ihre Rampen herunter, sondern rangierten mit den schwerfälligen hölzernen Prähmen langsam im flachen Wasser herum, um irgendwo anders Plätze für die Landung ihrer Soldaten zu finden – und wurden so Opfer der deutschen Artillerie. Zwischen den mit Minen gespickten Holzpfählen hingen die Wracks von zwei halb zerrissenen Landungsbooten und dümpelten in den rot verfärbten Wellen.

Da Hein Severloh bis zum Mittag bereits sein Konvolut von 4.500 Schuß Munition mit seinem Maschinengewehr und Karabiner verfeuert hatte, war der Feldwebel trotz seiner Verwundung mehrmals zu den im unteren Bereich des Widerstandsnests befindlichen Munitionsbunkern gegangen, um Nachschub zu holen – 8.000 Schuß. In den letzten Kisten, die er zu Severlohs Position hinauf schleppte, befand sich nur noch Nacht-Munition, bei der jede fünfte Patrone ein Leuchtspur-Geschoß beinhaltete. Hein Severloh lud trotzdem sein Maschinengewehr nach und begann wieder zu feuern...

Zu dieser Zeit näherte sich dem WN 62 ein weiterer Schwarm Landungsboote. Die GIs, die in den LCVPs hockten, waren von den vielen Stunden, die sie erst auf den

Truppentransportern, dann auf den Landungsbooten zugebracht hatten, inzwischen bereits erschöpft, die meisten von ihnen seekrank. Die jungen Männer gehörten zur 29. Infanterie-Division und ihre Boote waren deutlich von ihren Zielorten abgetrieben worden. Von weitem konnten sie Hein Severlohs auffälliges Mündungsfeuer am Küstenhang immer wieder aufflackern sehen – aber auch das, was er am Strand unter ihren Kameraden bereits angerichtet hatte. Eines der LCVPs war, bedingt durch die auflaufende Flut, bereits nahe an den Vorstrand herangefahren, jedoch auf einer hohen Sandbank zum Stehen gekommen. Folglich fiel seine Rampe in den dahinter befindlichen tiefen Priel *(Wasserrinne zwischen den Sandbänken)*, in der das Wasser mehr als eineinhalb Meter hoch stand. Der Soldat David Silva stand in seinem LCVP weiter hinten und sah nun mit an, wie seine Kameraden, die aus dem anderen Boot ins tiefe Wasser springen mußten, bereits auf der Rampe zusammengeschossen wurden. Als Silva hinaussprang, zerfetzten MG-Geschosse sofort seine Uniform, sein Sturmgepäck und das Kochgeschirr. Er beschrieb die Situation treffend: "Ich kam mir vor wie eine Tontaube im Schrotbeschuß."

Seinem Schwur gemäß wurde David Silva nach dem Krieg Pfarrer – in der amerikanischen Armee. (Das Foto zeigt Silva in Ausübung seines Dienstes in Karlsruhe 1963. Vergleich siehe Seite 15.) **Foto: H. Severloh**

Und in dem Moment, da ihn die Geschosse trafen, rief er Gott an, er möge ihn beschützen – wenn er das Massaker überleben sollte, wollte er Pfarrer werden.

Rückzug

Als Peter Lützen um 12:00 Uhr wieder einmal aus seinem LSG-Bunker kam, glaubte er seinen Augen nicht zu trauen, denn vom nur elf Meter entfernten Mannschaftsbunker kam im Hagel der Kugeln und Granaten durch eine dunstige Wand aus Staub und Qualm ein amerikanischer Soldat den Graben entlang und auf Lützen zu. Als er ihn sah, hob der GI sofort die Hände – er war unbewaffnet. Da der Obergefreite nicht englisch sprechen konnte und der Amerikaner kein deutsches Wort verstand, gab Lützen dem etwa 35-jährigen und sympathisch wirkenden Master-Sergeant *(Feldwebel)* mit seiner Maschinenpistole ein Zeichen, sich umzuwenden, damit er ihn nach vielleicht doch noch versteckten Waffen abtasten konnte. Peter Lützen glaubte später: „Offenbar hatte der GI von der 1. US-Infanterie-Division vor, so den Krieg auf seine Weise für sich zu beenden."

In diesem Augenblick erschienen auch Bruno Plota und der zahnlose Heinrich Krieftewirth in dem nur 95 Zentimeter schmalen Laufgraben zwischen dem Doppel-Tobruk und dem LSG-Bunker. Die beiden hatten in ihrer Verwirrung ihre Karabiner im Staub der Kasematte vergessen. Krieftewirth war auffallend blaß und offenbar hatte er sein Gehör verloren. Er sprach kein Wort und wirkte verstört. Lützens Oberarm und seine Hand schmerzten, er wollte sich nun endlich ordentlich behandeln und verbinden lassen. So rief er im Kompaniegefechtsstand an, um Leutnant Bauch davon zu unterrichten, daß er sich jetzt mit dem traumatisierten Krieftewirth und einem Gefangenen zum WN 63 zurückziehen würde. Bauch war einverstanden. So ließ Lützen das Lichtsprechgerät von Bruno Plota übernehmen, der sich längst damit auskannte.

Der Laufgraben, der LSG-Stand und Mannschaftsunterkunft verband (siehe Seite 103, oben).
Foto: von Keusgen

Das am 7. Juni 1944 zugeschüttete, sechs Meter lange Verbindungsstück des ehemaligen Laufgrabens zwischen der Mannschaftsunterkunft (links) und dem LSG-Bunker am Doppel-Tobruk-Stand (unten rechts). (Vergleich siehe Seiten 56 u. 57.)

Die im unteren Areal gelegenen Ein-Mann-Stellungen, in denen die Infanteristen liegend ihre Gewehre in Anschlag bringen konnten (100 x 200 cm groß), wurden am 6. Juni 1944 nicht genutzt. **Fotos: von Keusgen 2003**

Gegen 13:30 Uhr verabschiedeten sie sich im Getöse der Kampfhandlungen, und Lützen sagte noch zu Plota, er solle nun beim Kompaniegefechtsstand unbedingt Verstärkung für das Widerstandsnest anfordern, dann verließen er, sein amerikanischer Gefangener und der schweigsame, blasse Krieftewirth die Anlage in Richtung Hinterland. Sie schlugen zuerst den Weg nach St. Laurent ein, um so dem Tal und dem Hauptkampfgeschehen dieser Peripherie auszuweichen. Doch nach nur wenigen Schritten schlug ihnen starkes MG-Feuer entgegen. Sie waren irritiert, weil sie nicht erkennen konnten, ob es sich um deutsche oder gegnerische Truppen handelte. Vorsichtshalber suchten sie kurz Deckung in einer im Verlauf vieler Jahrzehnte vom Regen tief ausgewaschenen schmalen

Erdrinne neben der Straße, die auf dem Küstenplateau zum WN 62 führte, beeilten sich dann, in die entgegengesetzte Richtung zu kommen. Kurz darauf erreichten sie den Abhang, der zum Tal von Colleville führt. Lützen und Krieftewirth waren erstaunt über das, was sie nun in der Vorstrandniederung vor dem Taleingang sehen konnten: Fast auf der gesamten Fläche zwischen dem WN 62 und dem gegenüber liegenden WN 61 wimmelten bereits Hunderte von Amerikanern herum, sogar mit einigen großen Fahrzeugen. Der amerikanische Gefangene gab Lützen durch Gesten zu verstehen, daß er dort hinunter wollte. Der Obergefreite aber schüttelte den Kopf. Peter Lützen war zwar klar, daß auch für ihn der Krieg beendet wäre, wenn er sich den Amerikanern ergeben würde, doch erinnerte er sich an eine Aussage des damaligen Stützpunktführers, Leutnant Claus, anläßlich einer Kompaniebesprechung, daß die Stoßtruppen der Engländer und Amerikaner keine Gefangenen machen und folglich jeden deutschen Soldaten sofort erschießen würden. Auch wollte Lützen nicht in Gefangenschaft geraten. Sofort machten sie wieder kehrt, und der Obergefreite richtete die Mündung seiner Maschinenpistole auf den Sergeanten: „Los, komm mit…"

Sie schlugen nun den Weg über ein offenes Terrain ins Hinterland ein, und obwohl sie rund einhundert Meter weiter südöstlich und hangabwärts plötzlich vor einem von Bomben und Granaten nur wenig zerstörten Feld mit Schildern, die vor Minen warnten, standen, wagten sie es dennoch, das Feld aufrecht gehend zu überqueren. Peter Lützen sagte später über diese leichtsinnige Aktion: „Mir war in diesem Augenblick alles egal. Ich wollte nur nicht in Gefangenschaft geratenen. Außerdem gab es bei uns zwar oft Warntafeln für Minenfelder, aber in Wirklichkeit lagen da überhaupt keine Minen. So ging ich das Risiko ein."

Propaganda-Plakat zur Aufrechterhaltung der Kampfmoral deutscher Soldaten.
Abbildung: Archiv von Keusgen

Die obere Kasematte auf dem WN 62 wurde am 6. Juni 1944 von insgesamt 27 Granaten unterschiedlicher Kaliber von See her getroffen. Selbst der Geschützraum wurde allein von 9 Treffern sehr schwer beschädigt. (Die untere Kasematte wurde außen von 18 Granaten, im Innenraum von 7 Granaten getroffen und von einer durchschossen.)
Fotos: von Keusgen 2004

Unmittelbar nachdem Peter Lützen mit den beiden anderen den Graben vor dem LSG-Bunker verlassen und die Verantwortung für das Lichtsprechgerät und die Aufrechterhaltung der Kommunikation mit dem Kompaniegefechtsstand an Bruno Plota übertragen hatte, forderte dieser auftragsgemäß sofortige Verstärkung für das Widerstandsnest an, denn auch ihm war längst aufgefallen, daß sich inzwischen etliche seiner Kameraden nach Verwundungen zum rückwärtigen WN 63 abgesetzt hatten. Sogar der Sanitäter, der 33-jährige Bruno Wittber, der inzwischen den von einem Granattreffer in seiner oberen Kasematte verwundeten Heinrich Brinkmeier zum Kompaniegefechtsstand geführt hatte, war nicht wieder zum WN 62 zurückgekehrt.

„Einige Zeit nachdem ich um Verstärkung gebeten hatte, tauchten von Westen her zwölf Gestalten auf", erzählte Plota. „Ich dachte, das sei die Verstärkung und pfiff laut auf den Fingern, damit sie mich in dem Getöse bemerken konnten, und winkte auffällig mit den Armen, daß sie zu mir kommen sollten, doch plötzlich fingen sie an, auf mich zu schießen."

Warnung vor Minen! Doch nicht immer waren an diesen Orten auch wirklich Minen verlegt worden.
Foto: US National Archives

Erste amerikanische Infanteristen hatten bereits ab 8:00 Uhr und vermehrt ab 10:00 Uhr das Plateau westlich des WN 62 eingenommen und belegten das Widerstandsnest nun mit gezieltem Gewehrfeuer.

Auf einmal erschienen auch der Obergefreite Kuska und der verwundete Soldat Heckmann in dem engen Laufgraben vor dem LSG-Bunker. Kuska sagte: „Weiteren Widerstand zu leisten ist sinnlos. Wir hauen jetzt ab und versuchen, uns zum Kompaniegefechtsstand durchzuschlagen."

Dann liefen die beiden Soldaten im Duckschritt über das Plateau in Richtung Hinterland. Verantwortungsbewußt demontierte Bruno Plota noch schnell das Lichtsprechgerät, dann lief er den anderen hinterher. Nur einhundert Meter weiter war er bereits bei ihnen. Dort, wo sie sich trafen, lag ein ihnen unbekannter junger deutscher Soldat stöhnend auf der von Granaten umgewühlten Erde. Er war kurz zuvor durch einen Bauchschuß schwer verwundet worden. Wieder pfiffen Geschosse herüber. Plota stand mit seinem schweren Lichtsprechgerät auf dem Arm hilflos dabei. Auch Kuska und der verwundete Heckmann waren im Moment ratlos. Da zog der Soldat eine Pistole, um sich damit zu erschießen. Plota, der sich lieber allein absetzen wollte, lief davon und rutschte mit dem Lichtsprechgerät auf dem Arm den Abhang auf der südöstlichen Seite des WN 62 ins Tal hinab. Er hörte noch den Schuß...

Kaum hatte Plota den Weg erreicht, der talaufwärts nach Colleville führt, wurde er heftig unter Feuer genommen; sogar Leuchtspurgeschosse flogen in allernächster Nähe sirrend an ihm vorüber. Der Oberschütze warf das Lichtsprechgerät in das hohe Brombeerdickicht auf der anderen Seite der Straße, dann ließ er sich geistesgegenwärtig zu Boden fallen und stellte sich tot. Sofort hörte der Beschuß auf.

Mit der nächsten Angriffswelle, gegen 14:00 Uhr, die aber mit der bereits langsam wieder ablaufenden Flut nicht mehr in dem Chaos vor WN 62 landete, sondern deutlich weiter westlich, wurden neue Massen amerikanischer Infanteristen vor jenem Strandbereich abgesetzt, dessen Vorstrand nicht mehr mit einer steilen Böschung zum Strand abfällt, sondern bis zu vier Meter hohe Dünen hellen Sandes den GIs bessere Deckungsmöglichkeiten boten. Bereits seit 8:00 Uhr waren vereinzelte US-Soldaten von hier aus die schrägen Abhänge hinter diesen Dünen bis zum 55 Meter hohen Küstenplateau empor geklettert und lediglich auf den als Materialdepot benutzten Stützpunkt WN 62A gestoßen, der über keinerlei Verteidigungsmöglichkeiten verfügte und somit für die Amerikaner keine Gefahr darstellte. Im Verlauf der Zeit waren es immer mehr GIs geworden, die es an dieser Stelle des Hanges geschafft hatten, hinauf zu klettern, da dort das deutsche Abwehrfeuer nur spärlich war. Außerdem befand sich die nächste auf dem Plateau gelegene Verteidigungsanlage (WN 64) erst westlich in 1.250 Meter Entfernung.

Hein Severloh hatte diese Truppenbewegungen der Amerikaner bereits seit einiger Zeit bemerkt, aber auch, daß er längst der letzte MG-Schütze auf dem WN 62 war. Aber der Gefreite schoß unbeirrt weiter. Im Graben neben ihm häuften sich inzwischen die leeren Munitionskisten.

Als der unbekannte Feldwebel zum letzten Mal mit neuer Munition kam, bemerkte er, daß in der Verlängerung des Grabens, in dem sich Severlohs MG-Stellung befand, nur wenige Meter weiter zwei Soldaten der Besatzung aufhielten. Sie knieten in dem bereits halb verschütteten Graben, luden immer wieder hektisch ihre Karabiner durch, hielten sie dann über den Rand und feuerten schräg seewärts in die Luft. Dann luden sie wieder nach und feuerten auf diese Weise Schuß auf Schuß ab. Der Feldwebel herrschte sie an, kehrte aber sofort zu Severloh zurück und deutete auf den verwüsteten Strand und zur zerschossenen Kieszertrümmerungsanlage hinunter: „Da unten, da läuft noch einer…!"

Severloh sah einen GI mit einem Flammenwerfer und den Öltanks auf dem Rücken, der auf die demolierte Kieszertrümmerungsanlage zulief, um hinter ihr Schutz vor Beschuß zu suchen. Der Gefreite erkannte sofort die Gefahr, die von diesem Amerikaner ausging, würde er aus seiner Deckung den mehr als eintausend Grad heißen Feuerstrahl seines Flammenwerfers auf den Stützpunkt richten. Der Feldwebel reichte Severloh den wieder frisch geladenen Karabiner, doch der erste Schuß verfehlte den Amerikaner. Der lief weiter und war fast hinter dem Wrack der Zertrümmerungsanlage, als Severlohs zweiter Schuß ihn traf. Er hielt plötzlich inne, sein Helm war ihm von dem Geschoß durchschlagen und vom Kopf geflogen, er sackte auf die Knie, dann fiel er mit dem Gesicht in den blutig gefärbten Sand des Strandes. Als Hein Severloh sich einen Moment später umsah, war der Feldwebel fort, auch die beiden Infanteristen hatten den Graben verlassen – nach hinten.

Plötzlich vernahm er einen Knall, und unmittelbar darauf schlug ihm von der Spitze seines Maschinengewehrs her mit einem heißen Stich etwas direkt unter sein rechtes Auge. Der brennende Schmerz ließ ihn spontan ins Gesicht greifen, seine Finger waren sofort voller Blut. Ein gezielter Schuß aus einem amerikanischen Gewehr vom Vorstrand herauf hatte ein Stück des langen, scharfkantigen Korns von der Laufmündung seiner Waffe abgerissen und ihm ins Gesicht geschleudert. Um so wütender setzte der Gefreite sein MG-Feuer auf den Strand fort.

Von Westen her nährten sich nun sechs Sherman-Panzer auf dem nur schmalen Saum des Strandes dem WN 62. Hein Severloh sah sie kommen, als er gerade dabei war, den ersten Gurt mit der Leuchtspur in sein Maschinengewehr einzulegen. Er war sich durchaus des erhöhten Risikos bewußt, daß beim Schießen nun seine Position von den Amerikanern noch viel leichter zu erkennen war. Dann begann er wieder zu feuern. Mit dem Karabiner war ihm das Schießen unmöglich geworden, da sein rechtes Auge mittlerweile durch den Einschlag des Stahlsplitters fast völlig zugeschwollen war.

Kurz darauf schlug eine Granate direkt vor Severlohs MG-Stellung ein. Eine hohe Fontäne aus Erde und Kreidegestein stieg vor ihm auf, die Druckwelle riß ihm während des Schießens das Maschinengewehr aus den Händen und schleuderte es über ihn hinweg, dann prasselten Erde und Kreidegestein auf Severloh nieder. Doch der unerschütterliche

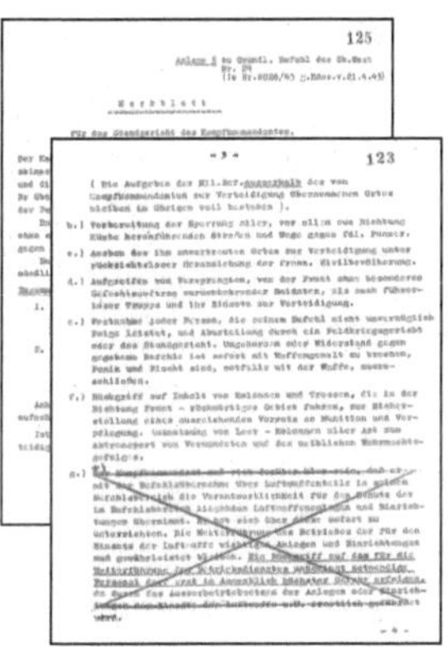

Auszug aus dem "Merkblatt für das Standgericht des Kampfkommandanten (Anlage zu Grundlegendem Befehl des Oberbefehlshabers West)": "… Festnahme jeder Person, die seinem Befehl (dem Befehl des Kampfkommandanten) nicht unverzüglich Folge leistet, und Aburteilung durch ein Feldgericht oder das Standgericht. Ungehorsam oder Widerstand gegen gegebene Befehle ist sofort mit Waffengewalt zu brechen, Panik und Flucht sind, notfalls mit der Waffe, auszuschließen."

Abbildungen: Archiv von Keusgen

Bauernsohn aus der Lüneburger Heide holte seine schwere Waffe wieder zurück in seine Stellung, in der er hockte, und die inzwischen kaum noch Ähnlichkeit mit dem MG-Stand am Morgen hatte. Das Loch war nur noch knapp einen Meter tief. Hein Severloh war nicht aufgefallen, daß er durch den dauernden Gebrauch der Waffe die Züge aus dem Lauf geschossen hatte. *(Die Geschosse, die den Lauf dieses Maschinengewehrs nun verließen, wurden in Ermangelung der Züge nicht mehr richtig geführt und begannen folglich während ihrer Flugbahn in der Luft zu trudeln – die Treffer führten zu schwersten Verwundungen.)*

Dann feuerte er weiter, denn eine neue Welle von Landungsbooten näherte sich dem Strand. Severlohs Feuerstöße wurden immer kürzer, weil er somit verhindern wollte, daß sich die Gegner auf sein auffälliges Mündungsfeuer einschießen konnten. Er feuerte nur kurz, dann ging er einen Moment in Deckung, bevor er den nächsten Feuerstoß abgab. Dennoch dauerte es nur wenige Minuten, bis die nächste Granate unmittelbar vor seinem MG-Loch einschlug und ihm ein weiteres Mal das Maschinengewehr über den Kopf nach hinten geschleudert wurde. Nachdem Severloh seine Waffe wiederum auf dem Rand seiner Mulde eingerichtet hatte, lief er in seiner aggressiven, gestreßten Verfassung zum Fernmeldebunker, in dem Beermann mit den vier Gefreiten saß. Der stämmige Severloh packte den nur drei Jahre älteren Unteroffizier am Kragen seiner Uniform, zog ihn zum Eingang und sagte respektlos: „Los, komm mit! du wolltest doch immer so gern schießen, jetzt kannst du es.!"

Doch Beermann, der bis zu diesem Moment im unterirdischen Fernmeldebunker im Sicheren gesessen hatte, wehrte sich heftig: „Nein, ich kann hier nicht weg."

Der große, kräftige Gefreite griff dem Unteroffizier nun auch noch an den Hosenboden und schob ihn heftig vor sich her, bis zur MG-Stellung. Dort herrschte er ihn an: „So, und jetzt schieß! Das wolltest du doch immer; nun tu's auch. Aber paß auf, wenn du mit dem Kopf hochkommst, mußt du schon den Finger am Abzug haben und genau wissen, wo du hin schießen willst. Dann darfst du nur kurz abdrücken und mußt den Kopf sofort wieder 'runter nehmen, sonst schießen sie ihn dir ab.!"

Beermann sträubte sich heftig, und noch bevor er sich überhaupt aufrichten konnte, schlug die nächste Granate direkt vor der Stellung ein und schleuderte das Maschinengewehr ein weiteres Mal einige Meter weit über die Köpfe der beiden Soldaten. Als ein neuer Regen von Erde und Kalkgestein auf die Stellung niederprasselte, lief Beermann panisch und in geduckter Haltung zurück in den sicheren Bunker.

Bereits aus erheblicher Entfernung war die Ruine der zerschossenen großen Villa am Haupteingang des WN 62 zu erkennen, von der nur noch die Außenwände standen (Pfeil). Dahinter das Tal, in dem der Weg nach Colleville führt.

Foto: US National Archives

Der ehemalige Laufgraben, der den Beobachtungsbunker mit dem Fernmeldebunker verband.

Der halb verschüttete Eingang zum damaligen Fernmeldebunker. **Fotos: von Keusgen 2004**

Der alte Laufgraben, der von Heinrich Severlohs MG-Stellung (Bildunterkante) am Eingang des Beobachtungsbunkers (rechts) vorbei bis zum Fernmeldebunker (links hinten) führt, und in dem sich die letzten Soldaten des WN 62 bei Oberleutnant Bernhard Frerking trafen.

Die Scharte des Oberservationsbunkers war von dem Treffer der Schiffsgranate stark beschädigt.
Fotos: von Keusgen 2003

Die schmale Rue de la Mer, die vom WN 62 zum Ortseingang von Colleville führt. Nur 60 Meter vor dem Ort befindet sich die kleine Tür zum unterirdischen Bunker des ehemaligen WN 63 mit dem damals noch neuen Kompaniegefechtsstand (Pfeil). Am 6. Juni 1944 war das WN 63 für die sich von den Widerstandsnestern 61 und 62 zurückziehenden deutschen Soldaten die Sammelstelle, in der die erste Wundversorgung stattfand. Die Bäume auf der Böschung (rechts) gab es 1944 noch nicht, da es sonst nicht möglich gewesen wäre, mittels Lichtsprechgerät mit dem WN 62 zu kommunizieren. (Vergleich siehe Seite 48 und 49)
Foto: von Keusgen 2004

Innerhalb der nächsten zehn Minuten wurde Severlohs Maschinengewehr noch zweimal durch gezielten Granatbeschuß fortgeschleudert. *(Severloh war der Meinung, daß sich einer der Panzer unten am Strand auf ihn eingeschossen hatte, jedoch war es der US-Zerstörer „Frankford", der Severlohs von der auffälligen Leuchtspurmunition verratene Position aus drei Kilometern Entfernung gezielt beschoß.)*

Gegen 15:00 Uhr fanden immer erheblichere Truppenbewegungen am Strand und sogar am Vorstrand statt. Die seit dem frühen Nachmittag wieder ablaufende Flut hatte bereits

113

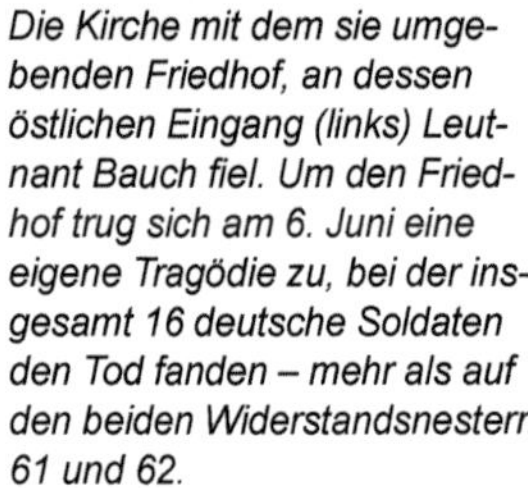

Die Kirche mit dem sie umgebenden Friedhof, an dessen östlichen Eingang (links) Leutnant Bauch fiel. Um den Friedhof trug sich am 6. Juni eine eigene Tragödie zu, bei der insgesamt 16 deutsche Soldaten den Tod fanden – mehr als auf den beiden Widerstandsnestern 61 und 62.

Fotos: Kollektion J.-N. Lenoury

den halben Strand bis auf eine Breite von 200 Meter entblößt, doch das, was die Flut zurückgelassen und wieder freigegeben hat, war ein einziges grauenhaftes Chaos.

In diesem blutigen Durcheinander kauerten viele völlig erschöpfte und verwundete GIs hinter der niedrigen Vorstradböschung. Nur weniger als ein Drittel der Amerikaner hatte die Anlandung vor dem WN 62 überlebt. Wenige hundert Meter weiter, im Sektor *Easy Green*, hockte auch David Silva, der nun erst bemerkte, daß er vor drei Stunden durch zwei Geschosse verwundet worden war – im Oberschenkel seines rechten Beins und im Rücken.

Längst hatte die amerikanische schwere Marine-Artillerie den Beschuß der Küste eingestellt, denn inzwischen fanden fast permanent Anlandungen immer größerer Schiffe mit Nachschub an Soldaten, Material und Fahrzeugen statt. Lediglich zwei Zerstörer fuhren in Küstennähe hin und her und belegten die wenigen immer noch vereinzelt feuernden deutschen Stellungen mit gezieltem Beschuß. Vor dem Taleingang von Colleville waren bereits erhebliche Truppen- und Fahrzeugkontingente an Land gebracht worden, und Oberschütze Plota, der sich noch immer tot stellend auf der Straße lag, konnte beobachten, wie die der Küste nahe gekommenen großen Landungsboot-Transportschiffe aus ihrem breiten Bug neue Massen von Booten entließen.

Nachdem Bruno Plota auf dem WN 62 mit dem Lichtsprechgerät den kleinen LSG-Bunker verlassen hatte, bestand für den Kompaniegefechtsstand keine Möglichkeit der Kommunikation mit dem Widerstandsnest und dem benachbarten WN 61 mehr. So hatte der Obergefreite Bernhard Lehmkuhl ebenfalls sein Lichtsprechgerät auf dem WN 63 aufgegeben und den unterirdischen Bunker verlassen können. Als Lehmkuhl vor die Tür des Kompaniegefechtsstandes trat, ins Tal und zum Strand hinab sah, bot sich auch ihm ein unvergeßlicher Anblick: „Es war dort unten alles schwarz von Booten und Panzern; kein Plätzchen war mehr frei – die konnte man gar nicht alle zählen."

Kurz darauf erschien beim Bunker des WN 63 Unteroffizier Eberhardt mit einigen Soldaten und sagte zu Bernhard Lehmkuhl: „Sie müssen sofort zum Gegenangriff mit hinunter."

Der Obergefreite, der angesichts der enormen feindlichen Überlegenheit überhaupt keinen Sinn in einem derartigen Unternehmen sah, entgegnete: „Ich bin hier auf der Befehlsstelle und muß alles überwachen. Ich darf diesen Platz nicht verlassen – Befehl von Herrn Leutnant."

Daraufhin ging Unteroffizier Eberhardt mit den anderen Soldaten den schmalen Weg ins Tal hinab. Als der Unteroffizier sich entfernt hatte, lief Lehmkuhl zum nur 155 Meter entfernten Gutshof in Colleville.

Hein Severloh war sich längst im Klaren darüber, daß die B-Stelle in absehbarer Zeit aufgegeben werden mußte. Seine MG-Munition war bis auf einen 100er-Gurt und eine Anschlagtrommel mit 50 Schuß geschrumpft. Die Mündung seines Maschinengewehrs war vom Verschießen der Leuchtspur-Munition derart heiß geworden, daß sich daran das trockene Gras entzündete. Die Batterie in Houtteville hatte infolge akuten Munitionsmangels schon seit dem frühen Mittag keinen Schuß mehr auf den Strand abgegeben – ebenso wie die 2. Batterie in Etréham und die noch weiter im Hinterland und bei Mosles zurückgelegene 3. Batterie. Auch hatte Hein Severloh längst keinen einzigen Soldaten der Stammbesatzung mehr gesehen, war aber noch immer im Glauben, WN 62 sei oben nach wie vor von Stacheldraht und Minenfeldern umgeben, denn von seiner Position in der Mitte des schrägen

Bernhard Lehmkuhl
Foto: Kollektion B. Lehmkuhl jr.

Abhangs konnte er das Plateau hinter ihm nicht einsehen. Dafür hatte er bereits seit 12:00 Uhr die langen Reihen der Amerikaner beobachtet, die nur vierhundertfünfzig Meter westlich die Abhänge emporstiegen. Seit fast neun Stunden hatte Severloh mit seinem Maschinengewehr und dem Karabiner insgesamt 12.500 Schuß abgegeben. Später sagte er dazu: „Ich habe an diesem Tag sicher weit mehr als zweitausend Männer zusammengeschossen."

In diesem Moment wurde plötzlich noch einmal der kleine Artillerie-Beobachtungsbunker mit mehreren Granaten gezielt von See her unter Feuer genommen. Eine dieser Granaten traf dann krachend die obere Betonkante der schmalen Scharte. Beton- und Stahlsplitter stoben umher. Als Severloh beim Bunker ankam, um sich zu vergewissern, ob den beiden Insassen etwas geschehen sei, verließ Leutnant Grass diesen gerade humpelnd und von Oberleutnant Frerking gestützt.

„Mich hat's am Knie erwischt", erklärte Grass, der sich mit dem Rücken gegen die Wand des Laufgrabens lehnte. Durch einen Riß in seiner Hose konnte man erkennen, daß ein kleiner Granatsplitter in seiner linken Kniescheibe steckte. Frerking sagte zu Severloh: „Wir setzen uns jetzt alle ab und geben unseren Posten hier oben auf; es hat ja keinen Sinn mehr..."

Hein Severloh lief zum Fernmeldebunker, und erst jetzt fiel ihm auf, wie sehr das ganze Gelände oberhalb seiner MG-Stellung vom stundenlangen schweren Granatbeschuß umgegraben und von Kratern dicht übersät war. Er informierte Herbert Schulz, Kurt Wernecke und die beiden Funker mit knappen Worten, daß Frerking entschieden habe, sich nun abzusetzen. Als die fünf Soldaten dann nahe des Bunkers bei Frerking und Grass ankamen, stand dort auch Unteroffizier Beermann, nur Wachtmeister Fack fehlte. Der Oberleutnant hatte sich den letzten MG-Gurt um den Hals gehängt – obwohl nur Hein Severloh noch sein Maschinengewehr bei sich trug.

Der 19-jährige Gefreite Michael Schnichels
Foto: Kollektion: H.-J. Schnichels

Peter Lützen, Heinrich Krieftewirth und der amerikanische Infanterist erreichten gegen 15:00 Uhr den Kompaniegefechtsstand vor dem Ortseingang von Colleville. Von allen Seiten hallten immer häufiger und näher kommend gelegentliche Schüsse. Gegenüber des Widerstandsnestes lagen einige tote deutsche Soldaten, mit Zeltbahnen abgedeckt, unter denen die Stiefel oder Schnürschuhe hervorragten. Lützen war verblüfft, als er seinen Melder Schnichels vor dem WN 63 stehen sah: „Was machst du denn hier? Ich hatte schon gedacht, daß du gefallen bist..."

Michel Schnichels wirkte nervös und stammelte verlegen herum, erzählte etwas von einem Mißverständnis, demzufolge er der Meinung gewesen wäre, beim Kompaniegefechtsstand Verstärkung anfordern zu müssen.

Da sich Lützen nun endlich seine Hand und den Arm ordentlich verbinden lassen wollte, übergab er seinen Gefangenen einem Posten und betrat zusammen mit Krieftewirth den halb unterirdischen Bunker des Kompaniegefechtsstands. Im vorderen Raum des WN 63 standen ein paar Notpritschen herum, die inzwischen vom nahegelegenen Gutshof herübergebracht worden waren, auf denen einige Verwundete lagen oder saßen, die von einem Sanitäter versorgt wurden. Hier begegnete Peter Lützen jetzt zum erstenmal dem neuen Kompaniechef, Leutnant Bauch, dem sofort Lützens silbernes Infanterie-Sturmabzeichen auffiel.

Als sich Peter Lützen dann im vorderen Raum des Kompaniegefechtsstands auf eine der Pritschen legte, um seine Wunden versorgen zu lassen, lag auch Franz Gockel auf einer der anderen. Es waren noch mehrere verwundete Soldaten, auch verschiedener Einheiten, in dem kleinen Raum, den plötzlich auch Oberfeldwebel Pie betrat. Pie hatte eine Verwundung in der hinteren rechten Hüfte. Er setzte sich zu Lützen, wollte trotz seiner sonst überheblichen Art vertraulich erscheinen und bot dem Obergefreiten das Du an. Lützen kannte die Wesensart des Oberfeldwebels, die ihm noch nie gefallen hatte, und entgegnete: „Wir waren bis jetzt per Sie, und das möchte ich auch weiterhin so."

Nachdem die Wunden eines Teils der Blessierten von einem Sanitäter einigermaßen versorgt waren, erschienen plötzlich zwei Soldaten im Gefechtsstand und berichteten Leutnant Bauch aufgeregt, daß es einigen Amerikanern gelungen sei, sich in der nur 190 Meter entfernten Kirche von Colleville zu verschanzen und vom Turm aus deutsche Soldaten zu beschießen – es habe bereits Tote gegeben. Bauch schickte mit ihnen drei Infanteristen zur Kirche, um etwas gegen die vermeintlichen Amerikaner zu unternehmen, möglichst die Kirche zu erstürmen.

Es dauerte nicht lange, da erschienen die drei Soldaten wieder im Gefechtsstand und meldeten, daß sie nicht in der Lage wären, etwas bei der Kirche auszurichten, da sie bei jeder Annäherung beschossen würden. Der Kompaniechef wandte sich an den Obergefreiten Lützen, dessen rechter Oberarm und die linke Hand gerade verbunden waren: „Das wäre doch etwas für Sie, Lützen, die Kirche einzunehmen..."

Peter Lützen schüttelte nachdrücklich den Kopf und hob seine verbundene linke Hand: „Nee, für mich ist der Krieg aus – erstmal."

„Dann muß ich selbst mitgehen", sagte Bauch.

Gegen 16:00 Uhr ging dann Leutnant Bauch persönlich mit zum Kirchhof in Colleville, um der Schießerei auf die deutschen Soldaten ein Ende zu bereiten. Auch Michel Schnichels mußte mitgehen. Als sie dort ankamen, wollte Bauch sich erst einmal einen Überblick über die Situation verschaffen. In diesem Moment kam auch der Obergefreite Lehmkuhl zu der mannshohen Natursteinmauer, die den Friedhof und die Kirche umgab. Da er sich gerade auf dem Weg vom Gutshof zurück zum Kompaniegefechtsstand befand und Schüsse in der Nähe der Kirche gehört hatte, war er dorthin gegangen. Weil er sich über die Situation an der Kirche aber nicht im Klaren war und nicht wußte, daß von ihrem Turm herab geschossen wurde, stellte er sich in den Eingang der alten Mauer, um zu sehen, was dort vor sich ging. Eine der beiden schmiedeeisernen Türflügel war weit geöffnet, als Leutnant Bauch vor ihn trat: „Lehmkuhl, wo wollen Sie denn hin?"

Die Kirche mit dem eingestürzten Glockenturm nahe des Café Violard. Das dem Café benachbarte Haus war, wie viele andere des Ortes auch, bereits am Morgen des 6. Juni durch die Bombardierung zerstört worden. (Vergleich siehe Seite 68).

Foto: Archiv von Keusgen

Wahrheitsgemäß antwortete der Obergefreite: „Zurück zur Befehlsstelle."

In diesem Moment fiel vom Kirchturm her wieder ein Schuß. Das Geschoß durchschlug von hinten den Stahlhelm des Leutnants, und Bauch brach direkt vor Lehmkuhl zusammen.

Bernhard Lehmkuhl sagte dazu: „Wenn sich der Leutnant nicht direkt vor mich gestellt hätte, wäre *ich* von der Kugel getroffen worden."

Um die Schießerei aus der Kirche endlich zu beenden, umliefen kurz darauf drei Panzerjäger einer Eingreifreserve mit einer Panzerfaust den Friedhof und näherten sich in der Deckung der hohen Mauer genau von der entgegengesetzten Seite. Dann feuerte einer der Soldaten über die Mauer hinweg. Die Granate traf den mittleren Bereich des Turms in Höhe der beiden gotischen Fensterbögen. Die Explosion riß ein großes Loch in die Wand. Dann ein zweiter Schuß, und der Turm brach mit dröhnendem Glockenklang in sich zusammen. Nur wenig später wurde die Kirche gestürmt, und es stellte sich heraus, daß es sich bei den feindlichen Schützen nicht um Amerikaner gehandelt hatte, sondern um drei französische Widerständler, die den GIs im Kampf gegen die deutschen Soldaten helfen wollten. Zwei der Franzosen waren durch die beiden Explosionen und den Einsturz des Turms getötet worden, ein anderer, etwa 30-jähriger Mann wurde gefangengenommen. *(Außer Leutnant Bauch hatten durch die Schießerei vom Turm herab an diesem Tag bereits vorher noch ein weiterer deutscher Offizier, vier Unteroffiziere und zehn Soldaten ihr Leben verloren – unter ihnen auch Männer der zur Verstärkung eingetroffenen Eingreifreserven der 1. und 4. Kompanie sowie des I. Bataillons des Grenadier-Regiments 915.)*

Die Rue Principale mit der in den 1950er Jahren wiederhergestellten Kirche heute (Vergleich siehe Seite 68).
Foto: von Keusgen 2004

Mehr als eine halbe Stunde lang hatte Bruno Plota sich tot gestellt und neben dem fast drei Meter hohen Brombeerdickicht auf der schmalen Straße im Tal vor Colleville gelegen, dann begann er ganz vorsichtig und langsam das linke Bein anzuziehen. Es kam ihm wie eine Ewigkeit vor, bis er das Knie in Hüfthöhe hatte. Plötzlich sprang er auf, rannte die wenigen Schritte zu dem nahen Dickicht und stürzte sich in dessen Dornengestrüpp. Mit seinem Seitengewehr *(Bajonett)* bahnte er sich unter Aufbringung aller Kraft und so schnell es ging, einen Weg durch die schrecklichen Büsche. Die langen und dicken Dornen drangen ihm durch die Uniform, zerrissen sie und bohrten sich ins Fleisch seiner Beine. Bei seinem anstrengenden Bemühen rissen ihm beide Ärmel seiner Uniform ab, und die Dornen schlitzten lange tiefe Wunden in seine Arme. Die Uniform sog wahre Ströme seines Blutes auf.

Als Bruno Plota endlich auf der anderen Seite des Brombeerdickichts herauskam, stand ihm plötzlich Wachtmeister Fack gegenüber, der sich selbst hinter diesem Gestrüpp versteckt hatte. Obwohl Fack zur Artillerie-B-Stelle gehörte, kannten sie einander gut. Doch noch ehe sie ihrer Verwunderung über ihre unverhoffte Begegnung Ausdruck verleihen konnten, erschienen in nicht großer Entfernung zwei GIs. Plota riß sofort seinen Karabiner in Anschlag, doch geistesgegenwärtig schlug ihm der Wachtmeister auf den Lauf: „Plota, bist du blöd? Du erschießt jetzt einen von ihnen und dann machen die anderen uns kaputt. Laß uns lieber abhauen."

Im Schutz der hohen Sträucher erreichten sie das untere Mühlenanwesen im Tal. Dort angekommen, verabschiedete sich Fack: „So, ich gehe jetzt zurück zu meiner Einheit, nach Mandeville."

Fack ließ den noch immer aus vielen Wunden blutenden Plota allein zurück und lief über das aus vier Gebäuden bestehende Anwesen, aus dessen Stall das nervöse Blöken vieler Schafe zu hören war.

Die schmale Rue de la Mer, die sich von Colleville durch das fruchtbare Mühlbachtal bis zum ehemaligen WN 62 zieht (der schräge Hang in der Bildmitte oben). Auf diesem Weg hatten sich die meisten Soldaten der Verteidigungsanlage zum Kompaniegefechtsstand zurückgezogen. Kurz vor dem Talausgang befindet sich vor dem Hang das kleine Anwesen, auf dem einst die untere Wassermühle stand (heute von Bäumen verdeckt).
Foto: von Keusgen 2004

Bruno Plota nahm den direkten Weg, die Straße aus dem Tal, nach Colleville hinauf. Nach nur kurzer Wegstrecke hörte er plötzlich aus einem kleinen seitlichen Arm des Tals ein metallenes Klick-klack, das sich in längeren Abständen wiederholte. *(Die Soldaten der amerikanischen Luftlandetruppen der 101. Airborne-Division waren zur gegenseitigen Erkennung im Dunkeln mit kleinen, daumengroßen Metallklappern ausgestattet worden, die als Kinderspielzeug „Frösche" genannt wurden.)* Bruno Plota konnte sich die merkwürdigen Geräusche nicht erklären, beobachtete aber in einiger Entfernung mehrere dunkle Gestalten, deren Nationalität für ihn undefinierbar war. Eilig ging er weiter, und nur drei Minuten später stand er vor dem kleinen Bunker des WN 63.

Viele verwundete und fremde Soldaten hatten sich bereits vor dem Kompaniegefechtsstand und in seinem Inneren eingefunden. Auch Bruno Plota betrat den vorderen Raum des Bunkers und hatte vergeblich gehofft, hier etwas zu essen zu bekommen. Da trat Peter Lützen zu ihm, und sie freuten sich, einander wiederzusehen. Lützen machte seinen Kameraden

Heute erinnert eine kleine Gedenktafel neben dem Eingang zum Friedhof an einen anderen aus Colleville stammenden Widerstandskämpfer – Bernard Anquetil, der von deutschen Soldaten bereits am 24. Oktober 1941 im Alter von 24 Jahren in Paris erschossen worden war. **Foto: von Keusgen 2004**

darauf aufmerksam, daß er auch hinter dem rechten Ohr und an der Nase kleine, blutige Wunden hatte. *(Sie waren nach dem Granatvolltreffer in der Kasematte von umherfliegenden kleinen Betonsplittern verursacht worden – was Plota in dem ganzen Streß bisher gar nicht bemerkt hatte.)* Ein Sanitäter nahm sich des verwundeten Plota an, reinigte und verband seine Wunden. Dann kam Major Lohmann, betrachtete den blutbesudelten Oberschützen einen Moment, und als er feststellte, daß er offenbar noch einigermaßen einsatzfähig war, schickte er Plota in den Ort hinauf, um bei der Kirche Posten zu beziehen. Der Oberschütze schulterte seinen Karabiner und ging los.

Auf der westlichen Seite des WN 62 hatten sich inzwischen die GIs bis weit auf den Stützpunkt vorgewagt; unten hatten sie endlich den Vorstrand überlaufen und den Fuß des Küstenhangs erreichen können. Aus diesen Positionen beobachteten sie, mit ihren Gewehren

Der 23 Meter lange ehemalige Laufgraben zwischen der B-Stelle (der Hügel im Hintergrund am Ende des Grabens) und dem Fernmeldebunker (Eingang im Vordergrund links unten – Vergleich siehe Seiten 49 und 113). Im Laufgraben, nur wenige Meter vor dem Fernmeldebunker, trafen sich (in der Bildmitte) mit Oberleutnant Frerking die letzten neun Soldaten des WN 62, die noch in der Lage waren, sich aus eigener Kraft zurückziehen zu können. **Foto: von Keusgen 2004**

Funker Kurt Wernecke
Foto: Kollektion L. Wernecke

im Anschlag, die letzten deutschen Soldaten, die sich noch im Graben des Mittelbereichs nahe der B-Stelle aufhielten.

Im engen, halb verschütteten Laufgraben zwischen dem Beobachtungsund Fernmeldebunker hockten Oberleutnant Frerking, der noch immer den langen, bestückten Munitionsgurt um die Schultern gehängt hatte, der junge Leutnant Grass, Unteroffizier Beermann, die Gefreiten Severloh, Wernecke und Schulz, die beiden Funker und ein Soldat der 3. Kompanie, Anton Flossmann. Die neun Männer wußten, daß die Verteidigungsanlage verloren war und die Amerikaner gefährlich nahe standen. Alle waren verschmutzt; die Erschöpfung und Enttäuschung war ihnen anzusehen.

Oberleutnant Frerking war auffallend blaß. Er sagte zu Flossmann, dem ältesten dieser letzten Gruppe Soldaten: „Sie springen jetzt als Erster 'raus und setzen sich vorsichtig nach hinten ab."

Dann wandte sich Frerking an die übrigen Soldaten und fuhr fort: „Danach springe ich hinaus; dann folgt mir der Gefreite Severloh mit dem MG; danach die anderen."

Anton Flossmann sprang aus dem Graben und lief in geduckter Haltung in östliche Richtung an der großen Baugrube vorbei, um hinter dem Hügel des Erdaushubs Deckung zu suchen. Sofort prasselte ein Hagel von Gewehrgeschossen auf den Erdhügel ein.

Vom Graben aus hatten die letzten Zurückgebliebenen die Situation erkannt, und anhand der Masse der Schüsse und den Richtungen, aus denen sie knatternd abgeschossen worden waren, konnten sie den Ernst ihrer Lage und die ganze Tragweite der Bedrohung erkennen. Allen war klar, daß sie nun schnell handeln mußten, wenn sie sich noch in Sicherheit bringen wollten.

In gebückter Haltung näherte sich in dem engen, schmutzigen und halb eingebrochenen Graben Oberleutnant Bernhard Frerking seinem „Burschen". Der Gefreite Severloh, dessen rechte blutverschmierte Gesichtshälfte derart geschwollen, daß von seinem Auge nur noch ein schmaler Schlitz übriggeblieben war, hatte sich mit seinem Chef in dem halben Jahr ihres Zusammenseins in menschlich enger Verbundenheit gefühlt. Der Oberleutnant war für den 20-jährigen Soldaten viel mehr als ein Vorgesetzter gewesen.

Als Frerking in seiner verschmutzten Uniform und mit dem Munitionsgurt um den Hals vor Severloh hockte, fiel dem Gefreiten das sonderbare Verhalten des Oberleutnants wieder auf. Später sagte er über diese Situation: „Es war mir so, als hätte er ganz genau gespürt, daß er diesen Tag nicht mehr überleben würde – schon seit dem frühen Morgen..."

Ernst und sorgenvoll wirkte Frerkings blasses Gesicht unter dem von hellem Kalkstaub bedeckten Stahlhelm, und teilnahmsvoll betrachtete er die stark geschwollene und blutige Wange seines „Burschen". Noch einmal spürte der junge Soldat die Wärme und Verbundenheit, die ihm der Oberleutnant immer entgegengebracht hatte. Dann reichte ihm der Offizier überraschend die Hand, drückte sie kameradschaftlich und sagte entgegen seiner kurz zuvor getroffenen Anordnung: „Du springst als Nächster, Hein..., mach's gut..."

Die Situation ließ den beiden, die bis zu diesem Tag trotz des Militärs ein Verhältnis gelebt hatten wie Vater und Sohn, keine Zeit mehr für weitere Worte. *(In seiner Autobiographie "WN 62 – Erinnerungen an Omaha Beach" beschrieb Hein Severloh diese ungewöhnlich menschliche Beziehung zwischen einem Vorgesetzten und seinem Soldaten.)*

Der Weg (rechts hinten), den der vom WN 63 kommende Lastwagen mit den Verwundeten und den Gefangenen vorbei am oberen Mühlenanwesen durch das Tal von Colleville genommen hatte. (Fotos: damals und heute)
Fotos: Kollektion J.-N. Lenoury, von Keusgen 2004

Als Severloh um 15:30 Uhr über den flachen Graben sprang, lief er nicht in dieselbe Richtung wie sein Vorgänger, sondern direkt den Hang hinauf, bis zum ersten großen Granattrichter. Immer noch schleppte er sein schweres Maschinengewehr mit sich. Der Gefreite hörte das sofort einsetzende Gewehrfeuer der Amerikaner und das Sirren der Geschosse in seiner unmittelbaren Nähe, dann sprang er in das rettende Loch. Ein paar Geschosse peitschten in den Sand, und Severloh sprang in den nächsten Granattrichter. Da das Bombardement und das Trommelfeuer der Schiffsartillerie am frühen Morgen oben auf dem Plateau derart viele tiefe und nah beieinander liegende Bombenkrater und Granattrichter erzeugt hatte, war Hein Severloh plötzlich in der Lage, in gebückter Haltung von einem Loch ins Nächste zu gehen und so den unmittelbaren Gefahrenbereich zu verlassen.

Rund zweihundert Meter hinter dem Plateau des Widerstandsnests blieb Hein Severloh an dem schmalen Weg, der von St. Laurent zum WN 62 führte, in einem der vielen Löcher liegen. Nach wenigen Minuten erschien auch Kurt Wernecke in dem zerklüfteten Gelände. Severloh machte sich ihm bemerkbar und einen Moment später war Wernecke bei ihm. Er war unbewaffnet, und verstört berichtete er seinem Kameraden atemlos, daß alle anderen durch gezieltes Gewehrfeuer der Amerikaner gefallen waren und es nur noch ihm gelungen sei, heraus zu kommen. Oberleutnant Frerking sei auch gefallen. *(Kurt Wernecke war der letzte Soldat, der aus eigener Kraft das WN 62 verlassen konnte.)*

Der westliche Ortseingang von Ste.-Honorine-des-Pertes, der am 6. Juni von den Trümmern des bombadierten ersten Hauses (links) versperrt war. Im damaligen Straßengraben lagen an jenem Tag mehrere durch einen Jabo-Angriff gefallene deutsche Soldaten.
Foto: von Keusgen 2004

Inzwischen hatten um kurz nach 16:00 Uhr vor dem Kompaniegefechtsstand Oberfeldwebel Pie, der Obergefreite Lützen, der Gefreite Gockel, drei Schwerverwundete der 4. Kompanie, der gefangene Amerikaner und der französische Widerstandskämpfer die offene Ladefläche eines Lastwagens der Wehrmacht bestiegen, an dessen linker Seite seines Führerhauses ein hoher Holzvergaser-Kessel angebracht war. Der Lastwagen sollte die Verwundeten zum nächsten

Das untere Mühlenanwesen hinter dem ehemaligen WN 62 damals und heute.
Fotos: Archiv von Keusgen und 2004

Hauptverbandplatz nahe Bayeux bringen, und die Gefangenen in ein dortiges Lager. Als sich das Fahrzeug in Bewegung setzte, fuhr es aber nicht direkt nach Colleville hinein, sondern die Straße ins Tal hinab. Peter Lützen, der wußte, daß sich unten, am Taleingang, die Amerikaner sammelten, verschlug es den Atem. Aber nur fünfzig Meter weiter bog der Lastwagen nach rechts in einen schmalen Weg, um dann, den engen Windungen folgend, zu einem zwischen zwei kleinen Anwesen versteckt liegenden anderen Ortseingang von Colleville hinaufzufahren und somit wieder auf die Nationalstraße 14. Dann fuhr er in westliche Richtung in den Ort zurück. Aber der Lkw-Fahrer bemerkte seinen Irrtum. Auf einem freien Platz, nahe einer teilweise eingestürzten Natursteinmauer, versuchte er, den Wagen zu wenden. Dabei streifte er jedoch einen hervorstehenden Stein und riß daran den Holzvergaser auf.

Während der Lkw-Fahrer und sein Beifahrer nun damit beschäftigt waren, den Holzvergaser zu reparieren, blieben die sechs Verwundeten und die beiden Gefangenen auf der Ladefläche des Lastwagens sitzen. Plötzlich näherte sich vom östlichen Ortseingang eine ganze Kompanie Soldaten. Sie blieben dann in der unmittelbaren Nähe des Fahrzeugs stehen, und ihr Hauptmann erklärte Oberfeldwebel Pie, daß sie die Verstärkung im Kampf gegen die Amerikaner seien. Peter Lützen sah in diesem Moment von seiner erhöhten Position auf dem Lastwagen in noch einiger Entfernung mehrere größere Gruppen US-Infanteristen neben der Straße aus dem Tal heraufkommen und sich in Richtung des Lastwagens bewegen. Lützen sagte laut: „Wir gehen sowieso gleich in die Gefangenschaft, denn da kommt ja schon der Ami…"

Der Hauptmann schüttelte seinen Kopf: „Nein, das sind Deutsche."

„Ich bin gerade da unten gewesen", erklärte Lützen erregt, „das sind keine Deutschen!"

Der Hauptmann nahm sein Fernglas, dann sagte er leise: „Wahrhaftig…, Sie haben recht…"

In diesem Augenblick sprang der Lkw-Motor wieder an und der Wagen rumpelte mit seiner ungewöhnlichen Ladung, die Verstärkungskompanie ratlos zurück lassend, in östliche Richtung aus dem Ort.

Am nur 1,4 Kilometer von Colleville entfernten Ortseingang von Ste.-Honorine-des-Pertes wartete das nächste Problem: Die Fassaden der von Bomben getroffenen Häuser an der engen, abschüssigen Ortseinfahrt, die ohnehin gerade nur der schmalen Straße Platz bot, waren zum Teil eingestürzt, und die Trümmer versperrten die Durchfahrt.

„Ja", sagte Pie, „dann müssen wir wohl wieder zur Kompanie zurück fahren."

Lützen protestierte heftig: „Nein, nein, bloß nicht zurück. Ich will nach Deutschland!"

So entschied man sich abzusteigen und den Weg zu Fuß weiter fortzusetzen. Die drei Schwerverwundeten ließ man auf dem Lastwagen liegen. Der Fahrer wollte versuchen, mit ihnen einen anderen Weg nach Bayeux zu finden, aber dazu mußte er erst nach Colleville zurück...

Vor dem WN 62, nahe des Taleingangs, sammelten sich am Nachmittag immer größere Kontingente amerikanischer Soldaten (hier in Erwartung der Landung weiteren Nachschubs an Soldaten und Material).   **Foto: US National Archives**

Inzwischen, um 16:00 Uhr, war der erste US-Panzer die schmale Straße vom Strand zum Taleingang in Richtung Colleville hinaufgerollt. Doch als er die östliche Flanke des WN 62 passieren wollte, feuerte die auf dieser Seite noch immer am Hang stehende Pak-Besatzung eine 5-cm-Granate auf ihn ab. Der Volltreffer brachte den Sherman sofort zum Stehen, und dicke, schwarze Qualmwolken quollen heraus. Die Besatzung stieg nicht mehr aus... Die vier Kanoniere der Panzerabwehr-Kompanie des Grenadier-Regiments 916 ließen daraufhin ihr Geschütz stehen und setzten sich nach hinten, über die Anhöhe, ab – vor dem Taleingang, zwischen dem WN 61 und dem WN 62, wimmelte es bereits von Amerikanern und ständig neu eintreffenden Fahrzeugen.

Da Hein Severloh und Kurt Wernecke vorsichtshalber keinen Weg und keine Straße für ihren Rückzug talaufwärts und in Richtung Colleville benutzen wollten, rutschten sie zuerst auf ihren Hosenböden den steilen Abhang ins Tal von Colleville hinab, überquerten direkt vor dem kleinen Mühlen-Anwesen die schmale Straße, dann das Anwesen, in dessen Ställen immer noch aufgeregt die Schafe blökten. Sie liefen ein Stück den jenseitigen Hang empor, bis zu einem schmalen Weg. Dieser führte auf halber Höhe, vom WN 61 kommend, fast parallel zur Rue de la Mer bis Colleville. Auf diesem Weg angekommen, mußten sie einen Moment ausruhen, da ihnen die Erschöpfung deutlich spürbar wurde. Dann trotteten sie auf dem Weg in Richtung Colleville weiter.

Gleichzeitig zum Rattern eines Maschinengewehrs auf der anderen Seite des Tals wirbelte Kurt Wernecke augenblicklich herum, schrie laut auf, schnellte wie fortgestoßen ein paar Meter zur Seite und fiel zu Boden. Im selben Augenblick wurde auch der bis eben neben Wernecke hergehende Hein Severloh ein paar Meter zur Seite und zu Boden gestoßen, und er stürzte dabei auf sein Maschinengewehr. Noch liegend, zogen die beiden Soldaten hastig ihre Hosen herunter, um die Verwundungen zu betrachten. Kurt Wernecke hatte zwei

Durch das heftige Bombardement in den frühen Morgenstunden des 6. Juni, das die deutschen Küstenstellungen verfehlt hatte, waren im nahen Hinterland viele Häuser zerstört worden.

Foto: von Keusgen 1973

nahe beieinander befindliche Ein- und Ausschüsse in beiden Gesäßhälften, aus denen sofort das Blut quoll. Hein Severloh hatte ebenfalls zwei dicht beieinander liegende Schußwunden, jedoch auf der rechten Hüfte, die rasch anschwoll, und aus der dunkles Blut sickerte. Er spürte aber, daß die Geschosse nicht im Fleisch steckten. Trotz des brennenden Schmerzes konnte er sein Bein bewegen. Doch zu diesen Schmerzen hatte sich Severloh bei seinem Sturz noch einige empfindliche Prellungen zugezogen, weil er über sein Maschinengewehr gefallen war. Noch am Boden hockend, warf er wütend die schwere Waffe ins nahe Dornengestrüpp der überall mehrere Meter hoch wuchernden Brombeeren. Dann rafften sich die beiden Soldaten auf und humpelten weiter.

Im Schutz des nahen Waldrandes trafen Severloh und Wernecke wenig später auf zehn Soldaten des Grenadier-Regiments 916, unter denen sich auch ein Sanitäter befand. Der kümmerte sich sofort um Werneckes stark blutende Wunden und stellte fest, daß es sich lediglich um zwei Durchschüsse handelte, deren Geschosse auch Hein Severloh getroffen hatten, jedoch von seiner Brieftasche, dem Soldbuch und einigen Briefen, die er in seiner Feldbluse trug, gebremst worden waren. Severloh ließ Wernecke dann bei dem Sanitäter zurück, um allein zum nicht mehr weit entfernten WN 63 mit dem Gefechtsstand zu gehen.

Gegen 16:30 Uhr, unmittelbar nachdem Bruno Plota mit seinem geschulterten Karabiner zum Ort hinaufgegangen war, kam Hein Severloh beim Kompaniegefechtsstand an. In dem Bunker standen inzwischen die Türen zu den drei hintereinander liegenden Räumen weit auf, und es befanden sich 25 Personen im Inneren der Anlage, unter ihnen auch einige neue Schwerverwundete, die auf Notpritschen und sogar am Boden lagen. Major Lohmann war nach den jüngsten Ereignissen in Colleville nervös und angespannt, doch er betrachtete den jungen Gefreiten teilnahmsvoll. Hein Severloh machte ordnungsgemäß seine Meldung, teilte dem Bataillonskommandeur mit, daß er und Wernecke die letzten Soldaten seien, die WN 62 lebend verlassen hatten und daß Oberleutnant Frerking, Leutnant Grass, Unteroffizier Beermann, die beiden Funker sowie der Gefreite Schulz gefallen waren – gemäß der Aussagen seines Kameraden Wernecke. Major Lohmann fragte: „Warst du nicht der Bursche von Frerking…?“

Hein Severloh nickte, dann bat er den Major um ein Feldtelefon, weil er ordnungsgemäß seine Meldung über die Situation der B-Stelle im WN 62 nach Houtteville durchtelefonieren wollte. *(Vom WN 62 führte eine einadrige dünne Telefonleitung bis zur Batterie zurück, auch direkt am*

Kompaniegefechtsstand vorbei.) Hein Severloh kratzte mit seinem Taschenmesser ein kleines Stück der schwarzen Isolierung ab und zapfte das Kabel mit dem Feldfernsprecher an. In der Feuerstellung meldete sich Wachtmeister Heinrich Krone. Severloh berichtete über die Situation und daß Frerking, Grass und Beermann gefallen seien. Krone erklärte, daß die Batterie seit mittags über keine Munition mehr verfügte und daß Wachtmeister Fack bereits *(auf seinem Weg nach Mandeville)* bei der Feuerstellung eingetroffen sei – unverwundet.

Als Hein Severloh das Feldtelefon zu Major Lohmann zurückgebracht hatte, bemerkte der Bataillonskommandeur nicht nur die Verwundungen des jungen Gefreiten und dessen Erschöpfung, sondern auch seine traurige Verstörtheit: „Leg' dich mal da hin, auf die Pritsche..."

Dann holte der Major einen Sanitäter, der sich um den Gefreiten kümmerte. Nachdem Hein Severloh noch eine Injektion bekommen hatte, schlief er erschöpft ein.

Die Durchfahrtsstraße von Colleville, die Rue Principale, mit dem Gehöft du Chemineau, in dem die Geschäftsstelle der 3. Kompanie etabliert war (Vergleich siehe Seiten 26 und 27). **Foto: Kollektion J.-N. Lenoury**

Bruno Plota war inzwischen wegen seines starken Hungers anstatt zur Kirche, auf den nahen Gutshof in Colleville gegangen, um nach etwas Eßbarem zu suchen. Das Anwesen schien völlig verlassen zu sein. In einem kleinen Anbau auf der rechten Seite des Hofs wohnte ein Lehrer, auch er war offenbar nicht zuhause. Da ihn seit Stunden starker Hunger quälte, überlegte er einen Augenblick, ob er eine Scheibe der Fenster einschlagen und sich so Zugang zum Haus verschaffen und dort etwas Eßbares organisieren sollte. Sein Hunger war ihm wichtiger, als eine Kirche zu bewachen – doch dann ging Plota wieder...

Als Bruno Plote nur kurz darauf an einem der anderen kleinen Gehöfte vorbeikam, blieb er vor einem großen grünen Eingangstor stehen, in dem sich noch eine kleinere Tür befand. In der Hoffnung, vielleicht hier etwas zu essen zu bekommen, öffnete er sie vorsichtig. In einem großen, halbdunklen Raum saßen mehrere alte Franzosen, Frauen und Männer, die einige kleine Kinder bei sich hatten. Ängstlich betrachteten sie den Soldaten, der da mit seiner ärmellosen, zerrissenen, blutbesudelten Uniform und den verbundenen Armen in der offenen Tür stand, den Karabiner über der Schulter. Alles schwieg. Dann sagte Plota: „S'il vous plaît, du pain... *(bitte, Brot...)*"

Schweigend stand eine der alten Frauen auf und verschwand in einem Nebenraum. Nach ein paar Minuten kam sie wieder heraus – und reichte dem Soldaten schweigend zwei fertig zubereitete, gut belegte Scheiben Brot. Plota war glücklich, das Brot zu erhalten: „Merçi beaucoup, merçi Madame, merçi ..."

Der Eingang des außergewöhnlich großen Anwesens Ferme de Château Sully, nahe Bayeux.
Foto: von Keusgen 2004

Der mehr als dreißig Meter lange Stall des Anwesens, in dem man am 6. Juni 1944 ein deutsches Notlazarett eingerichtet hatte. **Foto: von Keusgen 2004**

Emblem der amerikanischen 1. Infanterie-Division, die als "Big Red One" (Große Rote Eins) bezeichnet wurde.
Abbildung: Archiv von Keusgen

Der kleine Trupp Verwundeter mit Oberfeldwebel Pie, dem Obergefreiten Lützen, dem Gefreiten Gockel und ihren beiden Gefangenen erreichte im Schutze hoher Bäume eines Hohlweges und nach einem Fußmarsch von mehr als zwei Kilometern inzwischen Etréham.

Oberfeldwebel Pies Verwundungen bereiteten ihm inzwischen derart starke Schmerzen, daß er darauf drang, schnellstens ein Fuhrwerk zu besorgen, um nicht mehr gehen zu müssen. So betraten sie das nächste Anwesen. Als der Bauer und seine Familie die armselige Gruppe Verwundeter sah, boten sie ihnen Milch und Cidre an. Dann forderte der Oberfeldwebel den Bauern auf, daß er die Verwundeten und Gefangenen mit einem Fuhrwerk nach Bayeux bringen sollte. Doch der Bauer reagierte erschreckt. Seine Frau ging zu ihm und klammerte sich weinend an seinen Arm. Auch ihre beiden kleinen Kinder begannen zu weinen. Obwohl Pie der verstörten Französin erklärte, daß ihr Mann sofort zurückgeschickt würde, konnte sie sich nicht beruhigen. Sie flehte die Soldaten an, ihren Mann bitte nicht mitzunehmen und zeigte zum Himmel, an dem die Jabos ihre Bahnen zogen und auf alles schossen, das sich auf den Straßen bewegte. *(Selbst viele Kühe waren bereits auf ihren Weiden Opfer ihrer großkalibrigen Bord-MGs geworden.)*

Nachdem Oberfeldwebel Pie nachdrücklich und mit seiner Pistole, die er vielsagend auf den Tisch in der Küche legte, von dem Bauern ein Pferd und einen Wagen für die Weiterfahrt gefordert hatte, spannte der Bauer ein auffallend altes Pferd vor einen klapprigen hölzernen Viehtransportwagen mit hohen Seitenwänden. Der Bauer durfte dann doch bei seiner Familie bleiben, weil Pie den französischen Gefangenen kutschieren ließ. Bevor nun die Fahrt durch schmale Hohlwege und im Schutz hoher Hecken und Bäume weiter in Richtung Bayeux ging, sahen sie im Dorf den Fernmelder der Artillerie-Beobachtungsstelle, Kurt Wernecke, dem gerade zwei mitleidvolle Französinnen seine von dem Durchschuß wieder stark blutenden Gesäßwunden neu verbanden.

Kurz darauf kam dem Gespann ein VW-Kübelwagen entgegen. In diesem Moment flogen gerade zwei Jabos auf den Pferdekarren und das Auto zu. Die Verwundeten und ihre beiden Gefangenen sprangen vom Wagen und suchten im Straßengraben Deckung vor den MG-Salven. Die vier Insassen des Kübelwagens waren ebenfalls herausgesprungen und hatten im Graben auf der anderen Straßenseite Schutz gesucht. Als die Jabos vorübergeflogen waren, fiel Peter Lützen auf, daß eine der vier Personen, die dort drüben wieder aus dem Graben zum Vorschein kamen, ein General war, und sagte zu Pie: „Da drüben ist ein General, Herr Oberfeldwebel, da sollten Sie aber pflichtgemäß Ihre Meldung machen…"

Nachdem auch alle Verwundeten und Gefangenen den Straßengraben verlassen hatten, salutierte Pie vor dem General und meldete: „Herr General, Oberfeldwebel Pie mit fünf Verwundeten und zwei Gefangenen auf dem Weg nach Deutschland!"

Den General schien Pies Meldung nicht weiter zu interessieren, vielmehr fragte er ihn: „Wie sieht's da vorn, an der Küste, aus?"

„Dicke Luft, Herr General", antwortete der Oberfeldwebel.

Der General nickte: „Na, das werden wir schon in den Griff kriegen…"

Dann setzten alle ihren Weg fort.

Kurz nach 18:00 Uhr begegnete der kleine Trupp noch weit vor Bayeux einem Sanka. Der Wagen wurde von Oberfeldwebel Pie angehalten und der Fahrer aufgefordert, die Verwundeten sofort zum Hauptverbandplatz zu bringen. Zur Überraschung der Soldaten stiegen dann sechs „Blitzmädchen" aus dem Sanitätsfahrzeug, um Platz zu machen.

Trotz der roten Kreuze auf den Dächern und an den Türen der Wehrmachtbusse wurden sie zu Zielen amerikanischer Jagdbomber-Piloten.
Foto: Kollektion H. Severloh

Nach kurzer Fahrzeit rollte der Sanka auf das große Anwesen Ferme de Château Sully, auf dem hektische Betriebsamkeit herrschte. Jeden Augenblick trafen weitere Fahrzeuge mit neuen Verwundeten ein, und Sanitäter führten oder trugen sie in einen sehr langen, aus groben Natursteinen erbauten Kuhstall, den man als Notlazarett hergerichtet hatte. Auch Peter Lützen und seine verwundeten Kameraden betraten den fast dreißig Meter langen Stall und waren entsetzt über den schrecklichen Anblick, der sich ihnen bot. Der gesamte Stall war voll von Verwundeten, die dicht an dicht auf notdürftigen Lagern aus Heu und Stroh am Boden lagen. In einer der hinteren Ecken stapelten sich zu einem hohen Hügel amputierte Arme und Beine. Seufzen und Stöhnen erfüllte den halbdunklen Raum. Lützen erinnerte sich mit Schaudern: „Da standen zehn oder zwölf Ärzte, die an einem langen Tisch im Akkord operierten und amputierten. Das Blut lief ihnen in Strömen die weißen Gummischürzen herunter."

Lützen und Gockel bekamen nur einen Stempel in ihre Soldbücher und mußten sofort wieder den Raum des Leidens und Stöhnens verlassen. Sie wurden mit einigen anderen Leichtverwundeten zu drei bereitstehenden Wehrmachtbussen geschickt. Sie bestiegen einen davon.

Die mit insgesamt mehr als siebzig Mann vollbeladenen Busse kamen jedoch nicht weit und wurden von Jabos mit Raketen und Bord-MG's angegriffen. Krater, umher geschleuderte Steine und Erdmassen verhinderten die Weiterfahrt der beiden Busse. Die Verwundeten mußten aussteigen und ihren Weg bis zum nächsten Dorf zu Fuß fortsetzen.

Als Major Lohmann den bis zu diesem Moment im Vorraum des Kompaniegefechtsstands schlafenden Hein Severloh wieder weckte, war es kurz nach 18:00 Uhr. Als der Gefreite noch etwas benommen die Augen öffnete, stellte er fest, daß inzwischen viele weitere Verwundete beim WN 63 eingetroffen waren. Major Lohmann fragte ihn: „Fühlen Sie sich in der Lage, ein paar gefangene Amerikaner zu bewachen?"

Severloh nickte: „Wo sind die denn?"

Der Major gab ihm einen neuen Karabiner: „Draußen..."

Neben der Eingangstür zum Kompaniegefechtsstand standen drei verstört wirkende junge GIs der 1. US-Division *(L-Kompanie, 2.Bataillon des 16. Infanterie-Regiments)*. Die Soldaten wirkten auf Hein Severloh nicht unsympathisch und trugen noch immer ihre Stahlhelme. Ängstlich blickten sie auf den Karabiner, den Severloh lässig unter einem Arm trug. Er gab ihnen ein Zeichen, sich auf eine kleine Steinbank zu setzen, die in einer Nische neben dem Eingang stand. Zwar war das Grollen der Artillerie von See her verstummt, doch waren die Schußwechsel, die sich unentwegt deutsche und amerikanische Infanteristen lieferten, dem WN 63 deutlich näher gekommen. Auch von Colleville hallten vereinzelte Schüsse herüber. Die Hauptkampflinie war längst nicht mehr am Strand. Das Wetter hatte sich verbessert; zwar war der Himmel immer noch leicht bezogen, aber es war deutlich heller geworden.

Seit dem frühen Nachmittag waren die ersten Amerikaner bis zum Ortsrand von Colleville vorgedrungen, in dem ab 19:00 Uhr an der teilweise zerstörten Kirche gekämpft wurde (Vergleich siehe Seite 114).
Foto: US National Archives

Die drei gefangenen Amerikaner sahen immer wieder verstohlen zu Hein Severlohs Karabiner und redeten leise miteinander, doch da der Gefreite nicht englisch sprechen konnte, verstand er ohnehin nichts von dem, was sie sagten.

Plötzlich sprach einer der Amerikaner Hein Severloh in einwandfreiem Uelzener Plattdeutsch an *(Severlohs Heimatsprache)*: „Wann scheit jü denn?" *(Wann schießt du denn?)*

Hein Severloh war völlig verblüfft, und nachdem der GI seine Frage wiederholt hatte, antwortete er: „Hört jü dat denn nich, wü scheit doch overall..." *(Hörst du das denn nicht, wir schießen doch überall..."*

Der GI erzählte nun, daß man ihnen in den USA gesagt habe, daß man sie, sollten sie von den Deutschen gefangengenommen werden, sofort erschießen würde. Nun verstand Severloh die Sorge der Amerikaner und auch den Sinn der Frage. Er erklärte den Amerikanern, daß er ihnen als Gefangene gemäß des Kriegsrechts nichts antun dürfe, sofern sie ihn selbst oder seine Kameraden nicht angreifen oder zu fliehen versuchen würden. Die jungen GIs waren daraufhin sichtlich erleichtert.

Dann erzählte der plattdeutsch sprechende Amerikaner, daß seine Eltern aus einem kleinen Dorf in der Nähe von Uelzen stammten *(zirka fünfzig Kilometer von Severlohs Heimatort entfernt)* und sich zuhause in den USA untereinander immer in ihrer Heimatsprache unterhielten. Als der Amerikaner wissen wollte, was aus ihm als Kriegsgefangenen nun würde, erklärte Hein Severloh ihm, daß er sicherlich für einige Zeit zu irgendeinem Bauern aufs Land käme, um dort zu arbeiten. Darüber war der GI sehr erfreut und sagte spontan: „Denn will ik in dat Land, wo mine Öllern herkömmt!" *(Dann will ich in das Land, aus dem meine Eltern kamen!)*

In dem ständigen Kommen und Gehen vor dem Kompaniegefechtsstand erschienen plötzlich zwei schneidig aussehende deutsche Leutnante und brachten einen weiteren amerikanischen Gefangenen, der sich zu den anderen auf die Steinbank neben dem Eingang setzte. Hein Severloh zog ein angefangenes Päckchen Zigaretten aus seiner blutverschmierten Feldbluse und brach seine letzten drei Zigaretten sorgfältig in der Mitte durch. Dann reichte er jedem eine Hälfte und steckte die letzte halbe Zigarette wieder in das Päckchen zurück. Als er den Gefangenen Feuer gab, fiel ihm auf, daß der Neue vorn in der Brust ein kleines, nur wenig blutumrandetes Loch in seiner Uniformjacke hatte. Als der GI bemerkte, daß Severloh das Loch betrachtete, stand er auf und drehte sich um. Auf den Rückenteil seiner Jacke hatte der Amerikaner drei große Buchstaben gemalt: TEX *(Texas)* – und er hatte in der Rückseite ein weiteres kleines Loch. Dann erzählte er über den in Plattdeutsch dolmetschenden Kameraden, daß er bei der Landung vor dem WN 62 von einem Maschinengewehr, das aus einer Position auf halber Höhe der Verteidigungsanlage gefeuert hatte, einen Lungendurchschuß erhalten habe... Dann rauchte der Texaner seine halbe Zigarette – mit dem Soldaten, der ihn wenige Stunden zuvor durchschossen hatte.

Der von mehreren Granattreffern verwüstete Pferdestall, in dem Michael Schnichels schwer verwundet wurde (rechts, gegenüber der zerstörten Kirche).
Fotos: US National Archives

Nachdem ab 19:00 Uhr immer mehr Amerikaner auf Colleville vordrangen, war Michel Schnichels im Ort auf deutsche Soldaten der Eingreifreserven getroffen. Man verschanzte sich nun in einem bereits am Morgen von den Bomben der Alliierten getroffenen Bauernhof, gegenüber der Kirche, und leistete mit Karabinern Widerstand. Als die Amerikaner begannen, das Gehöft mit 8-cm-Granatwerfern zu beschießen, suchte Schnichels eilig in einem Pferdestall Deckung. Kaum hatte er den Raum betreten, schlug eine Granate direkt hinter dem einzigen im Stall stehenden Pferd ein – jenem, mit dem Oberleutnant Frerking und Hein Severloh in der Nacht zum WN 62 gefahren waren. Von einem großen Granatsplitter aufgerissen, stürzte es zu Boden. Das stark blutende Tier schrie in seiner Todesnot und schlug mit den Hufen um sich. Schnichels, der als Schmied eine besondere Beziehung zu Pferden hatte, wollte es von seinen Qualen erlösen und erschießen. Doch schon krachte die nächste Granate durch das zerrissene Dach in den Stall. Schnichels warf sich hinter

Bild oben: Die Kirche des Ortes wurde wieder aufgebaut – von dem Stall blieben nur seine Außenmauern erhalten (Vergleich siehe Seite 114).
von Keusgen 2003

den Rücken des schreienden, strampelnden Tieres, und eine weitere Granate schlug ein.

Als Michel Schnichels nach einiger Zeit in dem von Granaten total verwüsteten Stall wieder das Bewußtsein erlangte, stellte er fest, daß er in einer riesigen Blutlache lag – seinem Blut. Im ganzen Raum lagen und hingen kleine und große Stücke des von einem Volltreffer völlig zerfetzten Pferdes. Überall rann Blut von den alten Natursteinwänden herab. Auch Schnichels war von den blutigen Fetzen bedeckt. Grelle Schmerzen brannten in seinem Rücken, im Brustkorb und im linken Arm. Noch bevor er seine Situation richtig erfassen konnte, hörte er Amerikaner sprechen. Dann näherten sich Schritte. Schnichels schloß die Augen und stellte sich tot.

Den GIs, die den zerschossenen Stall betraten, bot sich ein grauenhafter Anblick. Zwischen zerbrochenen Balken und Dachziegeln, zerrissenen Pferdegeschirren, qualmenden Brettern und den Resten eines zerfetzten Pferdes, dessen Kopf und Beine in dem verwüsteten Raum umherlagen, sahen sie einen deutschen Soldaten in einer breiten Lache seines eigenen Blutes liegen – getroffen von mehreren Granatsplittern.

Nach einer Weile öffnete Schnichels die Augen. Einer der Amerikaner kniete zu ihm hinab und steckte ihm behutsam seine brennende Zigarette zwischen die Lippen. Als ein herbeigerufener amerikanischer Sanitäter ihm vorsichtig zu helfen versuchte, verlor Schnichels wieder das Bewußtsein. Ein Splitter der letzten Granate hatte seinen linken Oberarm durchschlagen, mehrere Stahlsplitter seine Rippen getroffen, und einer war direkt neben der Wirbelsäule steckengeblieben.

Gegen Mitternacht, als nur noch vereinzelte Schüsse durch die Dunkelheit hallten, aber längst keine Jabos mehr flogen, ließ Major Lohmann die letzten Verwundeten auf ein vierrädriges Pferdefuhrwerk legen und verließ den Kompaniegefechtsstand mit insgesamt 22 deutschen und den vier amerikanischen Soldaten. Nur sechzig Meter weiter, im Ortskern von Colleville, schlug ihnen aus zwei Häusern heftiges Gewehrfeuer entgegen. Die Amerikaner hatten sich bereits in vielen der alten Gebäude an der Straßenkreuzung verschanzt.

Der Hauptweg vor dem ehemaligen Widerstandsnest heute – die Verlängerung des Weges auf dem Foto Seite 70.
Foto: von Keusgen 2003

Hein Severloh warf sich im Dunkeln nahe an die Wand des Rathauses, aus dessen Fenstern die Mündungsfeuer blitzten. Die Schießerei verstummte ebenso plötzlich wie sie begonnen hatte. Alle standen wieder auf und man setzte sich schnell in Richtung Hinterland in Bewegung. Als sich Severloh umsah, gingen die vier gefangenen GIs im Dunkeln hinter ihm her – sie hatten die Chance zu fliehen nicht genutzt.

Inzwischen hatten die Amerikaner auch den unterirdischen Kompaniegefechtsstand umstellt und die letzten wenigen, vorwiegend verwundeten Soldaten gefangengenommen. Unter ihnen war auch der Obergefreite Bernhard Lehmkuhl. Mit noch einigen anderen Deutschen mußte er auf dem freien Feld zwischen dem WN 63 und dem großen Gutshof am Ortsrand von Colleville übernachten. Die völlig erschöpften Männer legten sich im Dunkeln auf die Wiese. Sie hatten nur ihre Mäntel, um sich damit zuzudecken und vor der kühlen Nacht zu schützen.

Bereits am frühen Abend des 6. Juni 1944 hatten die Amerikaner damit begonnen, den Hauptweg, der vom Nordeingang des WN 62 zum Haupteingang führt, mit Bulldozern (links) zu planieren und zu verbreitern, um den nachfolgenden schweren Fahrzeugen eine unproblematische Durchfahrt zu ermöglichen. In dem Panzerabwehrgraben, der das Widerstandsnest im vorderen Bereich begrenzte, fuhr ein DUKW (Amphibien-Lkw). Am Strand stand noch die lädierte Kieszertrümmerungsanlage mit einem Teil des Förderbandes (Bildmitte, im Hintergund).
Foto: US National Archives

Als der Tag zu Ende ging, waren längst sämtliche deutsche Verteidigungsanlagen an der *Omaha*-Bucht von den Amerikanern eingenommen worden. Vor dem WN 62 hatten zwei Bulldozer die Hindernisse und Stacheldrahtverhaue beseitigt und den Weg vom Strand ins Tal für die nachfolgenden Panzer und Fahrzeuge von Minen befreit, planiert und verbreitert. Dennoch hatten die Amerikaner in ihrem Landeabschnitt *Omaha* einen nur kleinen Brückenkopf von maximal 1.800 Metern Tiefe und 6.800 Meter Breite bilden können. Zurückgeblieben waren in den zerstörten Widerstandsnestern nur die Schwerverwundeten und Toten ihrer ehemaligen Besatzungen. WN 62, an dem fast genau zwei Jahre lang gebaut worden war und das stärkste deutsche Bollwerk in der gesamten Bucht bildete, vor dem die Amerikaner ihr größtes Desaster während des ersten Invasionstages erleben mußten, hatte der ungeheuren Feuerwalze und dem enormen Soldatenpotential dennoch nicht standhalten können. Gerade das WN 62 stellte den ersten großen Meilenstein der Amerikaner auf dem Weg zur Einnahme Europas dar, aber es war ein blutiger Meilenstein, errichtet an jenem Tag, den die Alliierten *D-Day (Decision-Day)* nannten – den *Entscheidungstag.*

Danach

Bereits seit der Nacht zum 7. Juni wurden viele gefangengenommene deutsche Soldaten von den Amerikanern zu den Sammelplätzen im Tal vor Colleville *(zwischen den Widerstandsnestern 61 und 62)*, im Tal von Ruquet, bei Saint-Laurent und auf die westliche Küstenanhöhe bei Vierville gebracht. Auch mußten *(ebenso wie an vielen anderen Stätten)* am Ortsrand von Colleville einige gefangene deutsche Soldaten ihre zusammengetragenen gefallenen Kameraden zum Abtransport auf Lastwagen laden. Auch der Obergefreite Bernhard Lehmkuhl mußte mithelfen. Er erinnerte sich: „Da lag auch Unteroffizier Eberhardt im Graben. Er war von einer Granate halb zerrissen – auch die Soldaten, die noch am Vortag auf seinen Befehl hin einen Gegenangriff unternehmen sollten, lagen da."

Nach der Zerschlagung und Einnahme der vier deutschen Widerstandsnester vor Colleville gerieten die letzten Soldaten der 3. und jene der am 6. Juni zur Unterstützung eingetroffenen 1. und 4. Kompanie des Grenadier-Regiments 726 sowie der Eingreifreserven in amerikanische Gefangenschaft.

Massenhaft Nachschub von Material und Truppen der Amerikaner rollte über die Route de la Mer von der Küste herauf und auf der Rue Principale, der Nationalstraße 14, durch den Ortskern von Colleville (Blick nach Westen; Vergleich siehe Seite 15).
Foto: US National Archives

Bereits seit den frühen Morgenstunden des 7. Juni rollten endlose Kolonnen amerikanischer Panzer und Fahrzeuge mit Material und Soldaten das Mühlbachtal herauf, durch den kleinen Ortskern von Colleville, um den bisher nur schmalen Brückenkopf hinter dem *Omaha Beach* so schnell wie möglich zu stabilisieren und zu vergrößern.

Am Vormittag des 7. Juni 1944, bereits einen Tag nach dem Beginn der Invasion und fast genau zwei Jahre nachdem das WN 62 angelegt wurde, begannen die Amerikaner mit einem Tank- und einem Bulldozer das gesamte Widerstandsnest 62 zu planieren. Bruno Plota, der mit einigen anderen deutschen Gefangenen im Tal vor Colleville, auf der großen, wieder eingeebneten Fläche zwischen den beiden Widerstandsnestern 61 und 62 auf seine Verschiffung nach Großbritannien *(später in die USA)* warten mußte, wunderte sich über „die beiden komischen Panzer, mit denen die ganze Anlage zusammengeschoben wurde. Solche Dinger hatte ich vorher noch nie gesehen."

1973 berichtete einer der beiden Dozerfahrer dem Buchautoren: „Wir hatten bereits am Tag nach der Landung den Befehl, alle Gräben und jedes Loch zuzuschieben. Warum wir das so schnell tun mußten, weiß ich nicht. Aber dieses Gelände war wohl auch das einzige, auf dem das so schnell geschehen sollte."

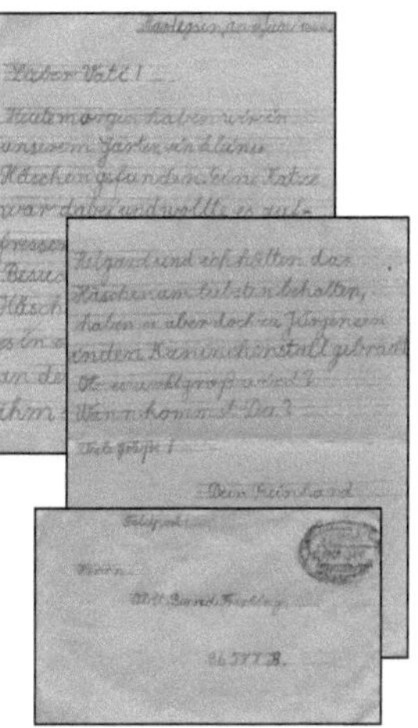

Die KwK-Stellung des Obergefreiten Siegfried Kuska nach der Einnahme durch die Amerikaner.
Foto: US National Archives

Der Brief, den der 7-jährige Reinhard Frerking (links) seinem Vater am 18. Juni 1944 schrieb. Er endete mit der Frage: "Wann kommst Du?"
Abbildungen: Kollektion R. Frerking

2 Bilder unten: Die Rue Principale im Juni 1944 (links) und heute (rechts; Blick nach Osten; Vergleich siehe Seiten 68, 117 und 118).
**Fotos: US National Archives
von Keusgen 2004**

Bis zum Juli 1947 galt Oberleutnant Bernhard Frerking als vermißt. Erst die Initiative seines ehemaligen „Burschen", Heinrich Severloh, und des Besitzers jenes herrschaftlichen Anwesens bei Houtteville *(in dem Frerking bis zum 6. Juni wohnte)*, Fernand Legrand, brachte etwas Licht in das Dunkel, das Frerkings Tod umgab. Nachdem Hein Severloh eine Skizze des WN 62, insbesondere der B-Stelle mit der Grabenverbindung zum Fernmeldebunker angefertigt und diese Monsieur Legrand geschickt hatte, fand Legrand dann an der von Severloh bezeichneten Stelle einen alten, verwitterten Holzpfosten, der noch senkrecht in der Erde steckte. An ihn war einst Frerkings Erkennungsmarke genagelt worden – niemand weiß von wem... *(Die eilige Planierung des Areals erklärt das Verschwinden des Leichnams Bernhard Frerkings – wahrscheinlich auch noch das einiger anderer Vermißter.)*

Nachdem Fernand Legrand dann seine Entdeckung im Bürgermeisteramt in Colleville gemeldet hatte, wurden Frerkings Gebeine zuerst auf dem damals neu entstandenen

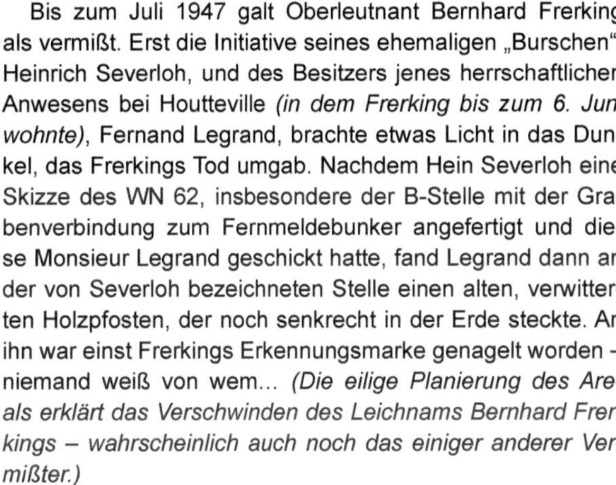

Bernhard Frerking mit seinen beiden Kindern anläßlich seines letzten Urlaubs im Dezember 1943 – eins von 19 Millionen deutscher Soldatenschicksale.
Kollektion R. Frerking

US-Militärfriedhof in Colleville beigesetzt, und nach Fertigstellung des deutschen Soldatenfriedhofs bei La Cambe 1961 auf diesen umgebettet. Dabei hatte man festgestellt, daß Frerking durch einen *(mit großer Wahrscheinlichkeit sofort tödlichen)* Schuß in den Hinterkopf gefallen war.

Bemerkenswert ist in diesem Zusammenhang, daß von der letzten Gruppe von Soldaten um Bernhard Frerking nach der Bergung seines Leichnams nicht auch die Gebeine des Unteroffiziers Beermann und der beiden Funker gefunden wurden, obwohl sie sich zuletzt in Frerkings direkter Nähe befunden hatten (der Leichnam des Leutnants Grass war schon am 7. Juni geborgen worden). Tatsache ist, daß die amerikanischen Dozerfahrer wissentlich die Leichname der gefallenen deutschen Soldaten im Graben zugeschüttet haben – auf Befehl? Und warum wurde die Verteidigungsanlage so schnell planiert? Wollten die Amerikaner das Drama um das Widerstandsnest 62 nicht wahrhaben...?

Am 18. Juni 1944 schrieb der 7-jährige Sohn des Oberleutnants Bernhard Frerking seinem Vater, auf den er schon so lange wartete, einen Brief, der mit der Frage endete „Wann kommst Du?"

Zwei Wochen später bekam der kleine Reinhard seinen Brief zurück. Offiziell war Bernhard Frerking vermißt; tatsächlich aber war er an dem Tag, da Reinhard seinen Brief geschrieben hatte, bereits seit 12 Tagen tot. Reinhard Frerking war in diesem Krieg nicht das einzige Kind, das noch lange vergeblich auf seinen Vater wartete.

Marie-Luise Frerking mit ihren Kindern (von links) Reinhard, Gunhild und Helgard. Die kleine Gunhild konnte ihren Vater niemals mehr kennenlernen.
Fotos: Kollektion R. Frerking

WN 62 – ein amerikanisches Desaster

Bereits mit dem ersten Bombardement um 5:55 Uhr begann das Desaster der Amerikaner – mit einem Trommelfeuer, das sein Ziel und seine beabsichtigte strategische Wirkung weitgehend verfehlte. Die geplante und wichtige Zerstörung der Strandhindernisse sowie die Ausschaltung der deutschen Verteidigungsanlagen hatten nicht stattgefunden. Erschwerend kamen dann die schlechten Strömungsverhältnisse des Meeres hinzu, die Anlandungen spezieller Räumtrupps sowie der ersten Sturmtruppen in den geplanten Landeabschnitten durch das Abtreiben der Landungsboote stark beeinträchtigten, sogar verhinderten. Vor dem WN 62 erschwerten im Wesentlichen das Sperrfeuer der 1. Batterie des 352. Artillerie-Regiments, die 8,8-cm-Pak des WN 61 und das neunstündige MG-Feuer des Gefreiten Heinrich Severloh die Landung der Amerikaner. Das zweite schwere Trommelfeuer, das US-General Bradley ab 9:20 Uhr auf den Strand, den Vorstrand und die Küstenbefestigungen legen ließ, verfehlte seine zerstörerische Wirkung dann jedoch nicht – auch nicht unter den bereits gelandeten GIs...

Offizielle amerikanische Verlustmeldungen werden mit insgesamt 6.603 *(geschätzt)* beziffert *(gemäß Kampfbericht der amerikanischen 1. Armee = 1.465 Tote, 3.184 Verwundete, 1.928 Vermißte und 26 Gefangene in den US-Landeabschnitten "Omaha", "Utah" sowie den Verlusten der 82. und 101. Luftlandedivision)* – Verlustzahlen, die von den Veteranen des ehemaligen WN 62 sowie ehemaliger amerikanischer GIs als völlig unrealistisch erachtet werden. Dazu Heinrich Severloh: "Allein vor dem WN 62 lagen wohl dreitausend Mann..."

Bild oben: Das Monument der 1. US-Division. Der acht Meter hohe Obelisk wurde auf der höchsten Stelle des WN 62 errichtet. **Foto: von Keusgen 2004**

Bild links: Der Strand am Abend nach dem Massaker.
Foto: US National Archives

Die obere Kasematte des WN 62 mit dem Monument der 5. US-Engineer Special Brigade, die unter größten Verlusten die Strandhindernisse vor den Widerstandsnestern in den Sektoren "Easy Red" und "Fox Green" beseitigen sollten.
Foto: von Keusgen 2003

Mit der zweiten Angriffswelle näherte sich um 6:45 Uhr Robert Sales von der B-Kompanie des 116. Infanterie-Regiments der 29. US-Division der normannischen Küste. Sales hatte sich bereits während seiner Ausbildung ernste Gedanken um die deutschen Befestigungsanlagen und Maschinengewehre am Strand gemacht. Sein Ausbilder hatte versucht, ihn zu beschwichtigen: "Mach dir keine Sorgen, die werden vorher von unserer Schiffsartillerie zerstört...

Robert Sales berichtete später: "Als die Rampe herunterfiel, wurde unser Offizier sofort getroffen. Jeder, der heraussprang, wurde sofort niedergemäht. Unser Boot lag direkt im Kreuzfeuer. Wir wurden regelrecht in Stücke gehauen. Wenn du dich bewegt hast, warst du tot. Ich überlebte durch puren Zufall. Jedes Boot, das ankam, wurde unter Feuer genommen. Ich war der einzige Überlebende meines Bootes."

Der 24-jährige Harry Parley, GI der E-Kompanie des 116. Infanterie-Regiments der 29. US-Division, dessen Landungsboot morgens auch im falschen Sektor und nahe des WN 62 gelandet war, erzählte: "Ich hatte einen Flammenwerfer. Als ich aus dem Boot sprang, zog er mich im Wasser herunter. Ich wäre fast ertrunken, wenn mich nicht ein Kamerad herausgezogen hätte. Am Strand herrschte das nackte Chaos. Jeder versuchte, den nächsten Moment zu überleben. Wir sahen keine Gegner – wir waren bloß Ziele."

Abschließend seines Interviews zu diesem Buch sagte Parley: "Machen Sie keinen Helden aus mir – die Soldaten, die starben, waren die Helden, nicht ich."

Das Gräberfeld des am 19. Juli 1956 eingeweihten, 70 Hektar großen amerikanischen Soldatenfriedhofs in Colleville.
Foto: von Keusgen 2003

Der einen Kilometer lange und 600 Meter breite amerikanische Soldatenfriedhof mit 9.386 Gräbern (im Hintergrund St. Laurent). An jener Stelle, an der sich heute ein schmaler Weg vom Strand zur Anhöhe emporwindet (rechts im Bild), war es am 6. Juni 1944 den ersten GIs ab 8:00 Uhr gelungen, hinauf zu kommen und von Westen aus das 320 Meter entfernte WN 62 (unten im Bild) zu beschießen. (Nr.1 bezeichnet die obere Kasematte mit dem Monument der 5. US-Engineer Special Brigade; Nr.2 bezeichnet die untere Kasematte; Nr.3 die B-Stelle der 1.Batterie/352 des Oberleutnants Bernhard Frerking, Nr.4 die Position des MG-Schützen Heinrich Severloh und Nr.5 die vorderste Verteidigungsposition im WN 62 – jene des MG-Schützen Ludwig Kwiatkowski. Unten rechts im Bild der ehemalige Nord-Eingang sowie der Kiessaum am Strand.) **Foto: Archiv Éditions Heimdal**

Die Schicksale der in diesem Bericht erwähnten deutschen Soldaten seit dem 6. Juni 1944 (Stand vom 6. Juni 2004)

Erster provisorischer Bestattungsplatz der Amerikaner an der Strandpromenade nahe westlich von St. Laurent, auf dem auch deutsche Gefallene beigesetzt wurden.

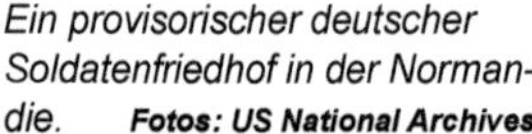

Ein provisorischer deutscher Soldatenfriedhof in der Normandie. **Fotos: US National Archives**

Bauch, Edmond *24.6.1914 in Bielefeld
Leutnant (zweiter Chef der 3. Kompanie / WN 63)
…fiel am Nachmittag des 6. Juni 1944 durch einen Kopfschuß bei der Kirche von Colleville. Er wurde erst auf dem provisorischen Militärfriedhof in St. Laurent und ab 1960 endgültig auf der Kriegsgräberstätte bei La Cambe beigesetzt; Block 7, Grab 40.

Bauer, Franz *4.4.1907 in Stockstadt / Krs. Aschaffenburg
Unteroffizier (WN 62)
…fiel während der Kämpfe um die Normandie – inzwischen als Angehöriger der 3. Kompanie des Ost-Bataillons 439 *(das der 716. Infanteriedivision unterstand)* am 6. September 1944 beim küstennahen Brévands, 28 Kilometer westlich des WN 62. 1957 wurde er von seiner ursprünglichen Begräbnisstätte auf dem deutschen Militärfriedhof St. James nach Marigny/ Manche umgebettet; Block 4, Reihe 34, Grab 1301.

Beermann *1921
Unteroffizier (1. Batterie, B-Stelle / WN 62)
Sein Schicksal blieb unbekannt. Laut Aussage des Gefreiten Kurt Wernecke soll er am 6. Juni 1944 auf dem WN 62 gefallen sein, war jedoch niemals gefunden worden.

Bersik, Gustav *1915 in Öttern/Krs. Lippe-Detmold
Gefreiter (Granatwefer / WN 62)
… geriet am 6. Juni 1944 hinter dem WN 62 in Gefangenschaft und überlebte die Kriegsjahre.

Bongard, Heinz *2.12.1925 in Hürth-Efferen
Grenadier (MG-Schütze / WN 60)
Nachdem das Widerstandsnest 60 am 6. Juni 1944 ohne direkte Kampfhandlungen ab 14:30 Uhr von seiner Besatzung geräumt worden war, ging er bis zum Dorf Etréham zurück, erlitt dort am 8. Juni durch einen Granatsplitter eine Verwundung am linken Oberschenkel und wurde zehn Minuten später gefangengenommen. Im April 1946 kehrte er aus der Kriegsgefangenschaft in den USA nach Deutschland zurück.

Brinkbäumer, Theodor *20.6.1909 in Bösensell/Krs. Münster
Obergefreiter (Kanonier / WN 62)
...wurde noch vier Wochen nach der Invasion und während
der Kämpfe um die Normandie zum Unteroffizier befördert;
geriet später in amerikanische Gefangenschaft. Er verstarb
90-jährig am 14.9.1999

Brinkmeier, Heinrich *1908
Obergefreiter (Geschützführer / WN 62)
...wurde am 6. Juni 1944 auf dem WN 62 verwundet und geriet noch am selben Tag in Gefangenschaft. Sein weiteres
Schicksal ist unbekannt.

Claus, Hermann *15.1.1918 in Bremen
Leutnant (Stützpunktkommandant für die Widerstandsnester
59, 60, 61 und 62)
...wurde für Kampfhandlungen gegen britische Truppen aus
dem Lazarett in Caen entlassen und fiel am 16. Juni 1944 an
der Straße Troarn-Escoville *(62 Kilometer östlich des WN 62
und 6 Kilometer entfernt von der Benouville-Brücke = „Pega-
sus Bridge")* durch einen Kopfschuß. Er wurde auf der britischen Kriegsgräberstätte in Ranville/Normandie beigesetzt;
Block 6, Reihe C, Grab 22.

Eberhardt *1915
Unteroffizier (WN 63)
...fiel laut Aussage des damaligen Kameraden Bernhard
Lehmkuhl am 6. Juni 1944 bei Kampfhandlungen im Tal Ruisseau des Moulins vor Colleville, dieses wurde aber später
weder von amerikanischer noch von deutscher Seite offiziell bestätigt.

Drews, Emil *1924
Soldat (Munitionsversorger / WN 62)
Sein Schicksal ist unbekannt.

Fack, Ewald *26.12.1911
Wachtmeister (Fernmelder, 1. Batterie, B-Stelle / WN 62)
...fiel am 6. Juni 1944 bei Mandeville und während des Rück-
zugs der Artilleristen, nachdem sie ihre Feuerstellung aufgegeben und ihre Haubitzen gesprengt hatten, bei einem Jabo-
Angriff. Er wurde erst auf dem provisorischen Militärfriedhof in
St. Laurent und ab 1960 endgültig auf der Kriegsgräberstätte
bei La Cambe beigesetzt; Block 15, Grab 61.

*Denkmal des ersten provisori-
schen amerikanischen Soldatenfriedhofs in einem Vorgarten
nahe der Strandpromenade
bei St. Laurent, auf dem auch
anfangs deutsche Gefallene
beigesetzt worden waren (siehe
Seite 138).*

*Der Eingang zur deutschen
Kriegsgräberstätte nahe La
Cambe in der Normandie.*
Fotos: von Keusgen 2004

Kameradengrab des Oberleutnants Bernhard Frerking und des Soldaten Karl Kleinpass.

Foto: von Keusgen 2000

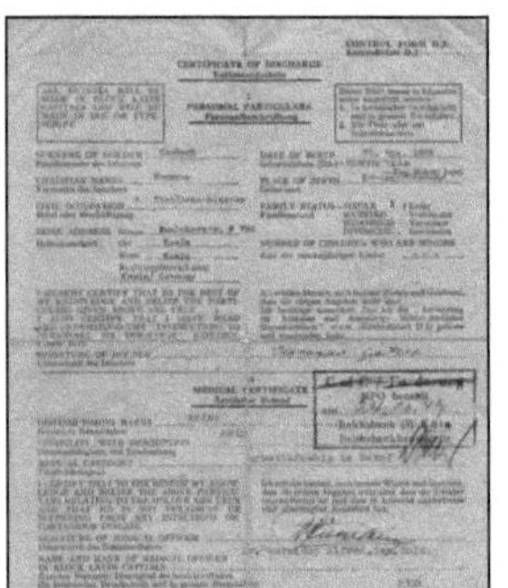

Entlassungsschein des Hermann Götsch aus der amerikanischen Kriegsgefangenschaft vom 16. Januar 1946

Abbildungen: Kollektion A. Götsch

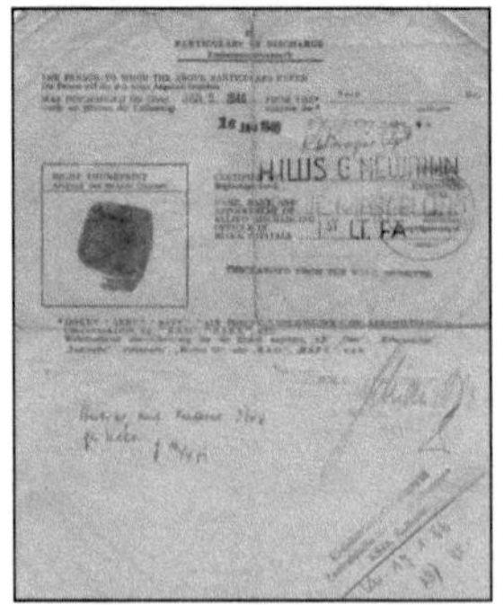

Faust, Friedrich *20.9.1925 in Gelsenkirchen
Grenadier (MG-Schütze / WN 62)

...hatte sich am 6. Juni zusammen mit Ludwig Kwiatkowski ab 13:20 Uhr vom WN 62 zurückgezogen und wurde um zirka 14:10 am Ortsrand von Colleville von einem Jabo aus erschossen. Zuerst bei St. Laurent beigesetzt, ruht er ab 1960 auf der Kriegsgräberstätte bei La Cambe; Block 1, Grab 71 *(siehe der Titel „Omaha Beach" dieser Buchserie).*

Ferchau, Edmund * 7.10.1909 in Lipniez/Krs. Zichenau
Gefreiter (Granatwerfer / WN 62)

...konnte das WN 62 am 6. Juni 1944 unversehrt verlassen, wurde in der Folge erst im Grenadier-Regiment 162, dann im Grenadier-Feldausbildungsregiment 639 an der Ost-Front eingesetzt, geriet am 17.1.1945 bei Gumbinnen in russische Gefangenschaft, aus der er erst im Mai 1950 wieder in die Bundesrepublik entlassen wurde.

Flossmann, Anton * 28.1.1904 in Mies
Obergefreiter (Munitionsversorger / WN 62)

...konnte sich unversehrt vom WN 62 absetzen, geriet am 30.6.1944 bei Cherbourg als Angehöriger des Festungs-Bataillons 84 in amerikanische Gefangenschaft. Die letzte Eintragung während der Gefangenschaft stammte vom 31.7.1945; sein weiteres Schicksal ist unbekannt.

Förster, Ludwig *20.8.1909 in Eischerscheidt
Unteroffizier (WN 62)

...wurde am 6. Juni 1944 auf dem WN 62 durch einen Granatsplitter an zwei Fingern der rechten Hand verwundet. Nach nur kurzem Lazarettaufenthalt kam er als wieder kriegsverwendungsfähig nach Perpignan in Südfrankreich. Von dort aus machte er den Rückmarsch bis in die Vogesen mit und geriet im November 1944 in amerikanische Gefangenschaft, in der er bis zum März 1946 *(ohne in die USA gekommen zu sein)* verblieb. Er verstarb 82-jährig am 22.8.1991 in seinem Heimatort.

Frerking, Bernhard *1.12.1912 in Hannover
Oberleutnant (Chef der 1. Batterie, B-Stelle / WN 62)

...war am 6. Juni 1944 auf dem WN 62 durch einen Kopfschuß gefallen, galt bis Juni 1947 als vermißt, wurde erst auf dem amerikanischen Soldatenfriedhof in Colleville beigesetzt und 1961 auf die Kriegsgräberstätte bei La Cambe umgebettet; Block 7, Grab 89.

Gockel, Franz *30.12.1925 in Niederense/Möhnetal
Gefreiter (MG-Schütze / WN 62)
...wurde am 6. Juni 1944 auf dem WN 62 verwundet, erreich-
te mit einer Sanitätskolonne Bayeux, gelangte später über
Vier bis nach Paris. Von dort aus kam er ins Lazarett nach
Neheim/Sauerland und war nach einem Genesungsurlaub
wieder kriegsverwendungsfähig, hat jedoch bei dem Trom-
melfeuer auf das WN 62 seinen Geruchssinn verloren. Bei
Kämpfen in den Vogesen, im November 1944, geriet er in La
Voivre in amerikanische Gefangenschaft, aus der er im März
1946 *(ohne in die USA gekommen zu sein)* entlassen wurde.
Er verstarb am 24.11.2005.

*Das Kameradengrab des auf
dem WN 62 gefallenen Soldaten Helmut Kieserling sowie
eines Unbekannten. Die Grabsteine Nichtidentifizierter tragen
die Inschrift "Ein deutscher
Soldat".*

Grass, Wilhelm *1924 in Kettwig
Leutnant (stellvertretender Chef der 1. Batterie, B-Stelle /
WN 62)
...wurde am 6. Juni 1944 auf dem WN 62 erst verwundet,
kurz darauf von einem Geschoß tödlich getroffen. Er wurde
zuerst auf dem provisorischen Militärfriedhof in St. Laurent
bestattet, 1960 auf die deutsche Kriegsgräberstätte bei La
Cambe umgebettet; Block 7, Grab 341

Götsch, Hermann *25.8.1925 in Köln
Gefreiter (Kanonier / WN 61)
...wurde am späten Vormittag unverwundet auf dem WN 61
gefangengenommen, kam über Großbritannien in die USA
und wurde im Januar 1946 wieder entlassen. Er verstarb am
29.5.2003 im Alter von 78 Jahren – drei Tage nach einer Be-
sichtigung „seines" ehemaligen WN 61.

*Bei der deutschen Kriegsgrä-
berstätte La Cambe befindet
sich im angrenzenden Friedenspark ein Mahnmal mit
einem tiefgründigen Zitat Albert
Schweitzers.*

Fotos: von Keusgen 2003

Hahn, Paul *16.11.1910 in Eickel/Westfahlen
Stabsfeldwebel (Kompaniegeschäftsführer der 3. Kompanie, Grenadierregiment 726 / WN 63)
Sein Schicksal vom 6. Juni 1944 ist unbekannt. Er geriet am
7. Juni 1944 bei Vaux-sur-Aure (16 km südöstlich des WN 63)
in britische Gefangenschaft. Nach seiner Entlassung lebte er
in Herford/Westfalen.

Häming, Paul *9.5.1925
Grenadier (Munitionsversorger / WN 62)
...war am 6. Juni 1944 auf dem WN 62 gefallen und wurde
erst auf dem provisorischen Militärfriedhof in Saint Laurent
beigesetzt, ab 1960 endgültig auf der Kriegsgräberstätte bei
La Cambe; Block 44, Grab 200.

Heckmann, Franz *1926
Soldat (Kanonier / WN 62)
…wurde am 6. Juni 1944 auf dem WN 62 verwundet; sein weiteres Schicksal ist unbekannt.

Kieserling, Helmut *10.11.1925
Soldat (MG-Schütze / WN 62)
…war am 6. Juni 1944 auf dem WN 62 gefallen und wurde erst auf dem provisorischen Militärfriedhof in St. Laurent und ab 1960 endgültig auf der Kriegsgräberstätte bei La Cambe beigesetzt; Block 7, Grab 85.

Kowalski, Theo *1925 in Gelsenkirchen
Gefreiter (MG-Schütze / WN 62)
Sein Schicksal während der Kämpfe in der Normandie blieb unbekannt, er kehrte aber in seine Heimat zurück.

Krieftewirth, Heinrich *1908
Obergefreiter (Geschützführer / WN 62)
…wurde am 6. Juni 1944 auf dem WN 62 verwundet und kam nach dem Krieg wieder nach hause. Er verstarb 1964 im Alter von 56 Jahren.

Kuska, Siegfried *16.10.1909 in Bonn-Sterkrade
Obergefreiter (Kanonier / WN 62)
…wurde am 6. Juni 1944 in der Nähe von Colleville verwundet und gefangengenommen, kam über Großbritannien in die USA, wurde aber am 16.4.1945 an die polnischen Behörden ausgeliefert. Sein weiteres Schicksal ist unbekannt.

Kwiatkowski, Ludwig *28.4.1925 in Gelsenkirchen
Gefreiter (MG-Schütze / WN 62)
…hatte am 6. Juni zusammen mit Friedrich Faust um 13:20 Uhr WN 62 verlassen. Am Morgen des 7. Juni 1944 geriet er am Ortsrand von Colleville in amerikanische Gefangenschaft, aus der er am 28.4.1946 in die Heimat zurückkehrte. In den 1950er und 60ger Jahren machte er als Fußballstar des FC Schalke 04 und in der Oberliga West Karriere.

Lehmkuhl, Bernhard *14.3.1908 in Münster-Handorf
Obergefreiter (Fernmelder / WN 63)
…wurde am Abend des 6. Juni 1944 durch einen Streifschuß am rechten Bein verwundet, geriet in der Nacht zum 7. Juni in Gefangenschaft, wurde über Großbritannien in die USA gebracht und 1947 in die Heimat entlassen. Er verstarb am 5.7.2005 im Alter von 97 Jahren.

Lehrmann, Valentin *27.10.1909 in Gelsenkirchen
Obergefreiter (Koch / WN 62)
…wurde am 6. Juni 1944 im WN 62 durch einen Lungendurchschuß verwundet, verstarb am 7. Juni an den Folgen, wurde erst auf dem provisorischen Militärfriedhof in St. Laurent und ab 1960 auf der Kriegsgräberstätte bei La Cambe beigesetzt; Block 7, Grab 124.

Liermann, Alfred *1925

Gefreiter (Küchengehilfe / WN 62)

Sein Schicksal ist unbekannt.

Lohmann, Ernst-August, Dr. *26.9.1904 in Wilhelmshöhe/ Kassel

Major (Kommandeur des I. Bataillons des Grenadier-Regiments 915 / WN 63)

...fiel während der Kämpfe um die Normandie am 14. Juni 1944 bei Villers-Fossard (39 km südöstlich seines Gefechtsstandes im WN 63) und wurde auf der Kriegsgräberstätte bei La Cambe beigesetzt; Block 49, Grab 217.

Morgendämmerung über dem Soldatenfriedhof bei La Cambe – die größte von fünf deutschen Kriegsgräberstätten in der Normandie. Die Anlage wurde am 21. September 1961 vom Volksbund Deutsche Kriegsgräberfürsorge eingeweiht. Auf dem Friedhof wurden 21.222 Gefallene des Zweiten Weltkriegs beigesetzt. Die Mehrzahl der hier bestatteten Soldaten starb im Sommer 1944, zwischen dem 6. Juni und dem 20. August, dem Untergang der 7. Armee.

(Entgegen der hellen Grabsteine auf Soldatenfriedhöfen der Alliierten müssen die Gräber der Deutschen auf sämtlichen Friedhöfen in Frankreich dunkle Steine tragen – auch jene des Ersten Weltkriegs...)

Foto: U. Lohrey 2005

Lücking, Hans *12.10.1921 in Dortmund

Obergefreiter (Kartenzeichner und Beobachter des Grenadier-Regiments 726. der 716. Infanterie-Division / Bayeux)

...geriet am Morgen des 7. Juni 1944 unweit St. Laurent in amerikanische Gefangenschaft. Nach 17 Monaten Aufenthalt in Großbritannien verbrachte er seine weitere Gefangenschaft bis Oktober 1947 in den USA. Er verstarb im Alter von 65 Jahren am 22.6.1987 in Bochum.

Lützen, Peter *8.11.1921 in Leck/Ostfriesland

Obergefreiter (stellvertretender Stützpunktkommandant und Fernmelder / WN 62)

... wurde am 6. Juni 1944 auf dem WN 62 verwundet und blieb zwei Tage lang mit einigen anderen Verwundeten in provisorischen Quartieren. Dann fiel ihm auf, daß ständig Wehrmacht-Lastwagen durch den Ort rollten. Da er eingesehen hatte, daß ein Weitertransport sämtlicher Verwundeter unmöglich war, wollte er lediglich zu dritt weiterkommen. Am dritten Tag sprach er zwei Kameraden an und erklärte,

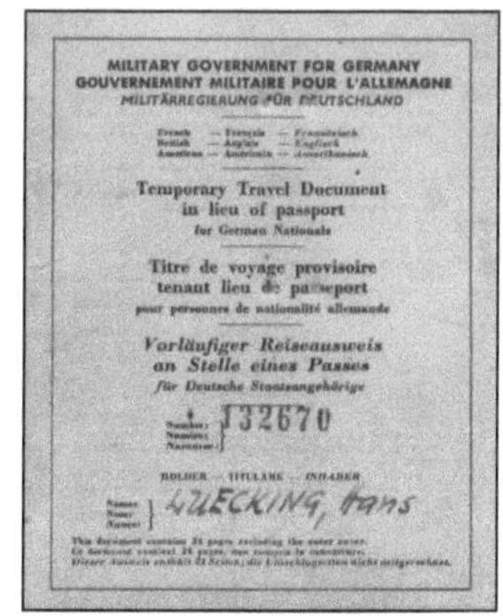

Vorläufiger Reiseausweis an Stelle eines Passes für Deutsche Staatsangehörige, ausgestellt für Hans Lücking am 10. August 1948 von der H. Q. Control Commission in Düsseldorf.

Abbildung: Kollektion I. Lücking

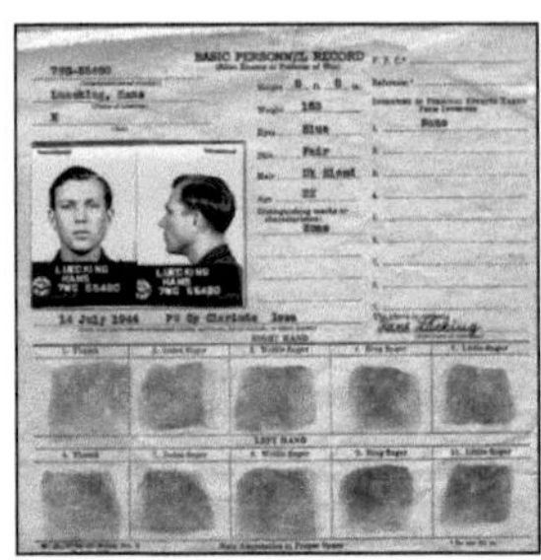

US-Aufnahmeformulare von Hans Lücking in die Kriegsgefangenschaft (oben) und Bruno Plota (unten).

Die Fotos für Bruno Plotas Aufnahmeformular wurden am 13. Juni aufgenommen. Noch immer waren seine Wunden an der Nase und hinter dem rechten Ohr, die von den Betonsplittern der Kasematte veruracht worden waren, nicht gänzlich verheilt (unten).

Abbildungen: Kollektionen I. Lücking und B. Plota

daß sie mit der Masse der anderen Verwundeten kaum eine Chance hätten, mitgenommen zu werden. Lützen fragte den Fahrer des ersten Lastwagens der anhielt, wohin er fahren würde.

„Nach Le Mans", bekam er zur Antwort.

Die drei Soldaten kletterten hinten auf den Wagen und fuhren bis zu einem Lazarett in Le Mans. Dort stellte Lützen erstaunt fest: „Die wußten dort nach drei Tagen noch gar nicht, daß an der Küste richtig Krieg war. Wir waren die ersten Verwundeten, die dort ankamen."

In der Folge wurde Lützen über Tours nach Dijon von einem Lazarett zum anderen gefahren, mit einer Wunde, die sich stark entzündete – bis nach Thüringen. Als Genesener kam er zu einer Ersatzkompanie, geriet in Kampfhandlungen bei Lippstadt, wurde am Oberschenkel verwundet und erreichte, ohne in Gefangenschaft zu geraten, im Mai 1945 wieder seinen Heimatort. Peter Lützen verstarb am 17. November 2009.

Ottemeier, Ernst *11.1.1896 in Lage/Lippe
Hauptmann (erster Chef der 3. Kompanie / WN 63)
...war am 6. Juni 1944 kein Soldat mehr und hat den Krieg gesund überstanden. Er verstarb im Alter von 81 Jahren am 7.6.1977 in seiner Heimatstadt.

Pie, Ludwig *14.4.1912 in Bohmte
Oberfeldwebel (stellvertretender Stützpunktführer / WN 60)
...wurde am 6. Juni 1944 auf dem WN 62 an der Hüfte verwundet. Nach seiner Genesung kam er als kriegsverwendungsfähig zur 1. Kompanie des Grenadier-Ersatz- und Ausbildungsbataillons – und wieder an die Front. Am 17. September 1944 erhielt er bei Vliegk in den Niederlanden eine schwere Verwundung, die er aber überlebte. Sein weiteres Schicksal ist unbekannt.

Plota, Bruno *20.10.1925 in Hamm/Bockum-Hövel
Oberschütze (Granatwerfer / WN 62)
...verließ im Morgengrauen des 7. Juni 1944 mit einer fremden Pak-Besatzung Colleville und wurde kurz darauf bei der kleinen Siedlung Le Bray, am südwestlichen Ausgang von Colleville, von den Amerikanern gefangengenommen und zu einer Sammelstelle gebracht – auf dem großen Terrain zwischen dem WN 61 und WN 62. Bis 1947 war er in den USA in Kriegsgefangenschaft, kehrte im Oktober über Großbritannien nach Deutschland zurück. Er verstarb 87-jährig am 3. Mai 2012.

Reckers, Alois *5.12.1925 in Dreierwalde/Westfalen
Gefreiter (Munitionsversorger / WN 62)
…war am 6. Juni 1944 in einem Lazarett in Le Mans und
nahm nach seiner Genesung als kriegsverwendungsfähig an
den Kämpfen in den Vogesen teil. Inzwischen als Angehöriger der Stabskompanie des Grenadierregiments 726 fiel er
am 29. November 1944 bei St. Pilt im Elsaß. Sein Leichnam
soll „in Feindeshand geraten" sein; eine Grablage ist nicht bekannt.

**Riemann, Fritz *14.3.1909 in Groß Elschenbruch/Ostpeu-
ßen**
Obergefreiter (Küchenchef / WN 62)
…hat den 6. Juni 1944 unversehrt überstanden, fiel aber während der Kämpfe um die Normandie laut *Amerika-Totenblatt*
an einem unbekannten Datum und wurde am 20. Juni 1944
auf dem provisorischen Militärfriedhof in St. Laurent beigesetzt,1960 endgültig auf der Kriegsgräberstätte bei La Cambe; Block 7, Grab 120

Schnichels, Michael *8.4.1925 in Mechenich-Lorbach
Gefreiter (Melder / WN 62)
…wurde am 6. Juni 1944 in Colleville durch mehrere Granatsplitter schwerverwundet und erlangte erst auf einem Landungsboot, das sich gerade aus der Bucht entfernte und zu
einem der großen Truppentransporter fuhr, wieder sein Bewußtsein. Der Schwerverwundete wurde nach Großbritanni-
en in ein Lazarett gebracht und dort lange operiert. Ihm mußten zweieinhalb Rippen entfernt werden, die von den Granatsplittern völlig zertrümmert waren. Seine fast dreißig Zentimeter lange Narbe wurde mit 32 Stichen genäht. Danach kam
Schnichels als Kriegsgefangener in die USA, aus der er im
Juni 1946 nach Deutschland zurückkehrte. Da seine Kriegs-
versehrtenrente für die Lebenshaltungskosten nicht ausreich-
te, leistete der zu 90 Prozent Behinderte bis zu seinem 60. Lebensjahr *(soweit es ihm körperlich möglich war)* Schwerarbeit
in einem Sägewerk, einem Steinbruch und war im Straßenbau
tätig. Er verstarb am 22.4.1995 im Alter von 70 Jahren.

Schnüll, Friedrich *26.11.1909
Oberfeldwebel (stellvertretender Stützpunktführer / WN 61)
…fiel am 6. Juni 1944 auf der Kasematte des WN 61 durch einen Granatvolltreffer. Was von ihm übriggeblieben war, wurde erst auf dem provisorischen Militärfriedhof bei St. Laurent und ab 1960 endgültig auf der Kriegsgräberstätte bei La
Cambe beigesetzt; Block 7, Grab 52.

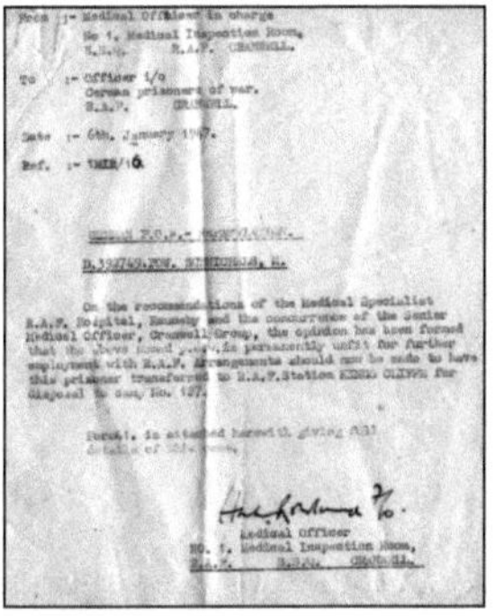

*Attest eines Medical Officers
(Medizinischer Offizier) vom
6. Januar 1947 für den nach
zweieinhalb Jahren immer noch
körperlich stark beeinträchtigten Kriegsgefangenen Michael
Schnichels: "Auf Empfehlung
des Fachmediziners der R.A.F
(Royal Air Force), Ranceby,
und in Übereinstimmung mit
dem leitenden Militärarzt der
Granwell-Gruppe ist man der
Meinung, daß der oben ge-
nannte P.O.W. (Prisoner of War
= Kriegsgefangener) für weitere
Arbeiten mit der R.A.F. außerstande ist. Es sollte jetzt in die
Wege geleitet werden, daß der
Gefangene zur R.A.F.-Station
Kings Cliff zurückgebracht wird;
zur Unterbringung im Lager Nr.
127."*

**Abbildung: Kollektion
H.-J. Schnichels**

Schulte, Ludwig *7.2.1908
Unteroffizier (WN 62)
...hatte sich ab Mittag des 6. Juni mit noch einigen anderen Soldaten in der Mannschaftsunterkunft des WN 62 eingeschlossen – trotz der eindringlichen Warnung Ludwig Kwiatkowskis, daß sich Amerikaner mit Flammenwerfern nähern würden. In dem Bunker wurden
Schulte und die anderen Soldaten gegen 17:00 Uhr durch einen Feuerstrahl verbrannt. Er
wurde am 7. Juni vom inzwischen Kriegsgefangenen Kwiatkowski erst provisorisch in dem
Panzergraben zwischen dem WN 61 und dem WN 62 beigesetzt, später bei St. Laurent,
und ab 1960 endgültig auf der Kriegsgräberstätte bei La Cambe; Block 7, Grab 290

Schulz, Herbert *19.8.1925
Grenadier (Fernmelder, 1. Batterie, B-Stelle / WN 62)
...war entgegen der Annahme des Kurt Wernecke am 6. Juni in der Gruppe der letzten acht
Soldaten um Oberleutnant Frerking auf dem WN 62 nicht gefallen, sondern schwerverwundet worden. Die Amerikaner nahmen ihn noch am selben Nachmittag gefangen, jedoch er-
lag er seiner Verwundung am 7. Juni. Er wurde erst bei St. Laurent, ab 1960 auf der Kriegsgräberstätte bei La Cambe beigesetzt; Block 4, Grab 305.

Selbach, Hans *3.6.1925 in Kürten/Dürscheid
Gefreiter (Munitionsversorger / WN 62)
...wurde am 6. Juni 1944 auf dem WN 62 durch einen Unterschenkeldurchschuß verwundet, mit einem Sanka über Caen nach Trier gebracht, dort behandelt und war zwei Wochen
später wieder kriegsverwendungsfähig. Während schwerer Kampfhandlungen am Albert-
Kanal in Belgien wurde er im Rücken und an der linken Hand verwundet. Nach einer weiteren Genesung abermals kriegsverwendungsfähig, kam er in die Tschechoslowakei, dann
zurück nach Deutschland, in den Schwarzwald, dann in die Nähe von Mühlhausen. Von dort
wurde seine Einheit von den Amerikanern bis in den Hunsrück zurückgeworfen. Im Dezember 1944 geriet er in amerikanische Gefangenschaft und wurde in ein Lager nach Le Havre gebracht, später nach Gießen und im November 1946 wieder entlassen. In den 1960er
Jahren erblindete er an den Folgen einer Infektionskrankheit. Selbach verstarb am 25. Februar 2007.

Severloh, Heinrich *23.6.1923 in Metzingen/Krs.Celle
Gefreiter (MG-Schütze, 1. Batterie, B-Stelle / WN 62)
...wurde am 6. Juni 1944 auf dem WN 62 und nahe Colleville verwundet und am 7. Juni hinter Colleville in einem Hohlweg im Morgengrauen gefangengenommen, dann über Großbritannien in die USA gebracht. Im Mai 1947 kehrte Hein Severloh nach Deutschland zurück. Ihm bleibt der traurige Ruhm, jener Soldat der Weltgeschichte gewesen zu sein, der
im Kampf die meisten gegnerischen Soldaten zusammengeschossen hat. Er verstarb am
14. Januar 2006 im Alter von 82 Jahren.

Wernecke, Kurt *20.03.1913 in Burg/Krs. Magdeburg
Gefreiter (Fernmelder, 1. Batterie, B-Stelle / WN 62)
...wurde am 6. Juni 1944 bei Colleville verwundet. Seine Gesäßdurchschüsse waren nach
zwei Wochen verheilt, und noch während der Kämpfe um die Normandie kam er wieder zu
seiner Artillerie-Einheit, überlebte den Krieg und kehrte in seine Heimat zurück.

Wittber, Bruno *5.5.1911 in Berlin
Obergefreiter (Sanitäter / WN 62)

...überstand die Kämpfe am 6. Juni 1944. Die letzte Nachricht erhielten seine Angehörigen von ihm im Oktober 1944, als er inzwischen der 8. Kompanie des Grenadier-Regiments 726 angehörte. Seit dieser Zeit galt er als verschollen; wurde am 15.12.1951 vom Amtsgericht Herford für tot erklärt *(er wäre zu diesem Zeitpunkt 40 Jahre alt gewesen).*

Das Schicksal der vierköpfigen Pak-Besatzung des Grenadier-Regiments 916 der 352. Infanterie-Division ist unbekannt, auch konnte nicht aufgeklärt werden, wer der am Hals verwundete Feldwebel war, der den MG-Schützen Hein Severloh so lange mit Munition versorgt hatte und plötzlich fortgeblieben war *(vermutlich handelte es sich dabei um einen Feldwebel einer der anderen Kompanien des 726. Regiments oder einer Eingreifreserve).* Nicht identifiziert bleibt auch jener durch einen Bauchschuß verwundete Soldat, der sich hinter der Anhöhe des WN 62 erschossen hatte.

Deutsche Gefallene, die von den Amerikanern ohne Papiere oder ohne Erkennungsmarke sowie anderer Hinweise auf eine eindeutige Identität aufgefunden wurden, galten als „unknown" (unbekannt, nicht zu identifizieren) und wurden später auf den fünf deutschen Kriegerfriedhöfen in der Normandie in Massen- oder in Einzelgräbern namenlos als „Ein deutscher Soldat" beigesetzt – sie gelten somit als vermißt.

Postkarte für kriegsgefangene Deutsche. Michael Schnichels schrieb am 19.7.1944 von einem amerikanischen Lager in Großbritannien an seinen Vater:

"Herzliche Grüße sendet Euer Sohn und Bruder Michel. Leider muß ich mitteilen, daß ich verwundet worden bin. Aber ich bin bald gesund. Ich habe einen Schuß durch den Arm (verschweigt den wahren Umfang seiner Verwundung). Mein Befinden ist in einem amerikanischen Lazarett. Hoffe daß Ihr alle gesund und munter seid. Mein Kamerad (folgender Text von der Zensur gestrichen) ist bei mir. Es grüßt Euch nochmals herzlich Euer Sohn und Bruder Michel."

**Abbildungen: Kollektion
H.-J. Schnichels**

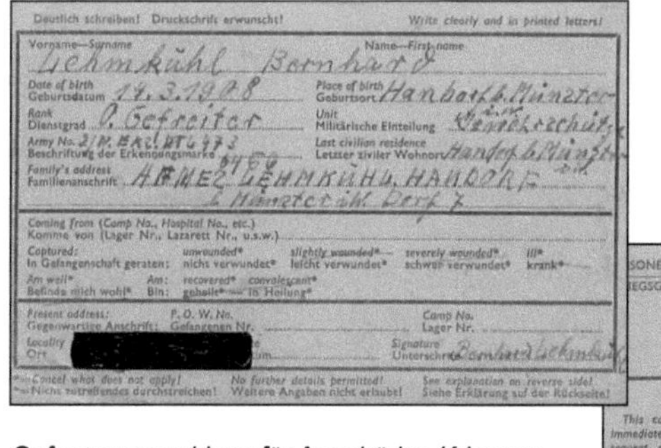

Gefangenenmeldung für Angehörige Kriegsgefangener: Meldung an die Ehefrau des Bernhard Lehmkuhl. **Abbildungen: Kollektion B. Lehmkuhl jr.**

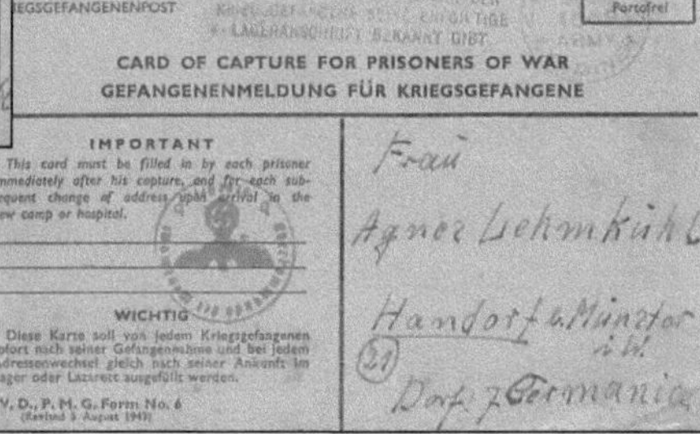

Quellenverzeichnis

Archive und Museen

Bundesarchiv, Freiburg

Bundesarchiv, Koblenz

Musée Mémorial de la Bataille de Normandie 1944, Bayeux/Normandie

Wehrtechnisches Museum, Koblenz

Erlebnisberichte

...des ehemaligen Grenadiers Heinz Bongard, des ehemaligen Gefreiten Franz Gockel, des ehemaligen Oberst Ernst Goth, des ehemaligen Obergefreiten Bernhard Lehmkuhl, des ehemaligen Gefreiten Hans Lücking, des ehemaligen Obergefreiten Peter Lützen, des ehemaligen Oberschützen Bruno Plota, des ehemaligen Gefreiten Hans Selbach und des ehemaligen Gefreiten Heinrich Severloh sowie der ehemaligen GIs Harold Baumgarten, Jonathan Melvers, Harry Parley und Robert Sales.

Dokumente, Urkunden, Briefe, Postkarten, und Niederschriften

Aufnahmeformulare für die Kriegsgefangenschaft des Hans Lücking und Bruno Plota

Attest eines Royal-Air-Force-Mediziners betreffs Michael Schnichels

Brief des Reinhard Frerking

Einberufungsbefehl des Bruno Plota

Kriegsgefangenschaft-Entlassungsschein des Hermann Götsch

Flugblatt der Résistance

Gefangenenmeldung für Angehörige Kriegsgefangener

Geheime Kommandosache – zu Grundlegendem Befehl des Oberbefehlshabers West des Generalfeldmarschalls Karl Rudolf Gerd von Rundstedt vom 6.3.1943

Gräberverzeichnis des Volksbundes Deutsche Krieggräberfürsorge e.V.

Kriegstagebuch des Oberkommandos der Wehrmacht 1944-1945

Merkblatt für das Standgericht des Kampfkommandanten

Normandie – Die Invasion am 6. Juni überlebt – Exposé, Franz Gockel, 1999

Postkarte des Michael Schnichels

Soldbuch des Rolf de Boeser

Verleihungsurkunden zum Eisernen Kreuz 1. Klasse und zum Infanterie-Sturmabzeichen

Vorläufiger Reiseausweis des Hans Lücking

Funk- und Telefonmeldungen

Auszüge aus dem *Fernsprech-Meldebuch der 352. Infanterie-Division* von Oberstleutnant Ziegelmann

Funksprüche der am "Omaha Beach" gelandeten Soldaten der 1. Division, 16. Regiment, 6.6.1944

Offizielle Institutionen

Deutsche Dienststelle für die Benachrichtigung der nächsten Angehörigen von Gefallenen der ehemaligen deutschen Wehrmacht, Berlin

Deutscher Soldatenfriedhof La Cambe und *Friedenspark*, La Cambe/Normandie

Normandy American Cemetery ABMC, Colleville-sur-Mer

Bildnachweis

Archiv Peter Chamberlain, London – Archiv Éditions Heimdal, Damigny/Bayeux – Archiv Éditions Hirlé Strasbourg – Archiv Terry Gander, Billingshurst, West Sussex – Archiv Gerstenberg, Wietze – Bundesarchiv, Koblenz – Archiv von Keusgen, Schloß Ricklingen – US National Archives and Records Admistration, Coll. Park, Maryland – Kollektion Heinz Bongard, Hürth – Kollektion Reinhard Frerking, Langenhagen – Kollektion Franz Gockel, Hamm/Rhynern – Kollektion Agnes Götsch, Köln – Kollektion Diana Heberle – Kollektion Bernhard Lehmkuhl jr., Handorf/Münster – Kollektion Jean-Noël Lenoury, Colleville-sur-Mer – Kollektion Uwe Lohrey – Kollektion Peter Lützen, Leck – Kollektion Heinz Ernst Ottemeier, Lage – Kollektion Bruno Plota, Bockum-Hövel – Kollektion Dr. Manfred Rommel, Stuttgard – Kollektion Hermann-Josef Schnichels, Blankenheim – Kollektion Manfred Schnüll, Hannover – Kollektion Heinrich Severloh, Metzingen – Kollektion Johanna Stollenwerk, Simmerath – Musée D-Day Omaha, Vierville-sur-Mer – Musée Omaha 6 Juin 1944, St.-Laurent-sur-Mer – Normandy American Cemetery ABMC, Colleville-sur-Mer – Wehrtechnisches Museum, Koblenz.

Danksagungen

Für ihre intensive Mithilfe bei den äußerst komplexen Recherchen zu diesem Buch danke ich Mister Harold Baumgarten, Monsieur Georges Bernage, Mister Terry Gander, Herrn Rolf de Boeser, Herrn Heinz Bongard, Mister Peter Chamberlain, Herrn Reinhard Frerking, Herrn Martin Galle, Herrn Franz Gockel, Frau Agnes Götsch, Frau Diana Heberle, Herrn Bernhard Lehmkuhl, Herrn Bernhard Lehmkuhl jr., Monsieur Jean-Noel Lenoury, Frau Ilse Lücking, Herrn Hans Lücking, Herrn Peter Lützen, Mister Jonathan Melvers, Herrn Heinz Ernst Ottemeier, Mister Harry Parley, Herrn Bruno Plota, Mister Robert Sales, Hermann-Josef Schnichels, Herrn Manfred Schnüll, Herrn Heinrich Severloh, Herrn Lothar Simon, Frau Johanna Stollenwerk sowie ein ganz besonderer Dank an Frau Karin Clarissa Röhrs und meine Ehefrau Élodie.

Das Ende. Gefangengenommene deutsche Soldaten müssen sich zu einem Landungsboot begeben, das sie dann nach Großbritannien überführt.
Foto: US National Archives

Helmut Konrad von Keusgen auf dem original Landungsboot, in dem sich am 6. Juni 1944 der amerikanische Romanschriftsteller Ernest Hemingway als Kriegberichterstatter dem WN 62 näherte und das von Hein Severloh unter Feuer genommen wurde.   **Foto: Elodie**

Impressum

Eine Veröffentlichung von EK-2 Publishing GmbH
Friedensstraße 12, 47228 Duisburg
Registergericht: Duisburg
Handelsregisternummer: HRB 30321
Geschäftsführerin: Monika Münstermann

E-Mail: info@ek2-publishing.com
Website: www.ek2-publishing.com

Alle Rechte vorbehalten
Autor: Helmut Konrad Freiherr von Keusgen
Lektorat: Katrina Hager
Karten: Helmut Konrad von Keusgen
Titelfoto: US-Soldaten landen mit der ersten Angriffswelle im Sektor Easy Red
(US National Archiv)
Buchsatz: Veronika Aretz

Helmut Konrad von Keusgen
Erstausgabe 2004, H.E.K.Creativ Verlag, Garbsen / Schloß Ricklingen
Zweite überarbeitete und erweiterte Auflage, 2014, H.E.K.Creativ Verlag
umgestaltete Neuauflage EK-2 Publishing, 2023

Verpassen Sie keine Neuerscheinung mehr!

Tragen Sie sich in den Newsletter von EK-2 Militär ein, um über aktuelle Angebote und Neuerscheinungen informiert zu werden. Somit verpassen Sie auch kein Buch von Helmut Konrad Freiherr von Keusgen! Wir werden nämlich Stück für Stück seine komplette D-Day-Serie sowie weitere ausgewählte Titel des Autors neu veröffentlichen.

Als besonderes Dankeschön erhalten Sie kostenlos das E-Book »Die Weltenkrieg Saga« von Tom Zola. Enthalten sind alle drei Teile der Trilogie.

Druckhinweis:

Libri Plureos GmbH
Friedensallee 273
22763 Hamburg

Link zum Newsletter:
https://ek2-publishing.aweb.page

Über unsere Homepage: www.ek2-publishing.com
Klick auf Newsletter rechts oben

Via Google-Suche: EK-2 Verlag